中世灌漑史の研究

寶月圭吾著

吉川弘文館刊行

本書は『畝傍史学叢書』（編輯顧問＝辻善之助、森末義彰）の一冊として、昭和十八年に畝傍書房より刊行されたものの復刊である。

中世灌漑史の研究

序

晩近國史學の發達殊に顯著なるものあり、高才逸足踵を接して出で、名論卓說後を逐うて現る。然るに此等の新說は、之を發表するの便に乏しく、空しく筐底に秘せられ、偶〻其機を得ることあるも、紙面の制限に由りて、其全貌を窺ふこと難きを遺憾とせり。茲に畝傍書房は、此等の論考を公にして、以て學界の進步に資せんと欲し、新進學士の近業十數篇を選んで、之を畝傍史學叢書と名づけて發刊せんとす。其種目には、皇室御經濟あり　寺院經濟あり、佛教あり、切支丹あり、敎育あり、法制あり、藝術あり、交通あり、水利あり。皆是れ斯界の尖端を往くもの、而かも眞摯にして質實なる考察に富み、國史學研究の基礎を築くべきものとす。予や乏を以て、其の選集の議に與り、校閲の事に當る。乃ち一言を陳じて、以て之を江湖に推薦すと云爾。

昭和十六年十一月

辻　善　之　助

自序

戰爭下の今日程、食糧の問題、殊に米穀の問題が、社會の各方面から眞劍に考へられ、總ての國民の關心に上つたことは、未だ嘗てなかつた。この重要な米の生産にとつて、灌漑はまさにその最大の必須條件の一であることは謂ふまでもない。二千年來、農業が全産業の中心的地位にあり、米が國民の食糧の主要部分を占めてゐた我國に於ては、灌漑が有する社會的・經濟的な重要性は、何時の時代にても些かの變化もなかつたのである。かうした立場から、本書は中世に於ける灌漑の問題を取りあげ、それが如何に行はれてゐたかを實證的に論述し、且つ當時の灌漑の持つ社會經濟史的な意義を闡明し　また中世の灌漑が、近世のそれと如何なる關聯を有するかを考究せんと試みたものである。

本書は、私が兼ねてより志してゐる中世に於ける農業の發展と言ふ問題の研究の一部門を形成せしむる目的のもとに、隨時雜誌其他に發表して來た灌漑に關する個々の論稿數篇を、短時日の中に、一つの體系らしきものに纒めてみたものである。從つて論旨の重複・不徹底、構成の不備は、至る處に見受けられるのである。されば所期の意圖が、果して達せられたか否かは、頗る疑ひなきを得ない。此點自ら顧みて甚だ忸怩たるものがあるが、若し將來かゝる方面への研究に對し、幾分なりとも貢獻し得るならば、筆者の幸之に過ぎたるはない。

こゝに本書を世に送るに當り、諸先生並に先輩・學友諸氏から、直接間接に受けた不斷の御教示・御鞭撻に對し、感謝の念また新たなるを禁じ得ない。就中恩師辻先生には、筆者が斯學に志して以來、永年にわたり海嶽の御芳恩を辱くし、且つまた今度拙著の上梓に際しては、懇篤なる御校閲を賜つた。衷心より感謝の誠を捧ぐる次第である。また出版に關して種々斡旋の勞を惜まれなかつた先輩森末義彰氏に對しても、此の機會に特に御禮を申上げ度い。

なほこの研究は、辻先生の御高配に依り、帝國學士院の推薦を經て、末延財團よりの援助を仰いで成つたものである。また本研究に使用した史料の大部分は、東京帝國大學史料編纂所の好意により、閲覽利用を許されたものである。記して同財團並に同編纂所に深き謝意を表するものである。

昭和十八年七月　　　寳月圭吾

中世灌漑史の研究　目次

辻　善之助

中世灌漑史の研究

第一章　中世以前の灌漑

中世以前に於て、灌漑が如何に行はれてゐたかといふことを明かにしておくことは、中世に於ける灌漑に關する總ゆる問題を究明してゆく上に、不可闕の條件である。何故ならば、中世に於けるすべての問題がさうであるやうに、中世的な灌漑も亦、それ以前の灌漑と關係なしに、中世になつて遽に發展した譯ではなく、歷史的必然的な發展の過程として、その萠芽は既に上代の灌漑の中に、はつきりと發生してゐるのが認められ、それが中世に入つて、愈々中世的なものとして、顯著な發展を遂げたのであるからである。かうした立場から、本章に於ては、先づ中世以前の灌漑の發達及びその特質等の諸問題につき概觀的な考察を試み、ついで次章にては、中世的灌漑の發生の事情に就き論述したいと思ふのである。

水稻の栽培が、農業の主要部分を占めてゐたことは、我國の農業の黎明期から現今に至るまで變りない事實である。我國に於て水稻が何時から栽培され出したかと云ふことに就いては、明確な斷定は困難である。農耕は地方によつて事情が異るが、大體繩紋式土器の時代まで溯り得ると考へられ、その中心は恐らく水稻の栽培であつたと想像されてゐる。これが稍〻確實に實證されるのは、彌生式土器の時代からであつて、この時代の土器の中には、水稻の籾殼の壓痕を有するものも尠くないし、彌生式土器の遺蹟が、繩紋式のそれに比較すると、低地で水便のよい土地に多いといふ事實も、水稻栽培の存在を想像せしむる有力な手懸りであると思はれる。又彌生式土器文化の末期の所産と考へられてゐる銅鐸の紋樣の中には、穀物――恐らく米――を搗いてゐると思はれるものなども見出される。此等より推察して、此時代に於ては、既に農耕は一般的であり、そして恐らく水稻の栽培が廣く行はれて居たと考へて差問ないもののやうである。この當時の水稻栽培の方法は全く不明であるが、比較的地味の肥沃な、しかも水の便のよい土地を選んで播種し、施肥以下の樣々の人工的な栽培技術を加へずに、自然に結實するのを待つて、穗を摘取るといふやうな、極めて原始的な栽培を行つてゐたものと想像され、從つてかゝる狀態に於ては、人爲的な灌漑は格別問題とはなり得なかつたのは當然であらう。

繩紋式並に彌生式土器が專ら用ひられてゐた時代は、金屬器具の使用が見られず、一般の器具は石造のものが多かつた處から、通常石器時代と稱せられ、社會は大體地域的に、血緣的に獨立した幾つかの小さい氏族團體によつて構成されてゐたと考へられる。然るに金石併用時代、ついで鐵器を使用した鐵器時代に入ると、これら小氏族團體の間にも、漸次結合同化が行はれ、文化の水準は向上し、人口の增加も著しく、食料の給源である人爲的農耕の發展の要請が必然的となり、そして水稻栽培の農耕の中に占める地位は、愈々重要性を加へるやうになつた。かゝる段階に至つて、人工的な灌漑の問題が、始めて考慮されることゝなつたのである。この時代に於ては、自然の池沼を用水源として利用したらしい形跡も認められるが、古事記・日本書紀・風土記等に據れば、これらと相並んで、樋・樋・溝等の人工的灌漑施設が建造使用されてゐたことは明瞭である。

氏族の結合同化は、或意味に於て、氏族制的特質の喪失に他ならぬとも云へやう。かゝる立場からすれば、鐵器時代は、氏族制的社會構成にとつては、むしろ衰頽の時代とも見られる譯である。これにたいして、すでに社會の中核として、大和を政治經濟的基盤としてきた大和政府の中央集權的な基礎は愈々確立し來つたのである。かくのごとくにして次第に成育した政府の統治圈は、地域的には未だ極めて狹少ではあつたが、その圈內の農業、特に水稻栽培の發展の爲めに、政府は指導的な役割を果すことゝなつた。即ち當時既に天然の池沼等による灌漑の自然發生的な利用は、一先づその限界に達し、政府はこゝに人工的な灌漑施設の築造を行ふ必要に迫まられたらしく、かゝる方面の事業に着手しはじめた。記紀に此頃から灌漑の爲めの、池溝築營の記事が見えて來るのは、かうした事實を暗示するものであらう。次にその二三の例を示せば、崇神天皇十二年、河内に依網池・苅坂池・反折池を築き(註一)、垂仁天皇三十五年、河内國に茅停池・高石池を、大和國に狹地池・迹見池を造り(註二)、更に景行天皇五十七年には、坂手池を(註三)、應神天皇七年には大和國韓人池を(註四)、同十一年には同國劍池・鹿垣池・厩坂池を作り(註五)、また推古天皇十五年、同じく大和國高市池・藤原池・肩岡池・菅原池・河內國戸苅池・依網池を築造してゐる(註六)。これらの外にも、政府の構築にかゝる灌漑施設は頗る多かつた。こゝに注意すべきは、上記の韓人池であつて、この池はその名稱の示す如く、當時多數來朝歸化してゐた三韓人の工事によつて完成したのである。このことは其頃我國より進歩してゐた大陸方面の農業土木的技術が、歸化人によつて我國に紹介されたこと、及び政府が灌漑施設整備の爲めに、かゝる進歩した技術を、進んで採用する熱意を有してゐたことを想像せしむるものとして、特に注目に價すると思はれる。

以上の諸例によつて考へられる如く、政府の灌漑施設が、專ら大和・河內方面に集中されてゐたのである。かゝる現象は、此地方が全國でも最も降雨量が少く、從つて旱害が最も著しい土地であるとの事情に依つたのは無論であるが、またこの地方が、當時の政府の所謂お膝元であつて、その政治的・經濟的な地盤をなして居り、爲めに政府の灌漑整備政策の對象になつたと云ふ事情を考慮しなければならぬ。そしてかやうな頻繁な政府の手による灌漑施設の經營は、既墾の水田に豐饒を齎すことゝ、また新田開發を促進することの兩方面から、農民に對する最も恩惠的な統治策の一となり得たと云ふことが出來るであらう。かくの如き重大な意義を有した灌漑施設の整備は、政府の政治的權力の擴大强化に貢獻する處頗る大であつて、次の時代の律令的な中央集權的國家確立への最も重要な前提の一となつたことは看過し得ない事實である。

上に見て來た通り、この時代の灌漑施設整備を代表するものは、池沼の構築であつた。かくの如く池沼の構築が專ら行はれたことは、この當時の灌漑の特質の一端を具體的に示すものであつた。水田の經營開發は、先づ灌漑の便に隨ふのが常である。かゝる立場から云ふと、水稻栽培には、先づ最も用水が得易く、しかも肥沃な大河川の流域地方が選ばれなければならぬ筈であつた。然るに實際に於ては、それと反對に當時の水田は、かゝる好條件を具へてゐたと思はれる土地を避け、寧ろ山添の傾斜面に開かれてゐたのが一般的な傾向であつた。それは如何なる理由に依るかと云ふに、大河川流域の平原は、灌漑に便利ではあるが、それだけにまた洪水の危險に曝される場合も尠くなかつた。從つてかゝる地方の耕作には、大規模な防水・治水施設を絕對に必要としたのである。されば當時のやうに、未だ土木技術が極めて幼稚であつた時代に於ては、かくの如き工事を必要としない地點、卽ち大河川の沿岸より幾分標高が高く、氾濫の害の及ばない、しかも灌漑の便に惠まれた山麓の傾斜地が、水田經營の好適地として選ばれたのは當然と云はなければならない。そして大河川の豐富な用水と無關係なこれらの水田の灌漑は、勢ひ狹い山谷の小規模な溪流や、天然の池沼によらなければならぬことゝなつた。しかるにかやうな小溪流は、暫時の旱天によつても水量が激減し勝であり、また一方天然の池沼にしても、その利用には自ら一定の限度があつた筈である。そこでこれに對處する爲めに、何等かの手段を以て人爲的に貯水する必要が起つてき、かくしてこゝに狹い山谷の口を塘堤をもつて堰切り溪水を蓄へるといふ、技術的に言つて、もつとも初步的な貯水池の建造が盛に行はれることになつたのである。當時政府の命令にて所々に構築された池沼の大部は、何れもかうした性質のものであつたと想像される。そしてかゝる灌漑施設の築造こそは、この時代に於ける灌漑に、一つの特質的な性格を付與する問題であると云ふことが出來るであらう。

氏族制社會の末期となると、政府の中央集權化の傾向は著しく進捗した。これを決定的ならしめたものは、中國大陸との文化的交渉の盛行、隋唐の政治形態、就中中央集權的な政治組織の輸入であつた。かくして我國に於ける最も早期の、しかも劃期的な大改革である大化改新は斷行されたのである。そして從來支配的であつた氏族制的な社會機構は、多少の殘滓を殘しつゝも、一應は淸算され、今迄有力氏族の私有に屬してゐた土地は、擧げて國家の所有に歸し、各氏族の主權者である氏上達に隷屬した人民の大部分は、齊しく國家の公民となり、これを基礎として、班田制が全國的に實施されることゝなつたのである。かやうにして土地の國有制が確立して來ると、土地と不可分の關係にある灌漑も亦、完全に國家の支配のもとに置かれるやうになつたのは當然の歸結であつた。天武天皇四年二月己丑、天下に詔して、是より前、親王・諸王・諸臣及び諸寺に賜つた陂池は、これを國家に返還すべきことを命令されてゐるのは(註七)、かゝる灌漑の國家的支配管理政策の一表現とすべきである。

この時代に於ける農業生産の主體は、依然として水稻におかれてゐた。而してその栽培は總ゆる面において益々發達し、灌漑の重要性は、愈々その認識を新にした。國家財政の主要部分を米にかけてゐた政府としては、灌漑の問題に益々重大なる關心をよせるやうになつた。このことは、大同元年六月朔日の勅に、「池之爲用、必由灌漑、」(註八)と宣べ、寛平四年五月十五日の太政官符に、「右江河池沼有便灌漑者、尤斯農業之儲、田畝之備也、」(註九)と謂ひ、また延暦十九年二月三日の太政官符に、「益國之道務在勸農、築池之設本備漑田、」(註一〇)と書し、更に同年九月十六日の太政官符に、「富國安民、事歸良田、良田之開、實在溝池、」(註一一)と述べてゐるに依つても理解出來る。又國有の灌漑に於て、完全に生産に寄與せしむる爲めには、公平な且つまた能率的な利用が要求された。然るに當時ともすると、一部權力者の獨占的利用が行はれ勝であつたので、政府はこの點に就いて、何等かの對策を講ずる必要が生じた。大化元年八月庚子、東國の國司等に詔して、園池水陸の利は、百姓と倶にすべきことを明かにしたのは、かゝる對策の一端を示すものである。更に令の中に、左の如き條文を設けてゐるのは、この方針を一層明確にしたものと云ふべきであらう。

凡取水漑田、皆從下始、依次而用。其欲緣渠造碾磑。經國郡司、公私無妨者聽之。(註一三)

右に據れば水田を灌漑するに當つては、下流の田地より漑入すべきこと、又用水路に水碓を設置する場合は、先づ國郡司に上申し、國郡司はそれが公私の灌漑の障碍とならぬ時は、これを聽許すべきことを規定したのである。用水路の上流に存在する田地は、その地理的な優越から、動もすれば下流の田地に用水を分與せずに獨占し、また灌漑以外の目的の用水の利用が、田地漑入の妨害となることが多かつたので、特にかやうな法令の制定を招いた譯である。又かゝる地理的關係以外に、用水獨占の原因となつたものは、引水者の貧富の差であつた。貧者は引水に際しても、常に富者に壓迫され、富者の獨占引用が行はれことが珍しくなく、これが原因となつて、用水爭論を頻發せしめたので、政府は屢々これが禁止を令したのである。弘仁十三年七月庚寅の詔に、「夫引水漑田、皆從下始、灌漑之事、先貧後富、是則法令立文、時制所明、人情暴慢、猶犯典禮、漑用偏頗、爭訴良繁、宜重下知、特加禁制、」(註一四)と下流の水田、貧者の水田より先に灌漑すべき政府の命令に違背する者を誡めてゐるのはその一例である。又寛平四年五月十五日の官符に、

如聞、內膳司進物所幷官家諸人等、或寄事供御、固加禁制、或假名點地、競立牓示、至于農要用水之日、壞堤決水、徒失潤澤、論之公途理不可然、(註一五)

と、內膳司進物所其他の諸官の供御調進等に藉口して、農民の灌漑を妨ぐることを禁遏してゐるのも、前の場合とは多少事情を異にするのが、一般農民の引水を擁護する立場から考へれば、

同じ政策の一面をも物語るものと解せられる。

かくの如き灌漑問題重視の政策は、また必然的に用水源涵養の問題にも關聯して來る。卽ち大同元年閏六月八日の太政官符に於て、山城葛野郡大井川の水源の森林の濫伐を嚴禁し（註一六）、ついで弘仁十二年には、「產業之務、非只堰池、浸潤之本水木相生、然則水邊山林必須欝茂、何者大河之源其山欝然、小川之流其岳童焉、爰知流之細太隨山而生、夫山出雲雨、河潤九里、山童毛盡、谿流涸乾」であるから、水邊の山林の伐採を禁止されんことを請ふた大和國の解に從ひ、政府は廣く諸國の水源地の森林の濫伐を停止してゐるのである（註一七）。

中央集權化の進展は、一に統治權の地域的擴大を意味するとも云へやう。氏族制下の政府が支配し得た地域は、僅かに近畿地方と云ふ極めて狹い區域に過ぎなかつたけれども、この時代となると大體全國がその統治圈內に包含されるやうになつて來た。かゝる版圖の擴大化は種々の面から說明されるが、政府が自己の責務として、諸國に灌漑・治水施設の構築を行つたことにも負ふ處大であつたと考へられる。またかくすることが、國家財政の基礎を强化し、中央集權化を愈々發展せしむる所以でもあつた。諸國に於ける灌漑・治水施設の充實の問題は、頗る早くから取上げられた。卽ち大化二年、政府は將に地方に發遣せんとする國司及び國造等に、國々の堤を築くべき地、溝を穿つべき所、田を開くべき所は、百姓に均給して工事せしむべき旨を命じてゐる(註一八)。かうした政府の指令を奉じた地方官吏は、鋭意任地の灌漑に努力した者も稀ではなかつた。和銅八年八月、道首名は筑後守となり、兼ねて肥後國を統治したが、任國に多くの陂池を構築して灌漑を計つた。肥後の味生池、筑後に於ける數多の陂池は彼の建築する處であつた(註一九)。養老七年には始めて大和國に矢田池を築き(註二〇)、天平四年には、河内國に狹山下池を造つたが(註二一)、此等は、此地方の官吏が朝命を受けて行つたものと思はれる。ついで天平寶字八年には、政府は特に使を發遣して、大和・河內・山城・近江・丹波・播磨・讃岐等の諸國に灌漑池を築かしめ(註二二)、寶龜五年にも諸國をして、國內の池溝を修造せしめてゐるし(註二三)、同六年には、使を伊勢に派して渡會郡內の堰溝を修繕せしむる等(註二四)、地方に於ける灌漑施設の整備は急速に進行したのである。更に天長三年になると、政府は和泉國に命じて池五箇所を造らしめ(註二五)、また備前國田原池を停めて神崎池を築き(註二六)、同八年には、新に山城綴喜郡に香達池を築いてゐる(註二七)。承和十三年、右京の人山田古嗣は、阿波介に任ぜられるや、國內美馬・阿波兩郡が連年旱魃の災厄に遭ふのを見て、灌漑池を構築して、旱害を解消した(註二八)。また弘仁年間、出羽國守として功績があつた大伴今人は、以前は備の國の守であつたが、任國で無智蒙昧な百姓等の反對を押切つて、山を穿ち磐を破ると云ふ難工事の末、見事大渠を開通し百姓の灌漑に多大の便宜を與へたと云はれる(註二九)。藤原高房は、天長四年美濃介と爲るや、安八郡内の池の修理を行はんとした處、農民等は神の祟があると恐怖して修理を拒んだ。高房は民利を計り、それが爲めに神の祟に依つて死するとも恨はないと、斷乎として農民を勵まして修理を完遂したので、これによつて灌漑は容易となり、その恩惠に浴した農民等は、高房の德を讃嘆したと云ふ(註三〇)。古嗣・今人・高房等は能吏であつて、かゝる灌漑施設の築造は、或は彼等の個人的意志から出たものとも見られないこともないが、結局政府の灌漑重視政策が、撫民政策の形を以て彼等を通じて顯現されたに他ならないのである。このことは又延曆二年、正六位上贊田年足は、大和國越智池を築き(註三一)、承和七年、陸奥國磐城郡大領磐城雄公は、溝・池・堰二十六處を修理し、また宮城郡權大領物部己波美は、私池を造り公田八十餘町を灌漑せる功を賞し、孰れも外從五位下に敍せられ(註三二)、天長九年、肥前國白丁吉彌候部奥家は、舊と浮囚であつたが、よく皇化に服し池溝等の修造を懈らなかつたので、その忠誠を嘉して少初位上に敍せられた(註三三)事實によつて窺ふことが出來る。

地方官吏が農民を驅使して、池溝の新築・修理を行ふに就いては、種々の障碍が存在した。工事に對する無理解・迷信等が、如何にかゝる事業を妨げたかと云ふことは、上記の今人・高房兩人の場合に徴して明かである。このやうな工事施行の困難の解決の爲めに、政府は當時一般民衆の歸依を集めてゐた高僧等をして、工事に參劃せしめ、或は高僧等自らが工事を行つた場合も稀ではなかつた。僧侶が宗敎的雰圍氣の中に、工事の能率を上げることに成功した例もあるし、又救世濟民を念とする宗敎家の立場として、かゝることを行つたのは當然でもあつた。而して農民に最大の恩澤を與へる灌漑の問題を解決してやることは、佛敎弘通の爲めには、頗る效果的であつたといふ一面も忘れることは出來ない。その二三の例を示すと、弘仁十三年、前大和國監察使藤原三守・同國守紀末等が勅許を得て、大和國益田池を造るに當つては、律師修圓が工事に參加したのである(註三四)。同十四年、讃岐國萬濃池を築くに際して、空海が築萬濃池別當として大規模な土木工事を完成したことはあまりにも有名である(註三五)。其後仁壽年間に至り、此池が崩壞したので、政府はこれの修理を行つたが、この時も東大寺の僧眞勝等が參加してゐるのである(註三六)。更に古く溯れば僧行基がある。彼は「又率弟子等、於諸要害處、造橋築陂」(註三七)とある如く諸國に架橋し築陂する處が頗る多かつた。行基年譜に從へば、彼は河内狹山池以下灌漑池十五箇所、河内古林溝以下用水路七箇所、樋は河内高瀬堤樋以下三箇所と云ふ夥しい灌漑施設を築造したのである。

池溝の構築は、灌漑施設整備の主要なる部分を占めたことは勿論である。されども技術的に幼稚な當時の工事はその崩壞を見ることも屢々であつたから、池溝の新規の建設と併行して、その修理が絕えず考慮されなければならなかつた。雜令の規定に依れば、用水施設の修繕には、用水を享受する者が、先づ第一に驅使さるべきであつたのであるが、それには限度があつて、工事がすこし大規模になると、かゝる人々の經濟力・勞働力のみを以てしては、完然な修理は望むべくもなかつた。そこでどうしても政府自身が多くの役夫を雇ひ、又彼等に公粮を支給し、更に工事用の資材を供給して、修繕に努めなければならなかつた。かくして灌漑を管理する立場にあつた政府としては、國庫の支出の一部を修理の費用として計上する必要に迫られたのである。弘仁十四年二月には、太宰府管內諸國の公營田の池溝の修理料として、公營田の穫稻の中より、十一萬束の料米を充てゝゐる(註三八)。ついで天長二年十二月廿一日、太政官符を諸國に下して、溝池破損修繕費は正稅を出擧してこれに宛て、その額は大國四萬束、上國三萬束、下國一萬束と規定した(註三九)。また延喜交替式に隨へば、溝池修理の出擧稻は、大國四萬束、上國三萬束、中國二萬束、下國一萬束とし、年中の小破は用水の家を以て修造にあたらしめ、それよりも大きな工事に於ては、國司が實檢して修理を行ひ、朝集帳に記載して毎年政府に上申し、政府の修理を仰ぐべきことになつてゐた。かくの如き諸國の修理池溝料米の支出額は爾後制度化し、延喜式にも大國四萬束以下、上中下國の分は前記の如く規定されたのである(註四〇)。

氏族制的社會の末期頃より、水田は俄かに增加し、從來主として山麓地帶に限られてゐた水田は、漸次標高の低い地域にも開拓されてゆく傾向を示した。特に近畿を中心とする比較的文化の發展の著しかつた地方に於ては、大河川の流域の平野にまで進出して來つゝあつた。律令的國家が成立した當時の水田發展の狀況は、既にかやうな段階に到達してゐたのである。米そのものを財政的基礎としてゐた律令的國家は、その發展の爲めには米の增產が要求され、それには水田にその生產性を高めるに十分なる用水を供給すると同時に、新しい水田の開發が絕對に必要であつた。そしてかゝる新田獲得に對する國家的欲求は、前の時代には荒蕪濕潤地として放置されてゐて、しかも事實は肥沃な大河川沿岸の平原を、急激に水田化せしむることゝなつたが、それには灌漑と共に、水田を洪水の慘害より保護する爲めの防水・治水工事が先行しなければならなかつた。かくして政府は强大なる國家權力のもとに、灌漑工事と相並んで、未だ嘗て見られなかつた大規模な防水・治水工事の施行を開始したのである。又この時代になると、僅かではあつたが、土木技術の發達が認められ、これが政府のかゝる方面の事業の遂行に貢獻したであらうことも想像に難くない。

當時各地で行はれた防水治水・工事に關する史料は非常に多いが、次にその主なるものを少しばかり示すことゝする。天平寶字五年、遠江國荒玉河の堤防が大決壞を起し、崩壞個所は三百餘丈に及んだので、政府は單功卽ち延人員三十萬三千七百餘人と云ふ夥しい人夫を役し、公粮を支給し、これを修築せしめ(註四一)、同六年には、河内國長瀨堤が決壞したので、單功二萬二千二百の農民を大擧徵發して修繕に當らしめ(註四二)、また寶龜十年、駿河の國內の堤防が崩壞し、口分田の流失するものが夥しかつた爲め、單功六萬三千二百餘人の百姓を催して、これが築造に努めしめ、それらの百姓等には公粮を支給したのである(註四三)。ついで延曆三年には、河內茨田堤の崩壞は十五箇所に及び、翌四年には、また同國內の諸堤防の破壞箇所は、三十箇所の多きを數へたので、政府は夫々六萬四千餘人、三十萬七千餘人といふ夥多の農民を傜役し、これに粮物を與へて修理を行はしめたのである(註四四)。その後に於ても政府が巨費を投じ、農民を使役して、堤防の保全修固を行つた例は極めて多かつたのである。

かくの如く防水施設の修理が頻發することになると、政府としても、當然何等かの修理規定の設定の必要を感じたであらう。即ちこの問題に就いては、早くも令制の中に、左の二箇條の法規が見出される。

凡近大水有堤防之處、國郡司以時檢行、若須修理、毎秋收訖、量功多少、自近及遠、差人夫修理、若暴水汎溢、毀壞堤防、交爲人患者、先卽修築、不拘時限、應役五百人以上者、且役且申、所役不得過五日、

凡堤内外幷堤上、多殖楡柳雜樹、充堤堰用、(註四五)

右の規定に據れば、大河川の堤防は地方官が定期的にこれを巡察し、修理の必要が生じたならば、秋の收穫の後工事に要する勞力を豫算し、先づ現地近傍の農民より漸次遠隔地の農民に至るといふ順序で、人夫を徵發して修理しむること。若し暴水氾濫して、堤を破壞せるが如き緊急の事態に於ては、上記の如き時期を考慮せず、卽刻工事に着手し、若し一時に五百人以上の徭役を必要とする工事は、施行と同時にこれを上司に申告すること。また如何なる工事にても、農民一人宛の使役日數は五日を超ゆるを得ずと云ふのであつた。そして他の一箇條は、堤防の上には、楡・柳及び其他の雜木を植ゑ、これを堤・堰の修理用材に充てるべき規則であつた。

以上は主として勞力・資材に關する規定であるが、これに關聯してその費用の問題も當然考慮

せられなければならなかつた。即ち政府は、灌漑施設の場合と同様に、堤防修築費は、原則として各國の雜稻を以てこれに充當することにしてゐたが、延喜式には、只河內國堤防料一萬束、伊勢國堰河防料一千束、甲斐國堤防料二萬束と、僅か三箇國の分が見えてゐるに過ぎないので、國國の標準額は詳かにし得ない(註四六)。

以上にて中世以前に於ける水利の問題に關する概括的な考察を終了することゝするが、我々はこれに依つて、最初は自然發生的、或は人爲的と云つても極めて原始的な形態に於て行はれてゐた灌漑が、國家組織の成熟、中央集權化の進展につれて、漸次國家の統制管理下に置かれるやうになり、律令制國家が完成すると、灌漑は完全に國家の管理を受けるに至つたと云ふ事實、又律令制國家の統治が、全國的に擴大强化されるに從ひ、灌漑も亦これに隨伴して全國的に普及發展したといふ事實、更に從來主として山麓の高標高地帶のみに限定されて居り、從つて專ら池沼を用水源としてゐた水田が、律令制國家の統制下に於ては、量的に著しい發達を遂げ、新に大河川沿岸の比較的低標高地帶にまで進出することゝなり、而してそれは必然的に大河川の用水源としての利用、及び大河川の氾濫防止が前提となつたことは勿論であり、かくして大規模な灌漑施設並に防水施設の爲めの工事が、國家の强權によつて全國的に施行されるやうになつた事實を、結論として理解したのである。このやうにして發達し來つた灌漑の問題が、中世の莊園制下に於て、更に如何なる發展を遂げたかは、次章以下に委しく論述することゝしよう。

註
一　日本書紀五崇神天皇六十二年十一月條・古事記
二　同書六垂仁天皇三十五年九月・十月條
三　同書七景行天皇五十七年九月條
四　同書十應神天皇七年九月條・古事記
五　同書十應神天皇十一年十月條
六　同書二十二推古天皇十五年冬條
七　同書廿九
八　日本後紀十四
九　類聚三代格十六
一〇　同書十六
一一　同書十六
一二　日本書紀廿五
一三　雜　令
一四　類聚國史七十五
一五　類聚三代格十六
一六　同書十六
一七　同書十九
一八　日本書紀廿五大化二年三月壬午條

一九　續日本紀八養老二年四月乙亥條
二〇　同書九養老七年二月戊午條
二一　同書十一天平四年十二月丙戌條
二二　同書二十五天平寳字八年八月己卯條
二三　同書三十三寳龜五年九月壬寅條
二四　同書三十三寳龜六年二月丙子條
二五　日本紀略前十四天長三年正月丙申條
二六　同書前十四天長三年二月癸丑條
二七　同書前十四天長八年二月丙子條
二八　文德實錄五仁壽三年十二月丁丑條
二九　日本後紀二十一弘仁二年三月申寅條
三〇　文德實錄四仁壽二年二月壬戌條
三一　續日本紀三十七延暦二年四月丙寅條
三二　續日本後紀九承和七年三月戊子條
三三　類聚國史百九十
三四　遍照發揮性靈集（弘法大師全集三）
三五　弘法大師行化記（弘法大師傳記集覽）
三六　弘法大師傳裏書
三七　續日本紀十七天平廿一年二月丁酉條
三八　類聚三代格十五
三九　貞觀交替式
四〇　延喜式廿六主税

四一　續日本紀二十三天平寶字五年七月辛丑條
四二　同書二十四天平寶字六年六月戊辰條
四三　同書三十五寶龜十年十一月辛巳條
四四　同書三十八延暦三年閏九月戊申・同四年十月己丑條
四五　營繕令
四六　延喜式二十六主税
〔附記〕　本章の後半及び次章の前半の論述は、西岡虎之助氏の「池溝時代より堤防時代への展開」（史苑三ノ一・二）に負ふ處大である。記して謝意を表する。

第二章　中世的灌漑の發生

律令的社會は、成立後幾莫もなく崩壞し始めたのであるが、かうした崩壞を招致した原因である種々の矛盾は、社會の各方面に認められた。就中かゝる矛盾は、土地の支配の問題に、最も根本的に、且つ明瞭に現れて來た。卽ちこの社會の基礎的な土地支配體制であつた班田制は、制定と殆ど時を同じくして、早くも崩壞の兆候を示したのである。班田制の完全なる實施は、土地の完全なる國有を前提として、はじめて可能であつた。然るに班田制の根據である令それ自身の中に、前代からの私有地である寺田・神田・屯倉等は、依然として私有のまゝで、公田の外に置かるべき規定が存し、また令制によつて、王臣の位階・官職・功勞等に應じて下賜される位田・職田・公廨田・功田・賜田等は、元來必ずしも私有地ではなかつた筈であるが、年と共に何時しか私有地化し、前記の寺田以下の私有地と共に、莫大な地積を占むるに至つた。

班田制による口分田の配給は、農民個人を單位とし、これに均等に班給したのであるから、頗る公平な田地の配分が行はれたやうに見へるが、當時の一般的な家族構成の單位は、幾人かの家族及び奴婢によつて形成されてゐた戸であつたから、戸の構成人員の多寡は、直接に班給される口分田の面積を決定することゝなり、これが各戸間に耕地の不平均、ひいては富の不均衡を生ぜしむる原因の一となつた。而して律令的國家が成立した後に於ても、依然として前代からの氏族制的殘滓が殘存し、各戸にては、最初から家族・奴婢の數は、かなり隔絶してゐたので、各戸間の貧富の差は、愈々甚しいものがあつた。そして富戸の數は極めて尠く、貧戸は壓倒的に多數といふ相貌を呈してゐたのである。

令制に於ける税制によれば、基本的な税であつた租の負擔は、さまで重いとは云へなかつたもの〻、これに調・庸以下の副次的な諸税を加へると、結局はかなり巨額な負擔となつた。さればかやうな租税負擔のもとにあつた農民、特に貧戸の生活は、決して樂ではなかつたのである。しかのみならず、當時盛に借付けられた公私の出擧稻は、租税と同様な過重な負擔として、農民の生活を愈々困難ならしむることゝなつた。かくして貧窮の農民等は愈々窮困し、終には競つて口分田を放棄し、逃亡浮浪し、耕作者を失つた口分田は荒廢し、王臣・寺社の私有地と化する結果となつた。

土地と不可分の關係によつて、律令的國家の支配・管理下にあつた灌漑も、かくの如き土地の私有地化の趨勢と相並んで、何時しか國家の經營より離脱して行つたのは、必然的な歸結と云はなければならない。その第一段階の現象として、先づ擧げなければならぬのは、灌漑に對する國家管理の頽廢が、全國的に見られるやうになつた事實である。卽ち延暦十九年二月三日の太政官符には、「如聞、猾民好漁決竭池水、愚吏寛縱不加捉搦、遂乃秋冬池涸、春夏水絕、田疇荒損莫不由斯、」(註一)とあり、諸國の奸民は魚を取らんとして、池堤を破壞するもの多く、愚昧なる地方官は、敢て之を罰することなく放任しておくので、用水は不足し、依つて水田は荒廢すると云つてゐるのである。又延喜八年十一月十七日、諸國に下した官符には、諸國の「牧宰等習年來之無專、忘時運之非常、河隄棄而不修、池堰壞而無理」といふ有樣で、近來の灌漑・防水施設の頽廢は、專ら地方官の修理に對する怠慢に起因することを指摘し、今後は「仍須長官專當其事、巡檢部內溝池、農月以前依數了、卽言上其由、若破損數不堪速修者、且修其至要相次造了、同亦言上、」(註二)と、國守をして國內の灌漑施設を巡視し、破損せるものは需水期以前に修理を完了し、若し破壞したものが夥しく、一齊に修理することが不可能の場合は、最も重要なものから復奮せしめて行き、全部終了したらその旨を官に上申すべきことを命令したのである。かゝる地方官の灌漑施設荒廢に對する放任的態度は全國的な現象としてあらはれて來り、國守の交替に當つて、これを如何に處理すべきかゞ問題となつた。されば政府は地方官のかやうな緩怠を戒め、且つ所罰する意味で、延曆十九年九月十六日の官符に於て、次のやうな規定を公布したのである。

如聞、諸國溝池、多有不修、田疇荒廢、職此之由、宜令改既往怠成將來勤、特立條例以懲違犯者、諸國承知、存情修理、自今以後、惣計池堰、載朝集帳、每年申官、交替國司據帳檢實、如有闕怠、仍停解由、（註三）

卽ち諸國の國守が、所管の池溝に修理を加へない爲めに、田地の荒廢を招くことが多い。自今以後池溝の總數を朝集帳に記載して、每年之を官に上申し、國守の交替に際しては、新國守は帳によつて實檢し、若し舊國守が池溝の修理を怠つてゐるやうな場合は解由を停め、また池溝を修理せざること久しきに亘り崩壞甚しく、新國守の修理容易ならざるものは、その功程を豫算して上司に申告し、その許可を得て懈怠なく修理を行ふべきことを定めたのである。この規定はその後幾度か部分的に修正を加へられたが、更迭時に地方官の在任中の灌漑に對する任務遂行の勤惰を明かにし、惰者を處分すると云ふ根本方針に於ては、些も變更する處はなかつた。

かうした地方官の灌漑に對する一般的な怠慢は、愈々積極化して來たのは注意すべきである。かの有名な惡國守藤原元命は、任國尾張にて、三箇年間の池溝料一萬二千餘束といふ莫大な稻を着服して、農民等に與へず、仍つて農民等は已むを得ず、「以郡司之私物、纔堤堰千流之池溝、以百姓之乏貯、僅築固萬河之廣深、」とある如く、乏少の私物を以て、此等の工事を行つてゐた。そして元命の私腹を肥した池溝料稻は、「全載稅帳、言上於官、偏有用途之名、專無宛物之實、爲妻子之衣食、絕國土之農桑、」卽ち稅帳には、全部之を農民に支給したやうに記載して置きながら、事實は元命の妻子の衣食料として消費されたのである。かくして、「旱魃之時可治不治、霖雨之節可塞不塞、」と云ふ事情から、「農業損害、此則池溝破壞之所致也、」(註四)といふ結果を招いたのは當然と云はなければならぬ。更に甚しきは讃岐國守某の例がある。彼は魚をとる爲めに、領內最大の灌漑池である萬濃池の池塘に、大きな穴を穿つた處、これが原因となつて、池塘は大決壞し、池水は悉く流失し、人家田畠を押流したのみならず、上述の如く弘法大師等の粒々苦心の結果完成した池そのものも廢墟と化すと云ふ大事件を惹起したと傳へられる。(註五)このやうな地方官吏の、灌漑施設の經營・修理に對する無關心・懈怠、更に積極的破壞行爲は、政府の灌漑整備、水田增加の方針に逆行したのみならず、却つて口分田の荒廢を齎した最も重大な原因の一となつたことは、特に注意を要するのである。

かくの如き口分田の廢亡・減少は、國家財政を危殆に陷るゝことゝなるので、政府は屢々法令を發布して、農民等の口分田より逃亡流宕するを嚴禁すると同時に、また上記の如く地方官吏をして、部內の灌漑の經營に勵ましめたのであるが、大した効果を擧げることは、殆ど不可能に庶かつた。そして水田は漸次減少し、終には口分田として農民に班給すべき田地の缺乏を見るに至つたのである。その對策の一として、政府は神護景雲元年、阿波國に於ては水田が少いので、同國內の王臣の功田・位田を沒收し、これを口分田として百姓に班給したが(註六)、かゝることは獨り阿波國のみならず當時他の諸國でも、行はれた手段であつた。けれどもかやうな方法は、單なる彌縫策に過ぎず、決して土地不足の大問題を根本的に解決するに足りなかつたのはいふ迄もない。この問題の解決に對する唯一の方策は、新田開發以外にはなかつた。そこで政府はこゝに新田の開發による水田增加の計劃を樹立し、墾田奬勵に乘出すことゝなつたのである。卽ち養老六年閏四月乙丑、法令を發して、膏肥の地に良田一百萬町步を開墾せんことを所司に命じ、また部內の百姓等にして、開墾に努め雜穀三千石以上の收穫を得たものには勳六等を賜ひ、一千石以上を得たものには、終身徭役免除の特典を與へ、既に八位以上の位を帶してゐるものには、勳一等を加へることゝした(註七)。しかしこの程度の恩典では、未だ十分に所期の目的を遂することが出來なかつたので、更に翌七年四月辛亥、「頃者百姓漸多、田地窄狹、望請、勸課天下、開闢田疇、其有新造溝池、營開墾者、不限多少、給傳三世、若逐舊溝池、給其一身、」との太政官の奏上を聽許し、灌漑施設を自ら築造した上での開墾田は、開墾主に三代の間これを給與し、舊存の池溝を利用しての開墾に於ては、開墾者一代を限つて私有せしむることゝしたのである(註八)。これが卽ち三世一身として知られてゐる墾田奬勵の基本的な法令である。この法令は前年の規定より見れば、一段と積極化したもので、假令年限の制約はあつたにもせよ、兎も角も墾田の一時的な私有を認めたといふ點に於て、政府自らの手で、大化改新の主眼である土地國有制の一角を切崩したものであり、またかくしなければならぬ程墾田の開發は緊急を要する問題となつて來てゐたのである。されども三世又は一身と云ふ一定年限の後には收公される爲めに、この法令による開墾者は、收公期が近附くと、耕作を怠る傾向は遁れ得なかつた。そこで政府は、更に天平十五年五月乙丑、「自今以後、任爲私財、無論三世一身、咸悉永年莫取、」(註九)との命令を以て、開墾者の身分によつて、開墾面積に制限を加へたとは雖も、墾田は永年收公することなく、私有を認めることゝした。これは開墾奬勵策としては、最も徹底し、從つて効果的なものであつたが、土地國有の原則は、茲に根柢から破壞されるに至つたのである。

元來開墾には多大の資本と勞働力を必要としたから、大規模な開墾を行ひ得るものには自ら制限が存した。さればかゝる資格を具へてゐたものは、貴族・寺社・地方豪族及び極めて少數の富裕な豪農より他になかつた。彼等は開拓に必要な十分な資本を有し、また當時口分田を離れて流浪してゐた農民を、隷屬農民として、自己の傘下に集めて居り、勞働力の方面にても、決して事闕かなかつたので、彼等の經營になる私墾田は、非常な勢で增加して行つた。かくして政府の口分田增加を目的とする墾田政策は、結局一部富裕者の私有地を愈々擴大せしめるに過ぎぬことゝなつたのである。貴族・寺社等は、このやうにして自ら墾田の開拓を行ふと共に、農民の貧窮によつて、賣却・質入する多くの口分田並に地方豪族等の寄進にかゝる墾田等を併合し、かくして全國の耕地及び人民の大部分は、寺社・貴族の私領並にその耕作者に轉化し、このやうな過程を通じて、中世に於ける普遍的な土地支配體制である莊園制の領主とその私的支配に屬する莊民の發生の一端を見ることが出來る。そして口分田に附隨する國家管理の灌漑も亦、かうした徑路をたどつて、領主の私經營に推移して行つたのである。

開墾は水田の獲得を目的とする。無水の荒野を水田化する爲めには、何をおいても先づ灌漑の施設を建設しなければならない。故に水田の開發は容易な事業ではなく、開墾主が上記の如く十分なる富力と勞働力を具有する者に、自ら限定された理由の一半は、實にこの點にかゝつてゐたのである。又かの三世一身の法に於て、開墾主が新しく池溝を設備して開拓した土地は、三代の間私有を許したのに反して、既存の灌漑施設を利用した場合は、僅かに開墾者一代限りの私有を許したに過ぎなかつた理由も、亦灌漑施設の整備が、開墾にとつて如何に決定的な意義を有してゐたかを考へることによつて、容易に理解される處である。かくの如く灌漑施設の構築が、開墾の先行條件であつたことを具體的に示す一例として、次に東大寺の越前に於ける開墾の場合を觀察することゝする。東大寺は越前に廣大なる原野を占有し、その地方の豪族と密接なる提繫を結び、その地方の農民を驅使して、大規模な開墾事業を遂行したのであるが、これと同時に大がゝりな灌漑施設の整備を行つたことは左記の文書によつて窺知られるであらう。

越前國使等解　申桑原庄所應堀開溝幷度樋等事

合參處

應損熟田壹町捌段（佰下同ジ）並伯姓口々分

用稲貳仟柒伯束

單功壹仟伍伯人充功稲壹仟伍伯束人別充一束

食料稲陸伯束人別充四把

一溝長一千二百卅丈　廣一丈二尺　深五尺

單功一千二百卅人

一溝長三百丈　廣六尺　深四尺

單功二百人

一脩理宇弖美溝長二百十丈　廣五尺　深三尺五寸

單功七十人

度樋貳拾肆口　六口長各五丈廣三尺　六口長各二丈五尺廣各三尺　十二口長各一丈五尺廣各三尺

自始在樋十三口損破三口見十口

今可置十四口　充價稲陸伯柒拾束

六口長各五丈廣三尺　直稲四百廿束口別充七十束　六口長二丈五尺廣三尺　直稲二百十束口別充卅五束　二口長各一丈五尺廣三尺

直稲卌束口別充廿束

以前雖本至溝在、溝下田高、以茲荒、先開悉、然不買伯姓、上件開堀溝者、見開可吉田、殘野可開一二箇年、於理商量、小損多益、望請寺家牒、申送國府、若有不許熟田者、以寺家田相替於熟田、仍具注狀、附栗田人麻呂請處分、以解、

天平寶字元年十一月十二日

坂井郡散仕阿刀僧

足羽郡大領生江臣東人

國史生安都宿禰雄足（註一〇）

右に據れば桑原庄の開墾に際し、開拓の責任者阿刀僧及びその地方の有力者である生江東人・安都雄足の三人は、舊來の用水溝は水位低く、田地が高く水かゝりが惡く開墾が阻害され勝である點を指摘し、新に開鑿すべき一千二百三十丈・三百丈の大用水路二條、修理を必要とする用水路一條及び樋二十四箇所を列擧し、それに對する諸費用を計上してゐるのである。而してまた右の用水路を開く爲めには、口分田を含む熟田一町八段が堀敷地として潰地となるに依り、國府に申告してその使用許可を願ひ、若し不許可の場合は、東大寺領の田地を替地として國府に提供することによつて、許可を得べきことを請ふてゐるのである。同じ東大寺領越前國足羽郡栗川庄の

南野開墾に就いても、目代秦第嶋等は、天平神護二年三月十八日、注文を以て、六百十三丈の用水路開鑿に要する工事人夫の延人員、功充稻及び食料米等を東大寺に申告してゐる(註一一)。同國坂井郡溝江庄の開墾に際しても、天平神護二年十月八日、佃使僧㯉敬等は、六百十五丈、百五十丈の二用水溝開通に必要な堀敷地の使用許可を東大寺に請求してゐる事實がある。(註一二)更にまた同郡子見庄の開墾用の用水路設置につき、僧集福等は、天平神護二年十月九日、五百丈の用水溝の敷地として、三百四十歩の田地の必要を述べてゐる(註一三)。翌天平神護二年十月十日、足羽郡司生江東人等は、道守庄内に四百三十二丈、及び一千二百八十丈の用水溝新造の爲めの堀敷地一町四段百二十歩、鳴野村内に二百十丈、六十丈、三十丈の新用水路開鑿の爲めの堀敷地一段百六十歩の田地を、寺田の中より分割提供されんことを、東大寺に申請してゐるのである(註一四)。

以上は何れも東大寺が、越前國內に、廣大なる墾田を開發せんとするに際し、用水路・樋等の灌漑施設の整備に努めた諸例證であるが、此等によつても、墾田開發に、かゝる灌漑施設が如何に緊密な結付を以て、建設されて行つたかゞ理解されるであらう。そしてかくの如き狀態は、獨り越前の東大寺領に於てのみならず、あらゆる墾田の開拓について、程度の差こそあれ、恐らく齊しく認められた現象であつたと思はれる。

上記の如く、墾田は一般に完全な私經營にかゝる開拓地であつた。このやうに墾田に對して不可闕の前行條件として開鑿された灌漑施設も亦、當然私的な築造によつたことは勿論である。また國有の舊灌漑施設も、墾田の私田化にともなつて私的利用の對象となつたであらうことは十分想像出來る處である。土地國有を存立の基礎とした律令制的國家に於て、墾田の顯著な增加は、土地國有の原則を破壞するのみならず、この原則の基底をなしてゐた灌漑の國家的經營を破壞することゝなつた。かくして墾田開發に伴ふ私的灌漑支配は、上述の地方官吏の緩怠による國家經營の灌漑施設の荒廢。その當然の結果として、貴族・寺社等の口分田及びその灌漑の私有といふ現象と共に、中世に於ける灌漑の莊園的、卽ち私的な經營・統制を發生せしむる萠芽となつたのである。

註
一　類聚三代格十六
二　政治要略五十四
三　類聚三代格一弘仁八年十二月二十五日官符所引
四　尾張國郡司百姓等解文（史籍集覽二十四）
五　今昔物語三十一ノ二十二
六　續日本紀二十八
七　同書九

八　同書九
九　同書十五
一〇　大日本古文書編年文書四
一一　同文書五
一二　同文書五
一三　同文書五
一四　同文書五

第三章　中世的灌漑の特質

中世に於ける灌漑が、如何なる點に特色を有してゐたかと云ふことを考へるに先立つて、私は本書で謂ふ中世なる時代の概念を一應明かにしておかなければならない。中世なる時代を特徴づける問題は、人々の研究の立場から、色々の方面に求められるであらう。けれども社會史・經濟史的な見地よりすれば、中世社會の基調をなした處のものは、莊園制と云ふ土地支配の體制であり、またそれを基礎として、その上に結ばれてゐた封建的な諸關係であつたと考へられるのである。かゝる意味に於て、莊園制が普遍化して來た時代、換言すれば平安時代の中期頃から、それが愈々崩壞して行つた時代、即ち室町時代の末期頃までを中世と規定しなければならない。從つて本書で取扱ふ中世的灌漑と云ふ語は、その時代に於ける灌漑を指す譯である。

莊園制とは私的な土地支配の一つの形態である。莊園制の萠芽が、墾田竝に口分田の私有といふ過程の中に見出され、そして莊園は領主の私有地と、これを耕作する領主の隷農から成立してゐたことは、上にも述べて來た處である。莊園は國家の統制の埒外にあり、政府に租税を貢納することなく、又國家の警察權の監督を免れた土地であつた。しかしながら莊園は必ずしも最初から不輸租地ではなく、殊に初期の莊園には、輸租地を含んだものが、相當に多かつたのであるが、莊園領主、例へば貴族・寺社等の政治力・經濟力によつて、輸租地を次第に不輸租地化し、またこれに附隨して、國家の檢田權を排除して、所謂不入の特權をも獲得するやうになつたのである。かやうにして莊園は、領主の完全なる私的支配のもとに、一種の治外法權的な立場を確保するに至つた。かゝる不輸・不入の特權は莊園の成長にとつては、頗る好都合な條件となり、國家の統制に服してゐた各地の土豪達は、かゝる特權を享受せんが爲めに、競つて私領を名義上、有力なる貴族・寺社等の莊園の中に編入し、それらと封建關係を結び、自らは在庄して代官となり、或はまた下地を實質的に支配し、その貢租の一部を、庇護の代償として貴族・寺社等に上納することが盛になつた。かくして莊園に於ける所謂本所・領家關係は成立したのである。かゝる國家と無關係な土地の激增は、國家財政の立場からすれば極めて由々しい問題であつたから、國家はあらゆる手段を構じて、莊園の整理抑制に努めたのであるが、何等の効果もなく、莊園は年と共に急激なる増加を示し、平安時代の中期頃には、我國の耕地の大部分は領主の私領である莊園と化し、國家の支配に屬する土地は、極めて僅少となつてしまつたのである。而して平安時代末期より鎌倉時代にかけては、莊園制は全國的な現象として成熟し、その基礎は愈々牢固たるものとなつた。かくして莊園に於ては領主・莊官・農民と云ふ縱の系列による緊密なる封建關係を根幹とし、封鎖的な領主的な利害に統一された農業を中心とする自給經濟が行はれてゐたのである。

莊園に於て、領主の土地の耕作に從事したのは、領主の私民であつた。しかし私民といつても一樣ではなく、一種の地主的な性格を有する名主もあれば、作人の如く名主の下に隷屬する農民等も含まれてゐた。莊園の特權の一である不入は、莊園側に於ける或程度の自衞的な武力の存在を前提としなければならない。又莊園の封鎖的な利害關係は、これを助長したのである。このやうにして莊園内部に居住し、或は代官として庄務に携つてゐた土豪等は武士となつた。そしてまた名主の中でも有力なる者は、土地を兼併して尨大なる名田を支配し、武力を蓄へるに至つた者も稀ではなかつた。かゝる莊園武士等は、鎌倉幕府の成立と共に、守護・地頭とか御家人とか云ふ明確な武士の身分を獲得し、莊園領主の爲めに忠勤を抽ずべき義務を負ひながら、實質的には鎌倉幕府の强烈な支配に服してゐたのである。然るに名主の中でも、名田保有の面積も少く、劣勢なる者は、これと趣を異にし、依然隷屬耕作民を率ゐ、武士としてよりは寧ろ農民として土地の耕作に從ひ、地頭・御家人等の麾下にあつて、これと封建的な主從關係を結んだものも尠くはなかつた。かくの如くにして鎌倉時代に於ては、農耕より遊離した武士等が各地に威を振ひ、領主の莊園支配權を脅威するに至り、こゝに莊園農民は從來の領主以外に、武士といふより强力な新領主をも載くことになつたのである。南北朝時代から室町時代に入ると、武士の土地よりの遊離の傾向は益々甚しく、彼等は專門的武士となり、完全に莊園領主の掣肘の範圍外に立つたのみならず、逆に領主の手より莊園支配の權限を强奪するに至つたのである。そして有力な武士に轉身し得なかつた弱小名主等も亦、强力なる職業的武人の被官人となり、莊園制的羈絆を脱して自作農化し、また從來の隷農の一部も同樣の徑路を辿ることによつて、莊園領主の統治を離れて自立することゝなつた。そしてかゝる新しい性格を賦與された農民等は、强勢なる武士的支配の下に、莊園制的制約とは無關係な居住地或はまた耕地等種々の地理的條件を基礎として、緊密なる橫の聯繫を結成し、漸次近世鄕村制的な組織を築上げて行つたのである。平安時代以來支配的であつた莊園は、以上の過程が總てであるとは云へないとしても、最も重大な原因として崩壞し、かくして中世はこゝに終焉を告げたのである。

中世に於ける土地支配の形態は莊園制であつたから、この時代の灌漑が、あらゆる面に於て、莊園制的性格を濃厚に帶びてゐたのは無論であり、從つてそれが莊園制の發展・崩壞の過程を通じて、密接不可分の關係を保ちつゝ、これと步調を同じくしたのは云ふ迄もないことである。莊園に於ける封鎖的な自給經濟は、農業生產、特に米に絕對的に依存して居り、またこの米の生產にとつては、灌漑は絕對不可闕の前提であつた。かゝる見地よりすれば、中世に於ける灌漑の對社會的意義は、如何なる時代のそれをも遙かに凌駕するものがあつた譯であつて、極言するならば、中世の灌漑が莊園制に依つて特徵づけられたと云ふよりは、寧ろ逆にそれは莊園制の推移の根柢をなす問題であつたとさへ云つても、決して過言ではないと思はれるのである。そしてこのことは、中世の灌漑を考へてゆく上に、最も重大な問題でなければならないのである。

第一節　領主の私的經營

墾田における灌漑が開發者の私的經營にかゝつたことは、上に見て來た如くであるが、このことは墾田を一つの重要なる要素として發展し來つた莊園に於ける灌漑を、必然的に私的經營のもとに置くべき基礎をなしたと言ひ得るであらう。また墾田と相並んで莊田制が成立する根柢をなした口分田にては、それが荒廢して漸次莊園の內に吸收されてゆく過程を通じて、從來國家管理のもとにあつた口分田の灌漑も亦、當然莊園領主の私的な支配を受ける運命に置かれることになつたことも容易に推測出來る處である。かやうにして中世に於て、莊園領主は自己の所領莊園の灌漑を、私的に統制・管理する强力な權限を掌中に收めることゝなつたのである。そしてかゝる領主の灌漑に對する私的經營の確立こそは、中世における灌漑の最も根本的な特質であり、而してまたそれは、莊園に於ける灌漑に關する一切の問題を規定した基調となつたと云はなければならないのである。

領主が莊園に完全な支配權を打立て、十分なる貢納を取得するには、先づ灌漑の統制・管理が必要であつた。所領內の田地に豐富に用水を送込むことは、領主的支配の基礎を强固にする以所であつた。されば領主は自領の用水を枯渇せしめぬためには、後述するやうに、武器を執つて他と爭ふことも屢々であり、又巨費を投じて、灌漑施設の經營を行つたことも稀ではなかつた。これと同じ意味で、水源地の森林の保護も、領主の關心に上つたのは當然と云はなければならな

い。例へば、筑前怡土庄に於て、領主は、

怡土庄怡土方王丸名内立山、近年背先規、散在輩亂入、任雅意令切取之間、無用水便云々、所詮於向後者、如先例王丸名四至堺内山亂入之輩、永令停止之、可全御年貢以下公物之狀如件、

永仁貳年八月十日　　　預所權別當法眼花押(註一)

との命令を發し、庄民が亂入して山を荒す爲めに、用水が枯渇したとの理由を以て、領内の領主山に於て、領内農民の立入を嚴禁したのである。かやうな例は、同じ筑前の宗像神社領に於ても見られる。卽ち正和二年正月九日、同社大宮司氏盛は、

一山口事

右山口山・垂水山・山田山、於彼山之口者、更非制之限、致禁制者、還而可成土民之煩者也、此外屛風嶽・極樂寺山・用山・高山・帝賢寺山者、依有用水、固可令禁制之由、可被相觸沙汰人等也焉、(註二)

との法令を下し、山口山以下三山は、農民の入會山として薪等の採取を許すが、屛風嶽以下五山の森林は、用水の水源林であるから、農民の入山伐採を堅く禁止したのである。而してこれら

は、何れも河川の場合であつた。

しかしながら中世に於て、灌漑の爲めに利用され、領主の權威を以つて保護、或は管理されたのは、獨り河川のみではなかつた。池沼がその對象となつた場合も決して稀ではなく、領主的管理の目的となつた點に於ては、河川よりも、池沼の方がより容易であつたと云へるのである。河川は通常頗る長い河床と、その上を流下する河水とを有し、これを用水として引用する土地は、河の兩岸の流域に、幾十里と云ふ極めて長距離に亘つて存在した。莊園が至る所に濫立してゐた中世においては、河川はこれらの莊園の間を縫つて流下しつゝ、諸地に用水を供給したのであるが、各莊園の用水に就いての引水權は必ずしも調和してゐたとは限らず、特に其等が領有關係を異にしてゐた場合には、灌漑に關する利害關係は殆ど例外なしに背馳してゐたのである。故に河川の規模が甚だ小さく、給水の範圍が非常に狹少な土地に限定されゐるとか、或は强い統制力を有する領主に屬する數箇莊園のみの用水給源になつてゐると言ふやうな特殊な場合を除いては、一般にある特定の領主が、河川全體を領有することは勿論不可能であつたし、また獨占的に河川を引用することも殆ど困難であつたと考へられる。つまり流動性に富む河水は、私的支配・管理の對象となすには不適當であり、公共的な性格が極めて强かつたのである。されども强ひて領主の河水に對する支配權を規定するならば、無論個々の事情によつて異るが、概して河川の自庄に沿ふてゐる部分に於ける河水、及びそれより自庄內に導入された用水のみが、領主の支配の目的となり得たと言へるであらう。要するに河川に於ける領主の支配權は、後述の池沼の場合に比して、かなり複雜且つ不明瞭なものであつた。このことは、中世に頻發した各地の用水爭論の大部分が、何れも河水の爭奪によつて惹起されてゐる事實によつても容易に首肯出來るであらう。

然るに池沼にあつては、河川の場合と些か趣を異にし、水は何時でも一箇所に滯溜してゐる狀態にある。さればこれより用水を受用する土地は、池沼の附近に集中された狀態にあることが多く、從つてこれらの土地の領有關係は、河川に比較して、割合に單純である可能性が多く、それ故に池沼の水に對する領主の支配・管理權は、容易に確立し得た筈であつた。殊に池沼が一定の、しかも領主を同じくする土地のみに用水を供給した例は尠くなかつたが、かゝる狀況にある領主の權限は、一層明確な形態を示すことゝなつたのである。更に中世に於ては、領主が自己の所領の灌漑を目的とした池沼の構築は、その例に乏しくないが、その場合の灌漑に關する一切の權利は、擧げて領主の掌中に歸し、而してその給水の範圍は、自ら領主の所領內に限定されることゝなつたのが普通であつた。かゝる情況の下にあつては、池沼に就いての領主の權利は、絕對的な强さを誇ることが出來たのである。

灌漑の私的經營の根柢は、用水そのものを所有することに他ならない。用水を所有し、これを完全に支配する爲めには、樣々の條件が必要であつたが、就中最も重要な條件の一つは、先づ用水源の敷地を所有するといふことであつた。換言すればその敷地を確保することが、用水支配者の最も重大な資格の一つであつたのである。河川を用水源とする時は、その長い川床を、一領主の私有に歸せしむることは到底不可能であつた。されども池沼の場合は、敷地の私有は決して困難なことではなかつた。何故ならば、上述の如く池沼の水は、流動することなく、常に一箇所に停滯し、したがつてその敷地は一定の場所に限定されるからである。況や池沼が、計劃的に築造されるやうな時には、最初から敷地の所有者は明かになつてゐたから、この問題は一層簡單であつた。かくの如くにして、池の敷地の所有卽池水の支配であつた以上、中世に於ては、池の敷地——當時の表現を以てすれば、池代・池床・池底・池頸——が、私領として賣買・寄進・讓與・貸借されてゐたのである。その數例を左に示すことゝしやう。

「ウレシタニノイケシロノフミ」(端裏書)

謹辭　賣渡私領池代事

合一所者、
在紀伊國南賀郡粉河寺御領丹生屋村字□□（悦谷）
四至限東曾波中、限南東村池、限西曾波碕石、限北類地碕石、
右件池代者、字熊若女先祖相傳之私領也、雖然互依有要用、直能米壹斛貳斗仁、限永代、東村悦谷池之勸頭田徒衆、所賣渡實正也、全無他妨可領知給、於但本劵者、依爲連劵、不相副之候、仍爲後代龜鏡、新劵文狀如件、
康永元年歳次壬午十二月日　熊若女（略押）
嫡子□伊經友（略押）楠守女（略押）用吉名（略押）（註三）

右の賣劵に據れば、熊若女は先祖相傳の私領を、東村の悦谷池の管理者である勸頭田徒衆に、用水池の敷地として賣却したのである。又大永七年十月廿九日の赤松村秀の書狀に、「仍分領御山庄地頭職之内、樂々山差中事、鵤庄御太子料爲用水池床、末代令寄進訖、」（註四）とあるによつて、彼が自領の内の一部を、法隆寺に鵤庄の太子料田の用水池の池床として寄進したことが理解されるであらう。寛正二年十月廿四日の和田盛助の處分帳には、池底といふ名稱で、田邊二池以下十三箇所の池が、他の諸種の所領所職と並記され、それがその子に讓與されてゐるのを見る（註五）。

この場合の池床なる言葉の意味は未だ十分に明瞭にし得ないが、恐らく和田氏が池の敷地を所有し、その上に用水池を築いて灌漑してゐた農民等より、その地代として相當の財物を取得してゐたのではあるまいかと想像される。次に眼を和泉國松尾寺領に於ける例に轉じやう。永仁二年、池田庄の農民等は、左の如き契狀を寺に獻じてゐる。

松尾寺與池田庄上方箕田村沙汰人名主百姓等契約事、

右子細者、承元年中、令建立梨子本池、自河以西令耕作處、彼池水不足之間、年々令旱損者也、然間申請當寺領山林荒野等、令建立新池、以彼流水助旱田、且令開發新田三町、寄進于當寺、以彼爲供料田、遷傳山門東塔北谷庄嚴講法式、可奉祈天長地久御願者也、然間於彼寄進田三町者、雖爲盡未來際、不可有變改之儀、若令違背契約者、可被打止彼用水者也、臨其時就公家武家、敢不可申子細、寺家宜成魚水之思、不可有向後異儀之狀如件、

永仁二年正月十八日

僧　良　裕（花押）

沙　彌　正　蓮（花押）

沙　彌　妙　法（花押）

沙　彌　慈　佛（花押）

沙彌阿念（花押）
刀禰僧頼辨（花押）（註六）

卽ち松尾寺領和泉池田庄の住民等は、嘗て承元年中、梨子本池と稱する用水池を掘り、莊内の水田を灌漑してゐた處、近年用水不足を告ぐるに至つたので、領主松尾寺に申請し、所有の土地の貸與を仰ぎ、これに新用水池を築き、以て用水の不足を補ひ、その上副產物として、三町の新田を開發することに成功した。そこで住民等は、この三町の新田を寺に寄進し、向後若しこの寄進田に違亂を働くやうなことがあらば、新用水池の水を、寺より差押へられても、決して異議を申立てない旨を約束したのである。用水池を構築するとしても、先づ敷地の所有者に了解を求め、その許可を得て初めて工事を行ふことが出來た譯である。そして上記の新田三町の寄進は、敷地の提供に對する一種の謝禮であつたと見なすことも出來るであらう。かくの如くにして、莊園に於ては、種々の手段によつて用水源の敷地の私的領有が行はれ、それが灌漑の私的經營の上に頗る重要な條件となつてゐたことが容易に理解されるのである。

池田庄の新池に於ては、農民等が、松尾寺より敷地の提供を受け、これに用水池の築造を行つたのであるが、この工事は寺よりの支援を受けた形跡は認められないから、恐らく彼等自身で建逗を進めたものと思はれる。而して三町の寄進田に違亂を行はない限り、用水の分配・管理は、常に彼等の手に委ねられてゐたものと考へられる。かくの如く用水池の利用に於て、築造者の權利は、敷地のそれと相並んで絶對的であつた。貞治三年七月、和泉國大鳥庄上條地頭田代了賢の訴狀の中に引用されてゐる被告大番雜掌祐尊の重陳狀に、

池河用水等事、以開發爲其主之段、諸國平均之通法也、(註七)

と述べ、池・用水路の創造者がこれを所有することは、諸國平均の通法、即ち社會一般の通念であると主張してゐるのは、築造者の權利が如何に大きかつたかを、如實に物語る絶好の史料となすことが出來るであらう。中世に於ては、莊園領主が自分の所領の灌漑の爲めに、領内に自ら池沼を構築した場合は極めて多かつた。その一例として法隆寺を擧げやう。法隆寺は、文永十年に大谷池と稱する用水池を作り、元應二年には悔過池を掘り、貞和六年に至り小池を築き、ついで應安四年には、琵琶田と云ふ土地に、新用水池を構築する等、連續的に灌漑池の工事を行つたのである(註八)。そして此等の池の築造者であり、しかも池敷地の所有者である法隆寺の、これらの池に對する支配・管理權は、「於用水者、至シタヽリニマテ、悉以寺家進躰(退)無疑、〇下略」(註九) と主張するやうに頗る鞏固なものがあつたのである。

灌漑が私的經營のもとに行はれると云ふ狀態にあつては、土地國有——公的灌漑經營の時代には、それ程問題とならなかつた用水を引用する權利が、明確に意識されるやうになつて來た。そして幾つかの土地が、同一の水源より用水を引漑しなければならなくなつた中世には、夫々の土地の用水に對する引水權が、明瞭に認識され、更に莊園に於ける水田の零細經營と云ふ事實と關聯して、引水權は極めて零細に分裂し、遂には田地の一段々々に對する私人の引水權すらも、判然と規定されるやうになつて來たのである。元來用水の利用權は田地に附隨した權利であつて、土地が賣却・讓與・寄進等の行爲によつて、他に移轉する時には、引水權も亦、其土地の一つの屬性として、必然的に他に移轉するのが普通であり、勿論中世に於てもかゝる事は一般的であつた。しかしこのやうに私的引水權が一個の獨立した權利として、主張されるやうな情勢の下にあつては、場合によつては、用水利用の權利は、土地より遊離し、遂にはそれのみにても、賣買・讓與等の對象となり得たのは、當然の成行であつたと云はなければならない。現に正應四年の無量壽院所領注文には、

佐野池水一反水永代買付之畢。（註一〇）

とあつて、我々は一段の田地を灌漑する一定量の用水の利用權が買はれてゐる例に接するのであ

る。また貞應三年、民則門なる者も亦、

沽却　賣渡水事

合壹段水者、

在大藪村大池水也、

右件水元者、民則門之相傳領掌水也、而今依有直要用、直現米貳斛、限永代僧樂眞賣渡畢、若後日子共中有爲妨者、全不可用、仍放劵文之狀如件、

貞應三年甲申十二月十三日　　民則門（註一一）

との賣劵を以て、壹段の用水を、僧樂眞に賣渡してゐるのを見る。當時かうした引水權の賣渡の事例は決して珍しくはなかつたのである。次に引水權の讓與或は寄進の場合を少しく觀察することゝしやう。永仁二年十一月の沙彌性蓮處分狀によれば、性蓮は、所領の一部として、和泉國に於ける「山田池水三日三夜、集田池水三日、」（註一二）の引水權を、その子に讓渡してゐるし、また興福寺公文目代は、自己の得分である大和國能登・岩井兩河用水の間水の引用權を、同寺西金堂領の諸田に、「奉加分」（註一三）との名目で、寄進引用せしめたことは、後段に改めて詳述する如くである。このやうな引水權のみの賣却・讓與等とは少しく事情を異にするが、當時水田の賣

却・寄進等に際して、特にその田に用水を添付する旨を記し、或はその田地にかゝる用水の所在、分量等を明かにしたことも尠くない。二三の例を示せば、弘安五年二月廿一日、藤原守時田地賣券には、「奉サヽ谷奥池水壹段水、守時之分副進候了、」(註一四)との註記があり、寛喜二年十一月十三日、秦貞本田地賣券にも、「池水一筋付置也、わむしやう池、又一筋付、はしや池、」(註一五)と裏書をしてゐる。次に時代が降つて大永三年六月三日の東條盛忠外三名連署田地賣券には、「用水者蔦池之水懸候、」(註一六)と、賣却地に漑入すべき用水の所在を明示してゐる。また明徳三年六月、橘秀村は、讃岐妙實寺に水田參段を寄進したが、その時の寄進狀には、「池水・河水共仁付申候物也、」(註一七)と述べてゐる。このやうに水田の賣渡者、寄進者が、特にその田の灌漑の手段を文書の上に明記しなければならなかつたのも、つまり田地の賣渡・寄進には、必ずしも用水が附隨しなかつた場合があつたと云ふ理由からであつて、これらの事實も、中世に於て引水權が土地より離脱し、一個の私權として確立してゐたことを立證する一つの傍證とすることが出來るであらう。かゝる引水權の私權としての明確な獨立は、要するに莊園制下の灌漑の私的經營と云ふ現象から導出された必然的な結果に他ならなかつたのである。

領主關係が異り、隨つて利害關係が兎角背馳し勝な幾多の莊園、又は田地が互に入組んだ形態で散在してゐた中世には、此等の諸地が同じ用水を分配引漑しなければならぬやうな事態も多く、かやうな場合には、各地の私的引水權は、それ〴〵の立場から激しく競合し、その結果用水の爭奪は頻發し、爭論は繰返され、それらに關する史料は、極めて多量に殘存してゐる。これに反して、用水が引水地を結合せしむる性質を有したことも否定し難い事實である。莊園特に末期莊園に於て普遍的であつた諸地の用水の共同利用は、引水地の聯繫を前提として始めて可能であつた。また長大な用水路其他の施設は、個々の土地の利害を超越した存在でもあつた。或は用水路の發達は、それが幾筋にも分岐し、その夫々が幾つかの土地を潤すことゝなり、その用水系を中心とする諸地が、他の用水系と水を爭ふやうなことも尠くなく、かゝる時には、用水系を基礎とする利害による引水地の强固な結合が見られたこともあつた。成程かうした聯繫は、用水によつて結ばれたのは事實であつたが、引水地側にも、これを可能ならしめるやうな條件が必要であつた。卽ち引水地が專ら領主的利害によつてのみ左右されてゐた間は、假令用水の共同利用の必要が感ぜられてゐても、その實現は比較的困難であつた。然るに莊園制も崩壞期に入り、領主の統制力は漸次衰頽に赴き、これに反して農民等の意志が、領主的拘束を受けずに彼等だけの總意の形で結集され、それが彼等の生活のあらゆる問題を規定して行くだけの力を發揮し得らるゝやうになると、各地の聯合は容易に成立し、特に用水の共同利用を基礎として、引水地は頗る緊密に結合されるに至つたのである。しかしながらかやうな強固な聯合も、結局農業生産に於ける灌漑の絶對なる必需性に强制され、各地の異つた私的引水權が、共同利害の紐帶によつて、一應結合され、それが均衡を保つてゐた狀態の上に樹立されてゐたに過ぎなかつた。故に何等かの事情で、均衡が破綻した時には、その根底に横はつてゐた私的引水權の利己性は、忽ち表面化し、各地は夫々の利害から引水權を主張して讓らず、こゝに單純な用水の爭も、遂に長期間のしかも頗る激烈な爭鬪にまで展開することが屢々であつたのである。後述する山城國乙訓郡の所謂西岡諸庄の中、十一乃至五の莊園が團結して一種の用水組合的な組織のもとに桂川の河水を共同に引漑してゐながら、時としては激しい用水爭論を繰返してゐた如きは、その適切な例とすることが出來るのである。要するに中世に於ける灌漑の特質は、莊園に於ける灌漑の私的經營、引水權の私權化が、莊園制獨特の封鎖性によつて强調された必然的な結果として表れた極端な排他性に認められたのである。而してかゝる傾向は、莊園制の最盛期、卽ち平安時代末期より鎌倉時代にかけての莊園に於て最も顯著であつたと言ふことが出來るのである。

中世に於て、灌漑の爲めの施設の構築は、各地で相當に盛に行はれた。しかしそれらは嘗て律令制下に見られたやうな大規模なものは殆どなく、專ら莊園個々を對象とする比較的小規模な施設の築造に終始する趨勢を示したのは、特に注意を要する現象であつた。殊に灌漑と表裏一體の關係にある治水の爲めの工事は、それが農業生產に寄與する處が、間接的且つ消極的であるためか、あまり顧慮されず、律令社會に行はれたやうな壯大な計劃が、實施されたらしい形跡は認め得られぬやうである。されどもかくの如き大治水施設の缺如は、一面に於て當時に於ける農業土木的技術の發達の不調を物語るものであり、そしてそれはまた大規模な灌漑施設の發展の爲めに、一つの障害となつたことも否定し得ない事實と言へるであらう。かうした中世に於ける灌漑・治水工事の規模の縮小は、中世の農民等の性格が、律令制下の農民等のそれと本質的に異つて來たといふことによることも考へなければならない。彼等は莊園の極めて局限された土地の中に、獨立自營の農業に從事するやうになり。それがかゝる大工事に必須條件である大量の賦役勞働の要求に應じ得なかつた事情も十分考慮さるべきことは勿論であるが、それも結局上記の如き莊園制獨特の極端な封鎖性の中に歸せらるべき問題と言はなければならないのである。卽ち幾つかの莊園が一致協力して、一つの大灌漑工事に從事するやうなことは、少くとも莊園制の最盛期に於ては、殆ど認められなかつた現象であり、かうした協力が可能になるのは、莊園制崩壞期を待たなければならなかつたのである。

このやうな中世に於ける灌漑、特にその施設造營の規模の萎縮の事實を、もつとも端的に反映したのは、新田開發の問題であらう。何故ならば、新田を開拓するには、先づ灌漑施設の質的よりは寧ろ量的な擴大が必須の前提であつたからである。中世の新田開發は、必ずしも一概に不活潑と斷じ去ることは出來ないが、しかし律令制下のそれとは、到底比較すべくもなく、特に開發地個々の面積は頗る狹少であるのが普通であつた。律令制社會にては、國家の經營のもとに、數多の灌漑施設が盛に構築され、また雄大な企劃によつて、治水工事は實施に移され、尋で、例へば前記の東大寺によつて代表されるが如き富裕は開墾主の手で、長大な灌漑施設が完成されたる等、灌漑・治水事業は飛躍的な發展を遂げ、これを基礎として尨大な荒野は水田化したのである。然るに中世に於ては、開墾に對する技術的發展がさまで顯著ではなかつた上に、殊に畿内地方にては、當時の技術で開拓し得られるやうな土地は、既に一應開墾し盡されてゐた狀態であつたといふ事情もあつたが、かゝる地方は無論のこと、一般に新田の開發はかなりの停滯期にあつたのである。されぱと云つて、中世の莊園領主は、新田獲得に對する欲求がなかつた譯ではなかつた。例へば、長祿三年、東寺領大和國河原城庄の代官の請文に、

一田畠等興行仕、下地雖爲段步令出來者、無隱密之儀、相當下地分御年貢、必可加增申事、

(註一八)

と誓約せしめてゐる如く、領主等の年貢の增加を目的とする新田開發に對する欲望は、相當に旺盛なるものがあつたのである。かくして開發は莊園を中心として、近隣の未開地に向つて進められることゝなつた。それには先づ水を如何にして得るかと言ふことが問題となつたのであるが、新田の灌漑には種々の困難がともなつた。農民等が新田を開くに際して、引水施設や用水池の築造の爲めに、領主の土地を利用するに就いては、近江國得珍保今堀の地下人等が、

得珍保今堀之鄕新開用水大切候之間、當鄕橫道面谷入地何段申請、堀ニ掘可全耕作之由歎申候處、無子細預御下知候、畏入候、(註一九)

と述べてゐるやうに、領主に歎願して、その許可を受けなければならなかつた。領主としては、新田の開拓は常に望ましい事には違ひなかつたとは云へ、その爲めに舊來の本田の用水を不足せしむることは出來なかつた。されば他に何等の惡影響を與へないやうな場合に於てのみ、新田への灌漑の便を計つたのは當然である。然るに新田の開墾が、他領の用水によつて遂行されなければならぬやうな狀態に於ては、その困難は愈々重大であつた。他の莊園が引水してゐる用水の一

部の分與を請ふ時には、後述する如く他領の了解が必要であり、それのみならず用水の代償として、井料・水代と稱する財物を提供する義務を負はなければならぬことも屢々であつた。このやうにして、領主の盛な欲求があつたにも拘らず、莊園に於ける新田の開發は、その割合にははか〴〵しく進捗し得なかつた。そしてその理由として、當時の開墾技術の不發達といふ點を擧げなければならぬのであるが、また莊園に於ける灌漑の私的經營に依る排他性に依據する處も亦、頗る大であつたと言ひ得られるのである。

然らば中世に於ては、大規模な新田開發が全く見られなかつたかといふと、必ずしもさうではなかつた。中世の普遍的な土地支配體制は莊園制であつたとは言ふもの丶、全國の土地が一齊に莊園化して行つた譯ではなかつた。莊園といつても、地域によつて甚しい性格的な相違が存し、また莊園化の程度についても、著しい遲速があつたことは言ふまでもない。卽ち近畿を中心とする諸地方では、莊園の發達は頗る早期に認められたのに對して、一般に僻遠の地方にては、この點においては極めて遲れた狀態にあり、近畿の如き地方と同じ方向に、まだ同じ速度で莊園化は進行したとは限らなかつた。かうした地方では、土地の諸事情は、依然莊園制發展以前の狀態に近く、從つて上述の如き開墾に對する莊園制的な制約は殆ど存在せず、寧ろ律令制的とでも稱すべき大規模な灌漑・開墾が得はれ得る素地が、後まで殘存する可能性が强かつたのである。その一例として關東地方に於ける新田開發を考へてみやう。この地方は、中世初期に於ては未だ莊園制の著しい發展はなく、水田は尠く未墾の荒野が壓倒的な部分を占めてゐた。而してこの方面に培はれた武力を主體として成立した源氏の政權は、鎌倉に幕府を開設し、こゝに强固な政治的基礎を置いてゐたのである。このやうに廣大なる非莊園的な未開地、强力なる武士的政治力と云ふ條件を具備した關東地方は、鎌倉時代になつてから、急速に莊園化が進展し開墾が進捗したのであつた。卽ち鎌倉幕府が創立されて未だ間もない文治五年二月、幕府は安房・上總・下總三國の地頭等に對し、國內の開發を命じ(註二〇)、尋で正治元年四月、東國分地頭に命令して、水便好き荒野を開かしめ、且つ爾今以後荒不作と稱して、年貢の進納を緩怠する者あらば、その地の知行を停止せしむべき旨を明かにした(註二一)。就中武藏野開發に對する幕府の態度は、殊に積極的なものがあつた。卽ち承元元年三月、幕府は諸地頭に、武藏野の荒野の開墾を嚴命したのを始とし(註二二)、寬喜二年正月、武藏國太田庄の荒野を(註二三)、尋で延應元年二月には、同じ武藏國小机鄕烏山の曠野を開發すべき命令を發してゐる(註二四)。このやうな大規模な開墾の最大の前提は灌漑施設の整備であつた。されば幕府はこの方面の準備を怠らなかつた。貞永元年二月、幕府は武藏全國の地頭をして、領内の農民を一人殘らず使役し、同國榑沼の堤の破壞箇所の修理を行はしめたのである(註二五)。また仁治二年十月には、幕府は武藏野開墾計劃を樹立し、その爲めに先づ多摩川の河水を分疏し、灌漑に充てることを決定してゐるのである(註二六)。

このやうな廣大なる原野の開墾は、中世に於ては、必ずしも尠くはなかつたであらう。しかしその根柢に横つた事情は、遠隔地に殘存した寧ろ中世以前の土地條件と云ふべきであつて、純粹な中世的な開墾とは云へなかつた。されば中世的な新田開發の一般的な形態は、當時莊園制が普遍的な土地支配の體制であつた以上、何と云つても、莊園的な事情に依つて規定されたものでなければならないし、從つて莊園個々を單位とする比較小規模なものであつたと謂はなければならないであらう。

平安時代初期の撰述にかゝる和名類聚抄に據れば、全國の田地總面積は、八十六萬二千餘町歩であつたのに對し、室町時代初期の著作である拾芥抄に從へば、全國の田地の總積は、九十四萬六千餘町歩であつたといふから、その間四百年の長きに亘る間の田地の増加は、僅かに八萬三千餘町歩に過ぎなかつたことになるのである。これらの數字は、必ずしも正確であつたとは考へられぬ上に、出典を異にするので、これ等を直ちに比較立論することは、それ自體多分の無理が伴ふのは云ふまでもない。けれどもそれは兎も角として、中世に於ける田地の増加率は、前の時代に比べて、かなりの低下を示したことは、動かすべからざる事實であり、それは上述の如き新田開發の一般的不振に據る處、決して尠くはなかつたと思はれる。そしてその原因を更に深く捜れば、その一つは中世に於ける灌漑の特色である利用權の私權化・排他性の問題にまで溯ることが出來るのである。

註
一　改正原田記附録上
二　宗像文書
三　若一王子神社文書（高野山文書九）
四　法隆寺衆分成敗曳附並諸證文寫
五　和田文書三
六　松尾寺文書
七　田代文書四
八　嘉元記（史籍集覽二十四）
九　法隆寺伍師年會衙記錄
一〇　德富猪一郎氏所藏文書
一一　高野山文書三
一二　和田文書一
一三　經覺私要鈔一能登岩井河用水記其他
一四　高野山文書五

一五　同文書四
一六　淸水寺文書六
一七　常德寺文書
一八　東寺百合文書イ二十五―四十五
一九　日吉神社文書五
二〇　吾妻鏡文治五年二月卅日條
二一　同書正治元年四月廿七日條
二二　同書承元元年三月廿日條
二三　同書寬喜二年正月廿六日條
二四　同書延應元年二月十四日條
二五　同書貞永元年二月廿六日條
二六　同書仁治二年十月廿二日條

第二節　灌漑の發達

前節に論じ來つた處からすれば、我々はともすれば中世莊園の灌漑に就いて、何等大した發展もなく、律令制下のそれに較べて、寧ろ退化したのではないかといふ印象を受け勝である。しかし事實は決して左樣ではなく、莊園の灌漑は、顯著な進步を遂げてゐたのである。只その發展の方向が、莊園制の封鎖性によつて掣肘せられ、以前に行はれてゐたやうな大規模な灌漑工事の施行に向はずに、大勢は他の方面、卽ち用水の能率的な利用と云ふ方面に向けられたまでのことであつた。

莊園制は、農民一人あたり一般に二・三段多くて五段位と云はれるやうな、水田の極端なる零細經營の上に成立してゐた。されどもかゝる零細經營は、必ずしも莊園制といふ土地支配の形態からのみ導出された結論ではなかつた。卽ちそれは我國の農業が、終始一貫して水稻栽培を以て、その主體となしてゐることに關聯する問題である。元來水稻栽培は、他の農業、例へば麥作などと比較するに、高度の栽培技術と、非常に多量の勞働力を必要とする。第一に水稻栽培には、他の農業に見られない灌漑といふ頗る面倒な技術が伴ふのである。又その勞力は、田植・除草・刈入等に際して、一時に集中されなければならない。かやうに手數のかゝる、しかも多量にまた季節的に繁閑の差の甚しい勞働力の注入は、農民一人宛の耕作し得る水田の面積を極めて狹少なものに限定するのは當然である。かうした事情は、中世に限らず如何なる時代に於ても常に水稻栽培そのものに必然的に隨伴し、水田經營の零細化を强制する主な要因である。されども莊園制下に於ては、莊園獨特の事情があり、それによつてかやうな零細化は更に促進せしめられたことは事實であつた。その事情の一つは、莊園に於ける排他性が根柢をなす灌漑の不自由、或はその必然的な結果として起つて來た新田開發の一般的な不振、ひいては水田增加率の低下といふことであり、これが莊園の農民一人宛の耕地を、愈々零細にした最も重要な原因の一であつたのである。

このやうな零細耕地の上に農業經營を行つてゐた莊園農民は、律令制下の農民が、國家に貢納したと同じやうに、莊園領主に對して、租税として專ら米を貢納する義務を負ふてゐた。そしてその税率はかなり高いものであつた。殊に莊園制の進展につれ、その支配體制は益々複雜を加へ、領主と耕作農民の中間に名主と云ふ地主が發生し、また田地によつては、作人と呼ばれた人々が更に名主・耕作者との間に、小地主として登場し、そしてこれらの中間的地主等は亦、農民の農業生産の一部を、租税として收納することゝなつたので、さなくとも輕少ではなかつた耕作農民等の租税負擔は、愈々重くなつてゆく一方であつた。上述の如き莊園制獨特の零細經營を餘儀なくさせられ、かゝる過重な貢租を負擔しなければならなかつた當時の農民として執るべき道は、結局農業生産物の段當收穫量を增加せしむること以外にはなかつた。そしてこれを可能ならしむる唯一の方法は、園藝的集約栽培と稱せられるやうな、勞働力の極端なる集約的注入と、多角的經營とを、最大の前提とする農業生産技術の改良を進めてゆくより他なかつたのである。かくしてかゝる農業技術の著しい改良は、莊園農業の各部面に齎らされることゝなつたのである。いまその一つの例として肥料の問題をとりあげてみると、零細經營の必然的な結果として行はれる水稻の連年作付は、田地の地味を著しく低下せしめる。かやうな高率な租稅を負擔する爲めには、土地をして不變の生産性を維持せしめなければならぬ必要から、農民等は早くから肥料として、綠草・草木灰・人糞尿等を多量に使用することによつて生産を增加せしむる手段を學んだのである。また同じ必要から當時二毛作は廣く各地で行はれ、所によつては、或は三毛作さへ行はれてゐたのではないかと思はれる形跡すら認められる。かゝる多毛作の盛行は、施肥量の一層の增加によつて始めて可能であつた譯である。このやうにして我國にては、早くも中世に於て、肥培技術の素晴らしい發展を見るに至つたのであるが、水田稻作に不可闕の問題である灌漑に就いても、亦これと全く同じ事情の存在を見逭すことは出來ないのである。即ち生産を高める爲めには、灌漑用水を如何に能率的に利用するかゞ、彼等農民にとつて、愈々重大な關心事となつて來た。又莊園よりの農業生産に全經濟を依存せしめてゐた莊園領主にとつても、かゝる點に於ては、農民等とその立場は全く同樣であつた。このやうな能率的な灌漑の遂行の要請こそは、莊園制下の灌漑水利の發展を促進し、そしてまたその發展の方向をも併せて規定することになつたのである。

我々が莊園に於ける灌漑が如何に行はれ、またそれが如何に發展して行つたかを考察するに當つて、先づこゝに取上げなければならぬのは、莊園を構成してゐた一段二段と云ふ夥しい零細な田地が、如何にして用水を漑入してゐたかと云ふ問題である。今まで問題として來た灌漑施設を大動脈とすれば、この零細田地への送水施設はまさに毛細管とも稱すべき性質のものである。この毛細管的施設に就いて、具體的な説明を與へるやうな古文書・記錄は極めて稀であるから、これを詳細に究明することは頗る困難である。されば私の蒐集し得た甚だ僅かの史料を以て、論斷するのは勿論尠からぬ危險が伴ふのであるが、一應の考究を進めてみたいと思ふ。

さてこの問題に入るに先立つて、灌漑の基礎をなす、莊園に於ける小田地の配列狀態を瞥見しておく必要があると思はれる。班田制の根柢となつた條里制にては、坪は面積一町の正方形の土地であつた。そしてその中には十段の田地が包含されてゐた。然らばその十段は如何なる配列に置かれてゐたかといふに、大體二つの形態が存在した。その一つは、長さ三十歩、幅十二歩の矩形の一段の土地が、五箇づゝ二列に竝んでゐたのである。班田制崩壞後は、口分田が莊園の中に吸收されることになると、かゝる配列を有した田地は、急激な田地の割替が行はれる事なしに、其儘の形態で、莊園制に引繼がれたことは想像に難くない。かゝる事實を立證する史料は珍しくはないが、大和に於ける一例を示すことゝしやう。保延二年十二月十三日、山邊三良田地貳段賣券には、

在山邊郡十三條六里廿二坪之内艮角

四至　限東畔　限南際目
　　　限西際目　限北町(註一)

とあり、また文治四年二月廿一日、三宅仲子家地壹段賣券には、

在山邊郡十三條六里廿二坪内辰巳角

四至　限東畔　限南畔
　　　限西際目　限北際目(註二)

とあることから推察すれば、この山邊郡十三條六里廿二坪は、東邊及び南邊に畔が走り、北邊は町と稱する地に接續し、その中に班田制下に見られた如く、南北に細長い矩形狀の一段の田地が、二列五段宛竝列してゐたことが判明し、而してこの二田地は、この坪の北西・南西の兩隅を

占めてゐたことになるのである。然らば莊園に於ける班田制の遺構の田地割は、全部右の如くであつたかとふに決して左樣ではなかつた。他にもう一種類の田地割が廣く行はれてゐた確證があるのである。例を同じ大和に求めてみやう。建永元年十二月十日、大原依淸田中庄內壹段半田地賣劵によれば、次のやうに記してゐる。

在大和國添上郡京南三條三里四坪之內自西六段目也、(註三)

また貞永元年十二月十三日、僧實辨田地貳段賣劵には、

字院田、自北二段目・七段目二段也、(註四)

と見へる。このやうな記述の意味は、前記の地割の觀念を以つてしては、到底理解し難い處である。何故ならば、前者は坪の西端から數へて六段目に當る田地であり、後者は北端から數へて七段目に存在する田地であるからである。又山城の場合を示すと、建治二年三月十九日、沙彌善佛田地貳段賣劵には、

在山城國紀伊郡祉里廿坪內、壹段者東縄本壹段次壹段也、壹段者自西縄本於玖段次壹段也、(註五)

と田地の所在を明かにしてゐるが、かくの如く西の縄本より九段おいて次の一段といふ表現は、

矢張り二列五段並の地割では考へ得られぬものである。しからばこのやうな田地割は如何なる配列を有したのであらうか。それは享徳二年七月、山城國久世郡伊勢郷桑本里廿四坪三條殿御給分田指圖等(註六)に徵しても知らるゝ如く、坪内の田地は、廣さ六歩、長さ六十歩の極めて細長い短冊形の一段宛に十等分されてゐたのである。かゝる地割に於て、始めて「自北二段目、七段目二段也」のやうな文句の意味が納得出來る。この一列十段並の配列は、條里制の名殘を持つ莊園に於ては、前記二列五段並の配列よりも、遙かに廣く認められる處であつて、この事實より推測すれば、これも無論條里制の遺構であることは自ら明かであらう。卽ち二列五段並・一列十段並の二種の配列が、班田制が實施された當時から行はれ、それが莊園に於て、そのまゝの形を保つてゐたと云ふことになるのである。

以上の考察により、莊園に於て、前に述べた二種類の田地割が行はれてゐたことは、誤りない事實であつた。我々が莊園の田地に關する夥しい賣券・寄進狀の類を通覽する時、その對象となつた土地が、壹段・貳段の如く、端數を含まぬ場合が極めて多いことに氣が附くであらう。このことはまた莊園に於いて、以上のやうな田地割が、かなり普遍的であつたことを暗示する一つの傍證と謂ひ得られるであらう。しかしまた段或はその倍數に整然として居らず、端數を含んだ田地も尠くはなかつた。これらは一應秩序なき錯然たる田地の配列に起因したとも考へられるが、中には前述の二種の田地割に於ても、その中に屋地・丘陵・森林・池沼等が存在した結果とも見られるものも尠くなく、また莊園も時代を經るにつれて、田地の所有關係の細分化が激しくなり、その爲めかゝる結果を招來した事情も考慮されるので、必ずしも上述の班田制以來の地割と無關係と論じ去ることは許されないのである。それはともあれ、莊園制下に於ては、すでに田地の區分の形態は頗る複雜多岐であつたと云ふものゝ、まだまだ一段宛、矩形に又更に屢々短冊形に區切られた田地の集合形態を、班田制の遺構として、保有した土地が多かつたことは、大體間違ひなかつたと考へられる。

然らばこのやうな田地の細分・配列は、如何なる根據に基づいて行はれたのであらうか。田地を一段宛に區切り、これを二列五段宛、又は一列十段宛に規則正しく配列せしめたことは、口分田を班給する必要に應ずる爲めであつたのは勿論である。それと同時に、水稻栽培に必然的に随伴する零細且集約的經營の諸條件に密接な關聯を有する點も看過することは出來ないであらう。即ちこのやうな狀態の田地にては、犂の如き農具の使用が便利であり、水稻の成育に必要な日照の都合もよかつたと想像される。而し最も重大な條件は、何と云つても、このやうな整然たる配列状態の田地では、灌漑用水の能率的な利用が可能であると云ふことであつたと思はれる。而してこの事情は、もとより班田制・莊園制の時代を通じて、共通のものであつたのである（註七）。

さてそれならば莊園制下の、かゝる地割の水田に於て、用水の利用は如何なる形態をとつたかゞ、次に闡明を要する問題となる。寛元二年三月六日、女秦氏田地壹段賣券には、

四至　限東一栗溝　限南山井溝
　　　限西溝　限北類地高アセ（註八）

と見え、この一段の田地は、三方が用水路を以つて、取かこまれてゐたことがわかる。又永正十八年三月日、菩提山寺金藏院快憲田地寄進狀には、

限四至　東類地　西露
　　　　南類地　北露（註九）

と記されてゐる。この露と云ふ語は、大和・河內方面の方言であつて、用水路の意味であつた。この田地は、二邊が露、卽ち用水溝に接してゐた譯である。次に弘安元年十二月五日、伴友正田地賣券に從へば、

四至　限東大路　限南友守作堺
　　限西溝　限北一善作堺(註一〇)

とあつて、この田地に於ては、西側に用水溝が通つてゐたことが理解される。一方弘安元年十月廿日、藤原中子田地充文には、

四至　東限土屋作　南限右手行事作
　　西限蓮佛御房作　北限仲三郎作(註一一)

と見え、灌漑の便に關する記載を缺いてゐる。しかし水田である以上、全く用水を必要としなかつたとは考へられぬ處であつて、かゝる場合は、或は用水漑入の施設は、水田には當然のつきものとして、文書の面に特に明示するに及ばなかつたこともあらうし、また直接用水路に接してゐなくとも、隣の田より畔越しに用水の供給を受けてゐたやうなこともあつたであらう。かくの如き種々の水便を有する一段々々の田地が集合してゐた莊園に於ける灌漑の情況は如何であつたであらうか。それは非常に明かにし難い問題であるが、條里制の遺構を有する莊園にては、四至を明記してゐる賣券又は寄進狀等の古文書を多く蒐集することによつて、かゝる究明に對する幾らかの可能性が生ずると考へられる。次に和泉國水江里內諸坪の灌漑を、かゝる方法を以て想像し

てみやう。先づ各坪とその內の田地に關する賣券或は寄進狀に記された四至を左に列擧すること
ゝする。

〔六坪〕

○元亨元年十月廿七日眞松田地賣券(註一二)

東下垣內池　南類地

西類地　北溝

〔七坪〕

(イ)應長元年十一月廿七日伴米一女田地賣券(註一三)

限東信行房作　限南小溝

限西小溝　限北岸

(ロ)嘉曆元年六月廿一日尼心蓮寄進狀(註一四)

東彌藤三作　南大樂院領

西路弁末方作　北下溝・尊特寺田

〔十七坪〕

（イ）嘉禎四年正月廿七日僧道印田地賣劵（註一五）

限東溝　南限僧信宗領

限西繩手　限北仟陌溝

（ロ）元弘元年十月廿一日僧定金田地賣劵（註一六）

限東有則領　限南小溝

限西溝　限北下溝

（ハ）元亨二年二月廿五日大法師了惠田地賣劵（註一七）

東光壽院領　南類地

西類地　北小溝

［十九坪］

○仁平二年正月廿八日平姉子田地賣劵（註一八）

限東溝　限南有正作田際

限西仟陌　限北仟陌幷深溝

以上は六・七・十七・十九の諸坪の史料であるが、これらの諸坪が如何に列んでゐたかを考へなければならない。この里の近隣に位したと思はれる近木里五坪の内の田地に就いての德治二年十二月廿七日、時行田地賣券（註一九）に現れた四至を見ると、「東八坪繩手」とある。さすれば近木里にては、五坪の東に八坪が存在したことは自ら明かである。この事實から推して、水江里に於ても、恐らく同樣に五坪は東八坪に接してゐたことは間違ひなく、從つてこの里の坪の配列は、一坪は里の西南隅に始り二・三・四・五・六の坪は、順次その北に並び、七坪は六坪の東にあり、八より十二に至る坪が七坪の南に順次連なつてゐたと云ふ形態をとつてゐたと推測されるのである。かゝる配列を基礎とし、又各坪には南北に長い短冊形の一段宛の田地が十段宛並んでゐたものとして、上記の諸坪の內田地の四至に關する記述により、用水路の開通の情況を想像してみると、大略次の頁に揭げる圖の如くになる筈である。

この想像圖は、水江里の北端の一部に過ぎないが、これに依ればこの里は、その北邊に用水路を有し、それを幹線として、これより分岐した小用水路は、或は各坪の境堺を流れ、或はまた坪の內部の各田地間を通つてゐたことになるのである。そして小用水路の開鑿は、自然の地勢に據つて行はれたものであつて、何等規則正しき計劃の下に行はれたらしい痕跡は認められないのである。

〔第一圖〕

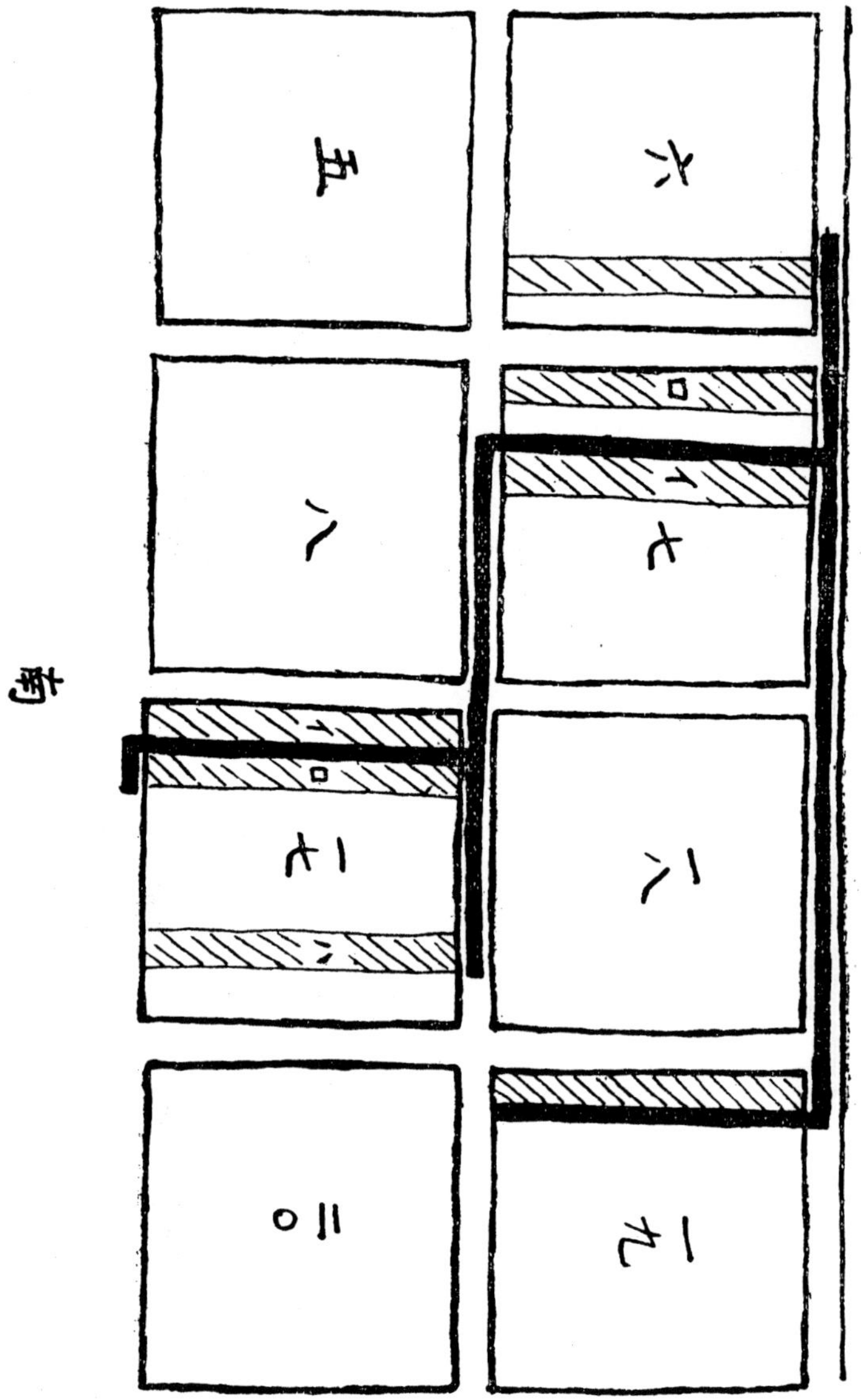

こゝに注意を要するのは、右の考察の基礎となつた文書は、仁平年間のものは姑く別としても、他のものも嘉禎より元弘に至る約百年間にわたる文書であり、かゝる年代の差のある史料を以てかゝる圖を想像し得るか否かゞ問題となるであらう。しかし元來田地の區分とか、用水路の位置と言ふものは、餘程の理由のない限り、現狀を變更することは、殆ど不可能であるのが常である。かの口分田の地割が、その儘莊園に踏襲されたのも、かやうな事情によつたのである。そして田地割に於ける變化がそう簡單に行はれ得ないと言ふことは、一には用水路が容易に變化せしめ得ないことに依存する問題であると考へられるのである。このやうな立場から、その大部分が百年位の年代差のある文書における用水路の記載を、一つの圖面の上に表現することは、絶對に安全とは言へないにしても、さまで危險はないと思はれるのである。

以上は頗る不完全な史料によつて想像された水江里に於ける灌漑の狀態の一班を示したに過ぎないが、このやうな狀態は、恐らく非常に多く莊園について見られた處であらう。つまり莊園制下の零細なる耕作形態の基礎は、大體班田制のそれを、そのまゝ引ついだものが多く、從つてその灌漑も亦班田制下における自然發生的な形態が、莊園制への轉化に際して、殆ど何等の變化を受けることなしに、存續して來たと云つても過言ではなからうと考へられるのである。而してまた中世に於けるかゝる灌漑形態の少からぬ部分は、近世に繼承され、中には遙かに現代に及んでゐるものさへあると推測されるのである。班田制から中世の莊園制へ、更に近世の鄕村制へと、土地支配の體制は、時代によつて甚しい變化を遂げたが、田地そのものゝ耕作の形態は、これとは全く無關係であつて、昔から今まで何等質的な變化は認められなかつた。かうした農業、特に水稻栽培獨特の停滯的性格は、灌漑、とりわけ零細な土地への給水施設をして、大なる變化を生ぜしめなかつた理由となつたと云へるであらう。

以上の如く、零細田地に直接に附帶した毛細管的灌漑施設に就いては、何等顯著な變化を認めることが出來ず、また律令制社會に見られたやうな大規模な灌漑工事が行はれなかつたとすれば、我々は莊園制下における灌漑の發展を如何なる方面に求むべきであらうか。莊園の灌漑は大規模な工事、卽ち量的な發展に乏しかつたとは云へ、灌漑の能率的な高度の利用、卽ち質的な發達について、見るべきものが多かつたと謂はなければならぬ。そしてこの質的發展は、施設の精巧化、或は利用・分配の合理化等の面に直接に反映して來たのである。大規模の灌漑工事の一般的な不振は、莊園に於ける用水量を急激に潤澤にすることは出來なかつたので、これを如何に適切に分配するかと云ふことが常に切實な問題となつた。これに就いては種々の方法が採用せられたのであるが、それらを大別すると、用水を時間によつて分割する方法と、何等かの施設をして、用水を分割する方法とが用ひられたのである。時間によるものは、一定の順序を逐ひ、一定の時間を限り、用水路の切替を行ふことによつて用水を分配する所謂番水法を云ふのである。又施設的分水とは、用水路の分岐點に、分木と稱する標木を立て、或は一定の寸法を有する分水口を設置して、用水を分割すること等の方法を指すのであるが、これを更に廣義に解釋するならば、堰堤・取入口・用水路等一切の灌漑施設を包含せしむることが出來るのである。右の中、時間的分水及び施設的分水施設の一である分木・分水口等の問題は、別に後章に於て取扱ふ筈であるから暫く措き、廣義の分水施設が、莊園に於て如何に高度の發展を遂げたかを見ることゝしやう。その具體的な例として、山城國桂川(大井川)沿岸地方に於ける灌漑施設を擧げることが出來る。桂川は、京都の西郊地方一帶の用水源であつて、この地方の莊園は何れも種々の施設を構築し、巧みにこの河水を分水し、灌漑に充てゝゐた。卽ち諸庄は先づ桂川に堰堤を築造し、河水を堰止め、それを自庄の取入口に導き、更に用水路を通じて、庄田に漑入してゐたのである。元來この地方は、小面積の、しかも領有關係を異にする幾多の小莊園が濫立し、其等が常に離合しつゝ灌漑を行つてゐたので、桂川よりの分水施設も亦、夥しい數に上つた。卽ち法輪寺橋より桂橋に至る迄の極めて短い距離の間のみにても、堰堤の數は十筋を越し、川を挿挾んで兩岸に設けられた井手卽ち取入口も、實に十六箇所の多きを數へたのである。その中には十一箇鄕井手の如く、戸板を立て、その開板によつて、用水量の調節を行つたといふ極めて精巧な施設を有するものもあつたのである。また用水路も四通八達してゐた。その代表的なものは十一箇鄕溝であつて、この用水路は上久世庄以下十一箇庄の組合的組織によつて經營され、各庄の水田に給水してゐたのである(註二〇)。この桂川沿岸地方は京都に近接し、早くより水田の開拓が進んで居り、從つて灌漑も頗る高度の發達を遂げてゐたのであるから、この地方のかく進步せる狀況を以て、直ちにあらゆる地方の莊園に於ける灌漑の技術的發展を推測する目安とはなし得ないとしても、その大勢を想像せしむる一資料と考へて差間ないであらう。かうした大動脈的な施設に於ける發展は、直ちに毛細管的な施設へ影響を與へ、零細田地に於ける灌漑施設はこれによつて、給水機能を十二分に發揮することが出來た譯である。

茲に附加へて論じなければならぬのは、中世に於ける灌漑の能率化は、また灌漑用器具の發達と云ふ技術的方面にも顯著に見られた事實である。灌漑用農具として先づ第一に擧げなければならぬものは水車であらう。上代に於て、我國には水車は存在しなかつたが、平安時代初期に至り、これが中國より輸入され、時代と共にその利用は一般化したのである。このことは左の天長六年五月廿七日の太政官符の記事によつて窺知ることが出來る。

傳聞、唐國之風、堰渠不便之處、多構水車、無水之地、以斯不失其利、此間之民素無此備、動苦焦損、宜下仰民間、作備此器、以爲農業之資、其以手轉、以足踏、服牛廻等、各隨便宜、若有貧乏之輩、不堪作備者、國司作給、經用破損、隨亦修理、其料用救急稻、(註二一)

卽ち我國では從來水車に依る灌漑が行はれてゐなかつたので、旱害を蒙ること屢々であつた。そこで爾後中國のやうに、手轉・足踏・牛廻等の水車を一般に普及せしめ、農民が貧困にして、其設置が不可能の時は、國司が之を作り與へ、又その修理には、救急稻を充つべきことを命令したのである。かゝる政府の奬勵に依つて、我國の水車は、其後發達したことは疑ひない事實であつたと思はれる。特に莊園に於ける零細且つ集約的農業の發展は、水車の發達を促進せしむる處、頗る大であつたのであらう。而して中國式の人力・畜力の利用に賴らなければならぬ水車よ
り、更に能率的な水力によつて自轉するものを、我國に出現せしむることゝなつた。このことは、永享年間、日本通信使として、我國に來朝した朝鮮の使臣朴瑞生が、歸國後李朝に呈出した報告書に、左の一節があることによつて確實に理解される。

一日本農人有設水車、斡水灌田者、使學生金愼審其造車之法、其車爲水所乘自能回轉、挹而注之、與我國昔年所造之車、因人力而注之者異矣、但可置於急水、不可置於漫水也、水砧亦然、臣竊料之、雖漫水使人踏而升之、則亦灌注矣、今略造其形以獻、乞於各官可置之處、依此造作以助灌漑之利、(註二二)

右に據れば朴瑞生は、日本の農民等が、水車を設置して灌漑してゐる狀況を見て、部下に命じて、その構造を調査せしめた處、日本の水車は、水勢を利用して自轉してゐるもので、朝鮮で昔作つた人力で回轉せしむる水車とは異つてゐる。但し日本の水車は、急流に架設して自轉するが、緩流に設置しては回轉しない。水砧も亦同樣である。しかし緩流に於ても、人をして踏ましめたならば廻轉すると思はれる。今その模型を獻上するから、各官において置くべき處には、これを製作し、大いに灌漑の實を擧ぐべきであると上奏したのである。然らばこのやうに朝鮮の使節を驚嘆せしめた當時の水車は如何なるものであつたであらうか。幸ひ鎌倉時代の製作にかゝる石山寺緣起(註二三)の中に、木津川の瀨田橋附近に架設されてゐた水車が描かれてゐるので、其當時の水車の構造を大略詳かにすることが出來るが、それは左圖のごとくであつて、現在の水車と全くおなじ構造を有する極めて精巧なものであつたことが理解される。更に徒然草に據れば、龜

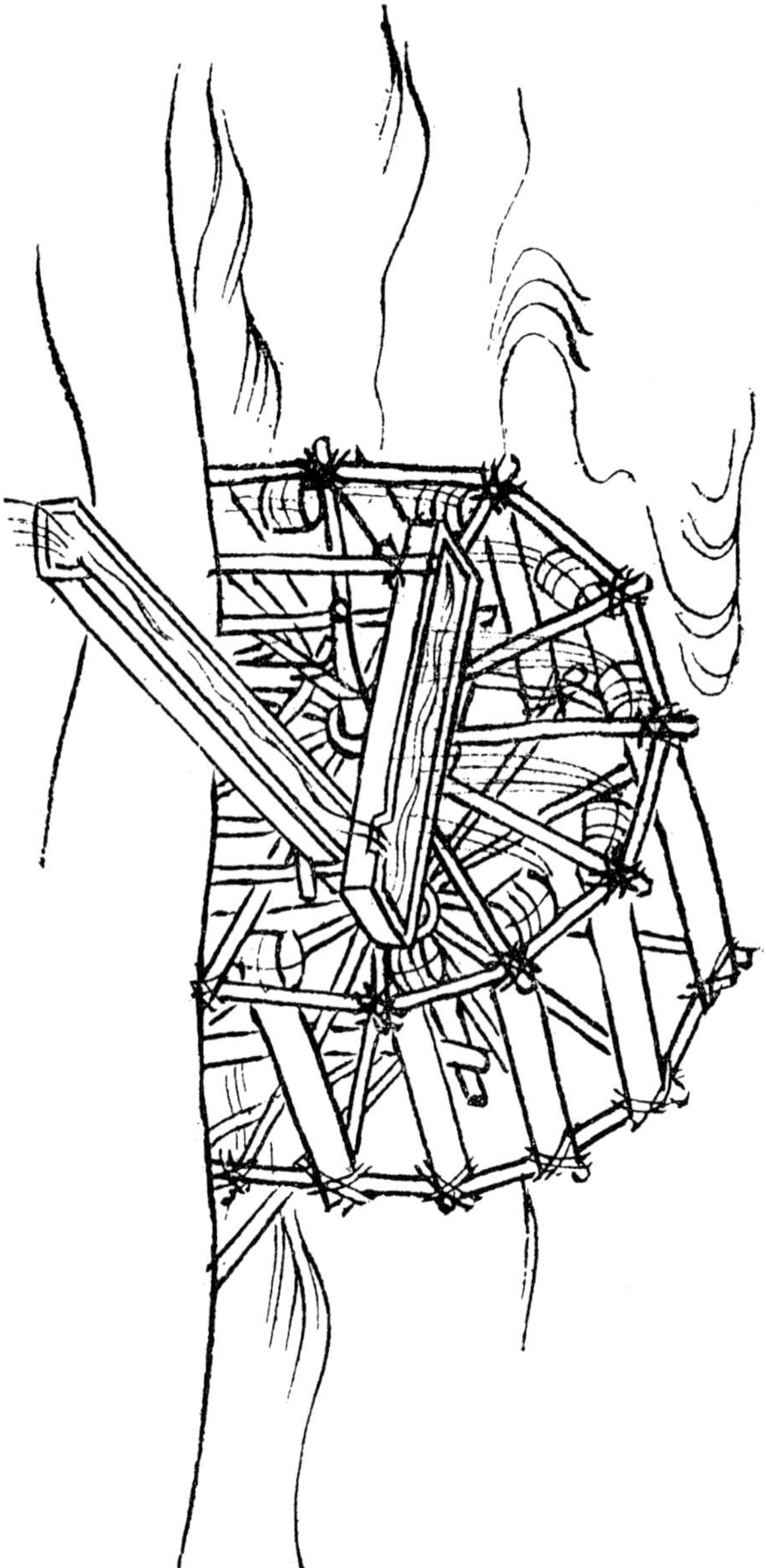

山殿の御池に水を入れるに際し、大井河畔の住民等を召して水車を製作せしめられたが、十分に廻轉導水が出來なかつた。そこで改めて宇治の里人に命じて水車を作らしめられた處、「やすらかにゆいてまいらせたりけるが、思ふやうにめぐりて、水をくみいるゝ事めでたかりける」とある。この場合の水車は、園池に水を汲入れるのを目的としたものではあつたけれども、既に鎌倉時代から、大井川・宇治川等の大河川の流域地方に於ては、水車を利用する灌漑が一般化して居り、從つて其地方の農民等は、水車の製作に卓越せる技能を有してゐたことを推察せしむるに十分である。水車の一種として、龍骨車或はまた翻車と稱する器具が、既に中世に出現したと云はれるが、何分にもこれが使用を證據立てる確實な史料を闕くので、その存在は遽かに首肯し難い。

水車以外の灌漑用農具として、この當時桔槹・戽斗が用ひられてゐたと傳へられる。桔槹は、倭名類聚抄には、「鐵索井也、結高二音、和名加奈豆奈爲」と説明して居り、所謂「跳つるべ」のことらしい。又戽斗は、近世になつて、廣く使用された所謂「投つるべ」のことであつて、桶の左右に繩をつけ、二人で低所の用水を田に汲上げる器具である。しかしながらこれらの灌漑用農具が、莊園に於て實際に使用されてゐたことを示す史料も、管見の範圍では、未だ發見することは出來ない。

以上にてこの問題に關する考察は終了するが、これを要約すれば、中世に於ける灌漑は、先づ第一にそれが莊園領主の私的統制・支配下に置かれ、その引水權は私權として發達し、特に排他的な性格が强かつたこと、及び領主の私的經營と云ふ制約のもとに、量的と云ふよりもむしろ質的な發展を遂げ、卽ち新しい大大規模な灌漑工事、特に治水工事の施行は、あまり行はれなかつたに對し、專ら既存の施設の能率的な利用、或はまた水車の如き灌漑用具の使用が、あらゆる方面に盛になつた點に、その特質が認められたと謂つてよいであらう。

註

一　春日神社文書第一

二　同文書第一

三　同文書第一

四　法隆寺文書十

五　東寺文書二

六　大德寺文書二十一

七　岩橋小彌太氏「長地考」（國史學第四十三號）參照

八　勝尾寺文書第一

九　東大寺文書四ノ三十三

露は、三箇院家抄第二に、「一、露ハ田エ水ヲ入ル道ヲツユト云ナリ、道ノハタニモ在之、又道ニテナケレ共、溝川ヲ露ト云也、安マヽニアラタメヌ事也、」とある。貞永元年十二月十一日僧慶宗田賣劵（春日神社文書第一）、輿國二年卯月十五日沙彌戒信田地處分帳（觀心寺文書）等にも、用水路を露と記しゐる。

一〇　高野山文書四
一一　同文書三
一二　同文書三
一三　同文書三
一四　同文書五
一五　同文書三
一六　同文書三
一七　同文書三
一八　同文書三
一九　同文書三
二〇　詳細は第六章參照、
二一　類聚三代格十六
二二　世宗莊憲大王實錄四十六己酉（永享元年）十二月乙亥條
此外同書五十二辛亥（永享三年）六月乙未條以下參照、
二三　日本繪卷全集第八

第四章　莊園領主の灌漑支配

曩に私は莊園の灌漑が、個人特に莊園領主の私的經營にかゝり、用水に對する領主等の完全なる管理の權限が確立して來た顚末を、一通り考究したのである。そこで本章においては、然らば領主等の領内の用水に對する支配・管理が如何なる方法で行はれてゐたかと云ふ問題を、具體的に究明する爲めに、管理の方法、殊に管理の衝に當つた領主の代官に關する問題、尋いで領主の支配下にあつた用水の使用料の問題、最後に領主等の領内灌漑施設の修理の問題を取上げ、それぞれについて觀察してゆきたいと考へる。

第一節　灌漑管理の方法

莊園領主の灌漑支配に對する權限の强弱優劣は、當時の水利權が頗る複雜なものであるから、一概に論ずることは出來ないが、大體から見て、用水源が河川であつた場合より、池沼に於てより强大であつたことは、上述した處である。從つてその管理の方法の如きも亦、河川よりも池沼の場合の方が、一層組織的であり得たと云へるであらう。特に領主によつて新しく構築された用水池の如きは、何等拘束を受けるやうな古來の慣習もなく、且つ最初からそれによつて給水さるべき範圍が、明瞭に豫定されて居り、故に管理の方法もこれを基礎として新規に樹立されるのであるから、頗る整然たる形をとり得た筈であつた。されば以下用水の支配・管理の問題に關して論述してゆくに當り、主として池沼を對象として行くやうになるのは、右の理由からまた已むを得ない處である。

扨莊園に於ける領主の用水管理の實情を、最も具體的に說明する史料として、大和國西大寺の新池の例を示さう。そしてそれを中心として、當時の用水管理の一般を考察して行きたいと思ふ。この池は西大寺の中興開山興正菩薩の建造にかゝると傳へられ、西大寺領內の用水池中、最も重要なものであつた。されば寺は延文四年、この池の水の管理に就いて、左のやうな詳細な規約を制定したのである。

（花押）

定置

西大寺新池幷井料米間事

一彼池之官領(管、下同ジ)、向後者、以寺本奉行幷寺僧奉行、可爲其仁躰事

一諸方之分水平等、不可有偏頗之儀事

一分水之時者、爲官領之計、差器要仁、可令分之、於彼役人、努不可有別相傳之儀、至其給分者、十ヶ日之間、毎日一分之水可與之、此外更不可有別給事

一井守之仁躰者、於郷民淨人之中、差器要三四人、可令沙汰、此亦不可有別相傳之儀、於給分者、毎日一分之水同前可與之、此外不可有別給、縦雖有多人、以毎日一分之水、其中可支配之、更不可有過分之儀事

一井料米者、段別二升宛之所役也、然而爲地主一人令沙汰之條、甚以不可然、所詮向後者、任世間之法、作人一升、地主一升可出之、地主一圓不可出之事

一彼井料米之官領、以寺本奉行幷寺僧奉行、可爲其仁躰事

一井料米收納之在所者、以官物藏可爲其納所、又同以彼藏之沙汰人幷分水奉行之人、可爲此

米沙汰人、於自餘者、縱雖爲井守不可綺事

一井料米之下行、向後者、每度以衆議可下行之、縱雖爲彼池之修理、唯爲奉行一人之計、自由不可用之、何況於餘事哉、此條殊不可違失事

右彼新池者、開山菩薩之御草創、當所要水之井池也、然間且爲奉助先師之素意、且依思有將來之失墜、上件條々爲衆議所定置也、堅守置文之旨趣、永爲未來之法式、愼可遵行之、敢不可違失、若於背此旨之輩者、重加評定、可處所當之罪科者也、仍所定置之狀如件、

延文四年己亥十一月十日

綱維　　　寥源（花押）

　　　　　信皎（花押）

英心　　　淳宣（花押）

玄譽（花押）實如（花押）

清算（花押）信尊（花押）

堯基（花押）圓如（花押）（註一）

右の置文に據れば、西大寺はその支配に屬する新池の管理に關する一切の事務を、同寺の本奉行竝に寺僧奉行に委任し、以て用水分配の公平を期せしめたのである。而して分配に際しては、

兩奉行は特に「器用仁」以て分水奉行に任じ、彼をして直接分水に關する事務を擔當せしむることになつてゐた。この分水奉行は、また自己の補佐役として、鄕民・淨人の中から、「器用」なる者三四名を選拔して、これに任命したのである。彼等は井守と呼ばれた。灌漑は農民にとつて最も重要な問題であつたと同時に、また領主に於ても、決して等閑に附せられない事柄であつたから、用水の適當なる管理、公平なる分配は、農民・領主雙方にとつて、最も望ましいことであつた。そこで領主は、かゝる用水に關する事務を、一般莊官をして、莊務の一部分として處理せしめた場合も尠くはなかつたであらうが、特に專問の役人を選定し、その事のみに當らしめた例も亦頗る多かつたのである。卽ち上記の西大寺新池の置文の中に見へる分水奉行・井守の任命は何れもかうした意味を有するものである。また井奉行・井行事・井司・池奉行・池守・池司・水入・番頭等(註二)と記されてゐるのも、皆この種の役人であつた。

西大寺新池の水の管理・分配を擔當した分水奉行及び井守は、所請「器要」なる人々であつた。然らば器用なる人々とは如何なる意味であらうか。當時の用語例からすれば、器用なる人々とは、練達者といふことであつた。彼等は大切な用水に關する諸般の事務を領主に代つて行ふのであるから、その間の事情に通曉し、しかも絕對に公平無私なることが要望され、爲めに特に器

用なるものが選定される必要があつたのである。延文元年十月三日の京都東寺寶莊嚴院の評定に於ては、

一沙汰雜掌事

敷地・用水等沙汰、爲急事之上ハ、器用仁可召仕之歟之由雖沙汰、寺用闕乏之上ハ、誘片山可致沙汰、器用仁肝要時、臨期宛酒直、可召仕之云々、(註三)

と定め、敷地・用水の問題は重要であるから、特に「器用仁」をして掌らしむる必要を説いてゐる。更に藥師寺にては、天文十九年十月廿五日の集會に於て、寺領南北下井の井司の闕を補ふに際し、特に「器用之人」を捜求めて、之に任じたことがある(註四)。興福寺領大和能登・岩井兩河用水以下の諸用水の分配は、同寺の公文目代が管督したが(註五)、公文目代は四目代の一として、同寺の寺務の下にあつて、政務一般を處理した關係上、特に有能なる者が簡拔されることゝなつてゐたから、これも亦所謂器用の仁に該當する者であつた。以上によつて、西大寺新池の置文の中に表れてゐる「器要仁」の意味が明瞭になつたであらう。

西大寺新池の管理に當つた役人の構成は、本奉行・寺僧奉行以下、上記の如くであつたが、この池水の分水が開始されることになると、兩奉行は配下に屬する分水奉行を差遣して、分配の實

務を執らしめたらしい。また郷民・淨人の中より特に選ばれた三四名の井守は、これを補佐して、池水の切替と云ふやうな技術的な仕事を行つたものと考へられる。本奉行及び寺僧奉行は新池に關する仕事は、兼務として擔當したのであるから、この任期は、奉行としての任期と一致した筈である。分水奉行及び井守は、專任の用水事務擔當者であるから、當然任期に就いての規定がなければならなかつた。現今諸地方で行はれてゐる井司・池守等の制の中には、家柄として歴代これを勤めるものもあつたのであるが、新池の場合に於ては、置文の中に、「不可有別相傳之儀」と特に斷つてゐる處より推せば、本人一代限りであつたと見て差支ないものゝ如くである。されどもかくの如く、灌漑事務擔當役人の職制が明瞭にわかるものは甚だ尠く、僅かに下に示す法隆寺領鹿田池の場合に於て、その片鱗を窺ひ得る位なものである。卽ち天文十四年、この池の管理に當つた役人は、

池奉行長藝、英賀、池守長泉坊(註六)

であつて、少くとも此等の役人は、二人の池奉行と、その下に屬する一人の池守とに依つて組織されてゐたことが判明する。

用水管理の役人に、特に「器用」なる人物を選定した所以は、管理・分配の適切公平を期せん

が爲めであつた。されば彼等の非違專横は、堅く禁止された處である。例へば應安元年五月十四日の法隆寺に於ける評定は、寺領悔過池の池守が、專斷を以て新田に池水を分與した廉により、池守を新田の主と共に、嚴重なる罪科に附すべきことを議決してゐる例がある(註七)。また建長七年の高野山領紀伊國安樂河庄の百姓等の訴の中には、「以他庄住人、補任井奉行事」(註八)のなき旨を嘆願した一箇條が含まれてゐる。これには種々の理由があつたことゝ想像されるが、恐らく土地の事情に通じてゐない他庄の者が、重要な用水の管理に當る時には、兎角依怙の沙汰が行はれ勝であると云ふ點からも、かくの如くに忌避されたものであらう。

此等の役人も要するに領主の用水管理の事務を代行する代官の一種であつた。されば彼等は、職務の遂行に際して、他の代官と同樣に、領主に請文を捧げて、忠實に任務を完遂すべき旨を誓約したのである。下掲の高野山領紀伊國安樂河庄の用水である大井の奉行仙範は、

安樂河庄大井事、自今年三箇年中、可取沙汰之由、百姓既嚴重請申上者、雖不可有無沙汰、若百姓等令緩怠者、任寺家御下知、堅加敎誡、急々可致其沙汰者也、仍爲後證之狀如件、

應永廿年八月日　　安樂河大井奉行仙範(花押)(註九)

との請文を、高野山に提出し、三箇年以内に大井用水の破損の個所を修理し、爾後洪水に依る破

壞は、其都度直ちに修固すべきことを高野山に約束した安樂河庄民の義務を、管督勵行すべき旨を請合つたのである。

莊園支配の體制は、請負制の出現により根本的な變化を見た。中世中末期に於ては、地頭請・守護請が盛となり、又百姓請の如きものも發生し、從來の如く莊園を直接に支配する直務權は、漸次領主の手中より離れ、何時しか此等請負者に歸することゝなつた。そこで請負者は、責任を以つて一定額の年貢を領主に納入することを條件として、莊園の所務の全權を掌握し、土地の全租税の中より、領主への納入分を差引いた殘額を、自己の得分としたのである。かくの如き請負制の風潮が、用水の管理に就いても見られるやうになつて來たことは、當時一般の傾向から云つて、何等不思議ではなかつた。かくして領主が、上述の如く、單に用水の分配其他灌漑に關する各種の問題に就いての處理・監督を井奉行・池守等の代官をして代行せしむるのとは、全く性質を異にして、用水々源そのものゝ支配を、一切請負者に委任することが起つて來たのである。このやうな請負的な傾向は、上揭の安樂河庄大井奉行仙範の場合においても、多少は認められないこともないが、未だそれ程明瞭ではなかつた。然るに大和西大寺領の小泉庄池の場合に至つては、請負の形態はかなり完全なものとなつてゐると云へるであらう。この池は小泉庄の住人僧重算及

び其子重尋が、支配者である西大寺より預り、

預申　小泉庄池等事

合小　竹尾深クワイホ字

右件池者、西大寺一圓御相傳之池也、然於此池令修理興行、爲寺領用水、于西大寺恭捧連署之狀、依所望無相違預御領給畢、於向後者、彼池修理興行仕、西大寺御領共上下百姓等之無煩、可致其沙汰候、若萬一依此池預候、庄下內百姓等之煩歎出來事候者、雖爲何時、可被取上申候、其時雖爲子々孫々、不可申子細候、仍爲後代證文、加連判之、所捧請文如件、

至德貳年乙丑八月日

小泉僧重算(花押)

同子息重尋(花押)

證人北野□□(花押)

口入地光寺僧興日(花押)

口入最福寺僧善空(花押)(註一〇)

との請文を寺に差出し、池の修理を自己の手で行ふこと及び小泉庄民の煩なきやうに、用水を供給することを條件として、池そのものを預ることゝし、若し右に違背したやうな場合は、何時と

雖も、池を取上げられても異議を申立てぬことを約したのである。然らば重算等が、池を預つた目的は何處にあつたであらうか。この事は文書の面には現はれてはゐないが、恐らく池の水を庄民等に分配して灌漑に充てしめ、その代償として庄民より用水使用料を徴集し、その一部を池の預料として、西大寺に納入してゐたであらうことは、容易に想像される處である。かの仙範と云ひ、この重算と云ひ、用水に對する權利に於ては、互に差等は認められるが、何れにもせよ領主が彼等に廣汎なる權利を賦與することによつて、用水に關する諸事項、特に當時一番面倒な事件であつた用水分配に就いての紛爭、或は後述する如く莫大な費用を要する灌漑施設の經營に關する總ての問題の解決を、彼等の責任に轉嫁せしめたことは、或意味に於て、確かに領主にとつては好都合であつたに相違はなかつた。しかしながらその反面、これによつて彼等に領主の莊園統治の上に、最も重大な用水の支配・管理の實權の蠶食を許すと云ふ結果を齎したことも亦、隱れなき事實であつた。

領主に代つて、領内の灌漑に關する事務を處理する役人達は、他の代官と同樣に、一定の給分が與へられたのは當然である。上掲の置文によれば、西大寺の新池の分水に關與した分水奉行と呼ばれた役人には、池水の中より、得分として、十日の間「一分之水」が與へられ、また井守等にも、毎日「一分之水」を引用する權利が賦與されてゐたのである。井守等の「一分之水」は、分水奉行の場合の如く、日數の制限がなかつたので、恐らく配水が行はれた全期間を通じてゞあつたのであらうと推測せられる。しかし井守の人員は三四名であつたから、その引水權は、彼等の間に適宜に分配されたものであらう。それならば「一分之水」とは如何なる性質のものであるかと云ふことが問題となるが、置文には何等の記載がないので、遺憾ながらこれを明確にすることは出來ないのである。興福寺領大和能登・岩井川用水は、神殿庄外六莊に分配することになつて居り、順次各莊に切替へ給水される間に、何れの莊園にも給與されぬ水が、一日宛存在した。又庄間に用水爭論が發生した時は、繫爭中の用水は、何れの土地へも引くことが出來ぬ規定であつた。これらの場合に於ける用水を、當時「間水」と稱し、直接用水の管理・分配の衝に當つた興福寺の公文目代の得分と定められてゐた(註一一)。又同じ興福寺領である大川用水に於ては、このやうな「間水」は、この川の分配・管理の任にあつた子守社神主並に興福寺寺務大童子等の給分として、引用が許される慣習であつた(註一二)。然らばかくの如き引水權の給與は、一體如何なる意味を有したのであらうか。西大寺新池に於ては、明文がないので詳細は不明であるが、井守は鄉民等の中から選定補任される規定であり、彼等は農民として當然耕すべき自己の水田を有してゐた筈であるから、得分の「一分之水」を以て、その灌漑に宛てたであらうことは想像に難くはない。しかるに分水奉行と稱する役人の方は、身分が判然してゐないのであるから、「一分之水」の處分に就いては窺知る由もない。また興福寺の公文目代は、「間水」を以て灌漑すべき私田を有してゐた形跡は認められぬし、又子守神社神主及び寺務大童子にしても、各の領田は大川用水の水を以て、十分に灌漑し得た筈であつたから、給分の「間水」を、特にかゝる方面の利用に充てなければならぬ事情もなかつたであらう。然らば彼等は、「間水」を如何に處分したかゞ問題である。公文目代は、この「間水」を奉加分として、他に寄進した事實があり(註一三)、また寺務大童子は、これを他に賣却してゐた證據(註一四)も發見するのである。用水々利權が、完全に獨立した權利として、賣買・讓與・寄進の對象となつて居た當時としては、かくの如く「間水」が寄進・賣買の手段に依つて、財物にかへられたことは極めて自然であり、而してかくしてこそ、引水灌が、灌漑事務擔當の役人の得分として、給與された意味も自ら理解されるのである。

されど以上の諸例の如きは、孰れかと云へば寧ろ特殊な場合であつて、一般には他の莊官と同じやうに、彼等にも給田或は給米の類が與へられたことが多かつたのである。次にその數例を示すと、貞和三年七月の和泉國大鳥庄上條地頭田代了賢の重訴狀の中に引用してゐる大番雜掌祐尊の陳狀に從へば、和泉國鶴田池の池司職なる役人には、此池の築造の頭初より、給田としての料田が置かれてゐたことがわかる(註一五)。山城廣隆寺領松原庄の享德二年分算用狀に隨へば、下司給・惣政所給・公文給・權下司給・職事給等の莊官給分と相竝んで、二石一斗の「池の給」と稱する給米が存在した(註一六)。詳細は明かではないが、これは同庄內の用水池を管理した役人の給分と考へてよいであらう。次に和泉國岸和田の岸之池と云ふ用水池では、番頭が數人居り、「池見舞給」との名稱のもとに、彼等に大略一段宛の田地が與へられてゐた(註一七)。この番頭の性質が未だ明瞭でないから、確言することは憚るが、憶ふに彼等は、池の諸事を管掌した農民出身の役人であつて、見舞給は彼等の給田であつたであらう。また大和藥師寺領內に就いても、用水池の管理人である池司職には、特別に「池司役田」と云ふ給田が附隨してゐた例證(註一八)を發見出來るのである。

用水支配者である領主の代官として、直接用水管理の任に在つた井司等の役人の中には、職務の一として、農民等より用水の使用料たる井料の徵集にあたつた者もあつたことは容易に想像される。莊園に於ける代官が、領主に貢納すべき稅物を、私するといふ中世一般の風潮に隨ひ、彼等は井料を、漸次自己の收入と化して行く傾向を示したのはまた當然の成行であつた。一方上述の如く、彼等による用水池の請負、或は灌漑施設の經營のやうな現象が出現するに及んで、このことは愈々普遍化せざるを得なかつたのである。例へば仁治二年の某賣券には、

このところのゐつかさ(井司)にて候ゆへに、かた／＼のところ／＼の人のゐれう(井料)をとりて候、(註一九)

と見え、早くも鎌倉時代に、井料は井司の得分となり、これが他に賣却されてゐることがわかる。また文和元年二月十日の攝津國上郡眞上村地頭眞上虎才丸の知行分注進狀には、

一同村(眞上)井司職井料在之 井料稻村内反別三把宛 村外反別六把宛(註二〇)

と記され、虎才丸は眞上村井司職を兼ねてゐたことは明かである。そしてこの井司職には、眞上村にては、一段につき三把、他村では六把の稻を、井料として徵集する權利が附隨してゐたのである。中世末期興福寺領內の今井用水の井司を、大和の豪族戒重氏が、佛敎院より買取つたと稱して、從來段別一升であつた井料米を、三倍に增加して、遽に三升を取立てゝ紛爭を起した事件があつたが(註二一)、これなども井料徵收權が、領主の手より完全にもと／＼一箇の代官に過ぎなかつた筈の井司の手に移つてしまつたことを明示する傍證の一であらう。右のやうに給田を伴ひ、或は井料徵收權を含む井司職は、他の職權と同樣に、相傳・賣買の對象となり得たのは當然であらう。卽ち仁治元年九月四日の僧英舜讓狀に、

譲與　田畠・屋敷幷下司・名主・井司等事

合

一戌亥庄下司職幷名主・代々讓狀雜證文・井司等、〇中略

右件田畠屋敷幷下司職・名主・井司等、元者僧英舜之先祖相傳私領也、然今子息金法師讓與之處也、仍爲後代證驗、故與讓狀之處如件、

仁治元年庚子九月四日　　　僧在判〇下略(註二二)

とあるやうに、英舜は先祖以來の私領として、下司職・名主職等と共に、井司職を子息に讓渡してゐるのである。また嘉吉元年十二月の溝杭信幸の讓狀に於ては、石淸水八幡宮領攝津國溝杭庄の「新堂之井司」が、その子幸信に相傳された例を見るのである(註二三)。更に上述の大和戒重氏が、今井用水の井料米增徵の口實として、佛敎院より井司職を買取つたと號してゐるのも、當時井司の賣買が珍しいことではなかつた事實を物語つてゐると云へるであらう。

註　一　西大寺文書四

二　井奉行は高野山文書七に、井行事は東寺文書二に、井司は藥師寺舊記一に、池奉行は法隆寺衆分成敗曳附並諸證文寫に、池守は斑鳩舊記集に、池司は田代文書四に、水入は古代取集記錄に、番頭は松浦文書類七之八に見へてゐる。

三　寶莊嚴院引付（東寺百合文書）
四　藥師寺舊記一
五　大乘院寺社雜事記康正三年七月十日等條
六　法隆寺衆分成敗曳附並諸證文寫
七　斑鳩舊記類集
八　高野山文書七
九　同文書七
一〇　西大寺文書六
一一　大乘院寺社雜事記長祿二年五月十四日條
一二　經覺至私鈔文明四年五月四日條・大乘院寺社雜事記文明四年四月廿九日條
一三　經覺至私鈔所收能登・岩井用水記
一四　大乘院寺社雜事記康正三年五月十七日條
一五　田代文書四
一六　廣隆寺文書
一七　松浦文書類七之八
一八　藥師寺舊記二
一九　井上喜多郎氏所藏文書
二〇　集古文書三十三
二一　春日神社文書七
二二　東大寺文書三ノ七十七
二三　石清水文書一

第二節　灌漑用水の使用料

中世に於ては灌漑は私的經營の下に置かれ、從つて用水利用の權利も一個の私權として土地より遊離し、終には賣買・讓與・寄進されるに至つた事實は、既に度々述べた處である。かゝる狀態に於ては、用水の支配者が、他に引水權を行使せしむる場合、それに對する代償を要求する權利は當然認めらるべきであつた。故に中世にては、領主の支配する用水を領民の田に引漑せしむるやうな時には、その使用料として「井料」なる名稱のもとに、農民より若干の財物を徵集する場合が稀ではなかつた。殊に用水の支配者が、灌漑施設を自己の負擔に於て構築し、或は自費を以てこれを經營してゐるやうな事情のもとでは、なほさらかゝる經費の回收が考慮されなければならなかつた筈であり、その回收の一方法として、その用水を享受する農民側から、相當の井料を取立てる必要に迫られたのである。

前節に揭げた延文四年の西大寺新池に關する置文の中に示された井料の規定は、かうした意味のもので、新池の支配者西大寺が池水を引用せしむる代償として、農民より段米を徵集したのである。次にかうした例をもうすこし眺めることゝしやう。山城長福寺の僧永尊は、神泉苑の池の水を勝手に切落し、用水路を設置し、他領の田地に用水を供給し、その代償として、井料溝代を取立てゝゐたので、東寺より訴へられたことがある(註一)。されども永尊の非法は、東寺の管理に委ねられてゐた神泉苑の池水を、獨斷にて他領の田地に流下せしめた點にあつたのであつて、井料溝代の徵集そのものは、必ずしも非合法的な措置であると、云ふことは出來ないのである。井料の徵收に就いては、河川の場合でも、これと同樣であつた。例へば石淸水八幡宮領山城國羽束志鄕は、桂川に用水取入口を設けて引水してゐた。しかるにこの取入口は石淸水八幡宮の經營にかゝるものらしく、その使用料として、羽束志鄕は八幡宮に井料を納入すべき義務を負ふてゐたが、井料納入を怠つた爲めに、八幡宮より取入口の閉塞處分に遭つた。かやうな非常事態に置かれて狼狽した羽束志鄕は、早速怠納の井料を皆濟したので、幕府は、

八幡社務雜掌申城州羽束志鄕井料事、地下人無沙汰之條、可相留井口之段、先度就被成御下知之□□令納所云々、然早開彼井口、可令全神用之、向後又致難澁者、可相留井口之間、被成奉書訖、可令存知之由、所被仰出之狀如件、

永正十五
十二月十九日　　　　(齋藤)時基(花押)

貞運（飯尾）（花押）

小中村彌次郎殿（註二）

との奉書を以て、羽束志郷民の井料怠納に依り、先度取入口を閉鎖せしめたが、近頃之を皆納した以上、取入口の再開を行ふべき旨を、八幡宮の代官小中村彌次郎に命令したのであつた。右の諸例は、必ずしも數に於て多いとは云へないけれども、それらに依つても、用水源或は灌漑施設の支配者は、當然の權利として、用水利用者より、井料と云ふ名稱のもとに、相當の財物を取得するのが、普遍的な現象であつたことが理解される。近衞家は久世井料として、毎年約百疋宛の錢を收納してゐるが（註三）、これも恐らくかゝる種類のものであつたであらう。又甲斐の武田信直が、

成嶋・音黑兩郷水代事、（武田信昌・信繩）傑山・孚山御寄進候之間、於末代可爲一條一蓮寺領事無紛候、誰人成共、不可有違亂之儀候、仍爲後證狀如件、

（別筆）「于時永正十四年丁丑」

四月三日　信直（花押）

一條
一蓮寺

まいる（註四）

との判物を以て、一蓮寺をして安堵せしめた成島・音黒兩郷水代と稱するものも、詳細は明かではないが、多分同樣の性質のものであつたと考へられる。

かうした井料は農民等の負擔であつたが、それには樣々の形があつた。井料と云つても、米で出すか或は錢で出すかと云ふことも問題となるし、又農民の中で何れの階層に屬する者が、これを負擔したかと云ふこと等も併せて考へてみなければならぬ問題である。上述の西大寺の新池の場合の井料は米であつて、以前はこの池水の恩惠を蒙る田地の地主、即ち名主が、段別二升の段米を、井料米との名目で寺に納入してゐたのであるが、この置文の制定を機會に、地主一升作人一升と半々宛之を負擔して支辨するやうに變更したのである。而してかゝる半々宛の負擔は、「任世間之法」と言つてゐる事より推せば、かやうな方法は、當時一般的な慣習であつたと云はなければならない。されども實際に於ては井料負擔は樣々であつて、長享三年三月十一日の彌五郎田地賣券に從へば、山城國葛野郡太秦地方の田地では、「井料參百文者、自地主出之、」(註五) とあつて、西大寺の新地の置文制定以前に於ける狀態と同じであつた。しかしながら永享四年二月廿二日の作人兵衞四郎の請文に、「又用水足貳百文此は春可出之、毎年けたいなく、十月いせんにかいなう申へく候、」(註六) とある如く、井料は直接耕作に當つた農民等の負擔となつたのが普通であつた。けれども中世も末期になると、農民個人がこれを出さずに、一庄一名が全體として、支出するやうな傾向も見えて來た。例へば神護寺領燒森鄕では、「井料・溝修理料、以惣名之引懸」て負擔する規定であつた（註七）。從つてかゝる土地に於ては、そこの農民個人の井料負擔の義務は免除された所もあつた。仁和寺領山城西九條の田地ではそれであつて、永正十三年、仁和寺より妙心寺に一町五段の田地を賣渡した賣券に、「就中定井料事、爲惣庄一段被下行之上者、只今被渡申壹町五段乃田内者、不可及被出沙汰者也、」（註八）と斷つてゐるのはその一例である。又田地の性質によつて井料の支辨に或種の特典が與へられた場合もあつた。松尾神社領山城葛野郡朝原鄕では、永正十三年の賣券によれば、「井料者、依爲神田半分出之也、」（註九）とある如く、神田との理由で、井料は半減されてゐた。また田地によつては、三年に一度井料を支辨すれば足りる慣習のあつたものもあつた（註一〇）。然しながら一般には井料は各田地の面積に比例して、毎年賦課されるのが普通であるらしく、爲めに段米の形を以て徵せられたことが多かつたらしい。かの西大寺新池の井料米もそうであつた。他にかゝる例を求めるならば、春日神社領攝津國小曾根村に於ける井料は、毎年六升の段米を以て收納され（註一一）、また談山神社領では二升の段米が井料として課せられた（註一二）等はそれであつた。井料は以上の如く米錢納が主であつたが、時としては酒を以てこれに宛てられたこともある（註一三）。

註一　東寺百合文書樂十一――十九
二　石淸水八幡宮史史料五輯
三　雜事要錄
四　一蓮寺文書
五　誓願寺文書一
六　東寺百合文書リ二十四――三十四
七　神護寺文書十
八　妙心寺文書六
九　古文書雜纂二十四
同樣の意味の記載のあるものは、革島文書の中にもある。
一〇　革島文書
一一　今西文書坤
一二　談山神社文書第一
一三　勝尾寺文書第一

第三節　灌漑施設の修理

莊園領主が、所領莊園を統治してゆく上に、これを適切に灌漑することが、如何に重要な意味を有するかについては、茲に冗說することを要しないであらう。その爲めに領主は用水源の築造に努力すると共に、既存の灌漑施設の修理には、特に專念しなければならなかつた。かうした領主の灌漑に對する强烈な關心は、種々の點に窺はれるのであるが、就中領主より莊園に下された吉書と稱する文書の中に、最も端的に具現されてゐると思はれるので、左にその二三の例を示すことゝしやう。

文安二年正月十一日、石淸水八幡宮政所より、所領新免薗に與へられた吉書の第二箇條目に、

一可修固池溝堰堤、爲太平宜修固之、勸耕作矣、(註一)

と見へ、永正十三年正月二十日、薩摩島津氏より領內の諸院に出された吉書の第二條に、

一可修池溝堤事

右初春要池溝堤爲宗、尤可修固、(註二)

とあり、また天文元年正月十日、禁裏修理職より、御料所丹波國山國庄大江杣に下された吉書も、第二箇條に、

一可修池溝堤等事

東作之元要專在池溝堤、鄉土民宜改修固矣、(註三)

との條項を有してゐる。元來吉書と云ふ文書は、朝廷に於て、年始・政始等の吉日に奏する文書であつた。そしてこの風習は、幕府にても採用する處となり、將軍の相續・任官・移徙・改元等に當つて、儀禮的に出された目出度い文書であつた。かくの如き慣習は、獨り禁裏・幕府のみならず、一般の莊園領主の間にも普及し、領主等は嘉例として毎年正月に、吉書を莊園宛に與へた例は稀ではなかつた。以上の諸例は、何れもかゝる種類の吉書であつて、實際には何等の効力をも有したものではなかつた。しかし、かくの如き吉書に、何れも揆を一にして、第二條目に灌漑施設の修固の必要を强調した條項を含んでゐることは、特に注意を要する點であつて、この吉書と云ふ儀禮文書に、かゝる記載が定型的に見られることは、却つて領主が莊園の統治の上に、灌漑施設の整備が、如何に緊急な事柄であるかを物語るとの解釋は、決して無理ではないであらう。かくして灌漑施設の構築並びに修理が、莊園領主の領内の支配統制の中で最も重要な政策の一として採上げられたのである。

然らばこのやうに領主の最大の關心事であつた灌漑施設の構築及び修理が如何にして行はれたかを次に觀察しなければならない。應永廿年八月、高野山領紀伊安樂河庄大井奉行仙範が、農民の大井修理に就いて、寺に請文を出したことは、先に述べたが、その農民の大井修理の委細は次の文書によつて知ることが出來る。

（端裏書）
「大井百姓等上」

謹請申　安樂河庄大井間事

右請申子細者、當庄大井專、自今年迄乙未歳三ヶ年間上大井、如昔可成畠ぉ田申候、若過三年、致其沙汰不申候者、就彼大井、從今度御支配田畠公事錢等ぉ、悉被召返寺家供料仁、可有御結候、其時不可申一言之歎候、縱又雖上大井候、萬一出大水破損出來候者、雖何度仁候、無退崛之儀、可興行申候、不然候者、於御罪科者、可同上仁候、仍爲後證、所請申狀如件、

應永廿年癸巳八月七日

カウタノ
子キ（略押）

ウエノ、
衞門（花押）

カウノムラノ
道祐（花押）

公文代新兵衞（花押）（註四）

ケシタイ
藤太郎

右の請文に從へば、安樂河庄の下司代・公文代を含む農民等は、今年より三箇年以内に、彼等の手で大井用水の修理を行ひ、水損地を復興すべきこと、また洪水に依る破損は、以後何度でも之に修繕を加ふべきことを、高野山に對して誓約したのである。即ち大井用水の修理に就いては、

領主よりは何等の支辨を行はず、一切農民側が經費を負擔する筈であつた。また大和法隆寺では、琵琶田に用水池を構築するに當り、領内の鍛冶・番匠・塗師を驅集めて工事に從事せしめ、其上多數の領民を人夫として出動勞役せしめたが、鍛冶以下の職人には、食料を支給したのに對して、一般領民には、何等の給與も行つてゐなかつたらしい(註五)。しかのみならず、この時の鍛冶の食料以下の築造費も、其後段錢を增徵することによつて、結局農民に負擔せしめたやうである。また永正九年七月、法隆寺は所領播磨國小宅幷赤井端の井關の工事に就いて、鵤庄の農民を一人殘らず徵發して、之に從事せしめた處、一農民が不參したので、「任庄例」て、科料を出さしめんとした。然るに彼は他庄の者を語ひ、寺命に反抗したので、法隆寺はその住屋を燒拂ふと云ふ事件が起つた(註六)。このやうに領主によつては、領内の全農民を灌漑工事に無償で强制的に參加せしめ、その上怠慢者に制裁を加へたのである。又永仁七年、高野山の諸衆評定では、「於自今以後者、停止殿原之井夫役免除之儀」(註七)を決議してゐる。卽ち高野山領では、向後殿原の如き農民より上層にあつた人々まで、農民と同樣に井夫役卽ち灌漑施設工事に對する賦役を避けることが出來なかつたのである。

されども中世に於ける農民の賦役勞働には、領主よりの食料給與を伴ふ場合が尠くなかつた。

殊に灌漑施設の工事の如く、農業生産に直接に結付く勞働に對しては、領主としての當然の立場から、屢々井料米の給與を行つたのである。かの西大寺では、地主・農民より徵集した井料米の處分に關して、これを下行するには、その都度寺の衆議が必要であるとの規定があり、假令これを新池の修理費に充當する時でも、奉行の獨斷にて支出することは禁止されてゐた。而してそれ以外の爲めの支出に就いては「何況於餘事哉」と記しゐる(註八)點より推察すれば、池の修理以外の消費に對する監督は、更に嚴重であつた譯である。卽ちこれを逆に考へるならば、かゝる記述は、井料米が、衆議の許可を得て、新池の修繕費として使はれる場合が、比較的頻繁であつた事實を、消極的に證明してゐると云ふことが出來るであらう。かやうに領主が、灌漑施設の築造乃至修理の爲めに、費用を下行した例は極めて多く、而してそれは主として工事に使役される農民の食料に充てられた場合も少くなかつたのである。例へば東大寺領大和國櫟庄及び清澄庄にては、

一櫟庄大和字高橋河一井

右件一井水、自往古爲寺領、以庄內官(田カ)物十分食物、庄民所溜上也、庄結解之時、號井料是也、〇中略

一清澄庄大和富河上津井・下津井

右件兩井者、往古寺領所載繪圖也、而依之每年下行庄田官物、至于今所溜上也〇下略(註九)

とあるやうに、東大寺は、櫟庄の高橋川一井用水の築造に際しては、莊民をしてこれに從事せしめ、その代償として食料米を給與した。そしてこの米を井料と號し、その年の年貢算用の時に、年貢總額のなかより控除して、莊民に下行したのである。また淸澄庄の富河上津井・下津井兩用水の溜上についても、櫟庄のやうに、井料の名稱こそ見えぬが、同様に工事に使役した庄民等に、食料米を支給してゐたのである。茲に我々は、前節に見える井料とは又別の性質を有する井料を發見することゝなつたのである。更に神護寺領播磨國福井庄では、一町一段といふかなり廣い井料田と稱する田が設定されて居り、それよりの穫米は、勸農の時に、百姓幷に行事人の食料に充てられる規定であつた(註一〇)。この勸農といふ語は、中世に廣く使用されたのであるが、普通は農耕全般の奬勵を意味したが、しかしこの場合の勸農は、農耕の中で最も重要な灌漑施設の整備を指したらしいことは、その食料米が井料田より出されたことに依つて推察される。次に肥前國長島庄の例を示すと、

肥前國長嶋庄富岡村永松方井料田事

右井料田者、先年さり申て候へとも、不足のよし被仰候あいた、かさねて當村寺こもり貳段、みすみた貳段南依已上四段さり奉候うゑは、このいて(井手)をよくおちぬやうに、つよくつかれ候へく候、もしこのいてかたまらす候はゝ、せん書にまかせて、御さたあるべく候、仍如件、

貞和七年五月六日　　沙彌淨西(花押)(註一一)

とある如く、井手構築の爲め、井料田の増加を行つてゐる。この井料田よりの穫米は、井料米として、工事に從ふ農民等に與へられたものであらう。又觀應二年の興福寺領美濃國揖斐庄百姓等愁狀に從へば、同庄では揖斐川の氾濫の爲め、用水路が荒廢してしまつた。それに就いて、農民等は、今度新規に用水路を開鑿する必要に迫られたが、その費用は何分にも頗る巨額に達し、到底彼等のみでは負擔するに堪へぬので、舊來通り井料田を賜り、それよりの穫米を以て、工事費に充當されんことを懇請したのである(註一二)。

以上の考察に依つて、我々は大體左の如き二つの事實を闡明することが出來たのである。即ちその一は、用水源又は灌漑施設の築造・修理は、農民等の賦役勞働によつて遂行されるのが常であつたこと、その二は用水源又は灌漑施設の支配者――主として莊園領主であつたが――は、かゝる賦役勞働に服する農民等に、食料米或は工事費として、米を給與することが多く、而してこ

の米を井料米と呼び、時としてはその米が生產される特定の田地が指定され、これを井料田と號したといふことである。

莊園領主が、農民に給與した井料米の量は、莊園個々の事情によつて多寡があつた。就中大河川の流域に位した莊園では、河川の氾濫が頻繁であつたから、其度每に取入口や用水路等の灌漑施設は、甚大なる被害を受けなければならず、從つて井料米の惣額は、相當巨額に上らざるを得なかつた。かやうな氾濫を防止する爲めには、堤防の造營が必要であつた。未だ土木技術の幼稚であつた中世に於ては、自然の猛威に對抗出來るやうな完全な永久的工事が行はれる筈もなく、一度大なる洪水に遭へば、切角築造・修理した堤防も、一朝にして崩壞し去ることが屢々であつた。されば堤防の修理費としても、可成りの經費が常に計上される必要があつた。かやうな土地に於ては、防水も亦消極的な意味で、灌漑の一部であつたから、築堤費は當然井料の中に包含さるべき性質のものであり、從つて井料米の總計は、愈々莫大な額に達したのはやむを得ない處である。かうした種類の莊園に於て、井料が如何に多量に且つ屢々支出され、またその井料が如何なる經緯によつて下行されたかといふ問題を、以下二三の例に就いて眺めて行きたいと思ふ。

(一)春日神社領攝津國榎坂鄉

この土地は淀河の沿岸に存在した莊園であつて、絶へず洪水の脅威に曝されてゐた。されば大規模な堤防の造築、或は修理の必要が屢々起り、その費用は、灌漑施設修理費と共に相當の額に上つたのである。中世中頃と思はれる年貢算用狀(註一三)を檢するに、この莊園の年貢總額は百四十九石一斗五升三合であり、所謂庄引物として、その中から控除される分は、合計五十七石八斗四升四合であつた。更にその控除分の內容を見るに、各種莊官の給分及び井料がその大部分を占めて居り、そして井料の內譯は、榎坂井料十石を筆頭に、野八井料・町條杭井料・大園井料・北里外井料・小曾根新井料・小島谷池料・有部池料・海老穴池料・新溝料・牧內池料・住吉堤料等總計二十八石八斗六升五合といふことになつてゐたのである。これを年貢米總額に比較すれば、井料はその約五分一に當る譯である。また榎坂鄉は、垂水庄・穗積庄・野田秋永の三庄と合同して、三國堤と稱する大堤防を修理する責任を負つてゐたから(註一四)、その費用も亦頗る多かつたと思はれる。この經費の支辨の方法は詳かではないから姑く措き、上記の算用狀に表はれた井料のみに就いて考へてみるに、これらの井料の中には、每年定額の米が下行されるもの以外に、或は臨時の必要に應じて適當額の米が給與される性質の井料を含むことを考慮に置いても、領主春日神社にとつては、これは決して輕微な負擔ではなかつたと云へるであらう。

(二)東寺領山城國上野庄

上野庄は京都の西、桂川の西岸に位し桂川の河水を豐富に引漑し、頗る水便に惠まれた土地であつた。されどもその反面、洪水の危險はそれだけに著しかつた。卽ち一度桂川が氾濫するや、暴水は忽ち庄内に奔入し、灌漑施設を押流し、堤防を決潰し、その慘害は夥しいものがあつた。從つてその復舊工事には多額の經費が必要であつた。高野山領紀伊安樂河庄や、大和法隆寺領内に於て、この種の工事は農民の自費で行はれ、寺はこれに干與しなかつた事實を旣に見て來た。上野庄も亦同樣であつて、領主東寺は、之を一切名主等の負擔と定めてゐたのである。このことは、同庄の名主梅宮神宮寺別當賢祐の文安五年五月十四日付の名主職請文に、

一井水以下自然臨時之所役之事、任先例爲名主之所役、以惣庄之引懸、可致其沙汰事(註一五)

と記してゐるのに徵しても明かである。しかしそれは所謂原則であつて、實際は名主の井料の負擔は、頗る困難な事情があつた。と云ふのは、上野庄に於ては桂川の水害が餘りに劇しく、灌漑施設の破壞埋塞は極めて屢々であり、從つてその復興費は、名主の負擔し得るより遥かに多額に上つたのである。一方中世中期以降、莊園内部に於ける小地主としての名主の經濟力は、それ程强固なものではなく、かやうな巨額の負擔は、實際上困難となつてゐたことも考へられる。又領

主の此等名主に對する統制力も、次第に微弱になつてゐた事情も併せ考へなければならない。かくの如く名主等が修理費を負擔し得ぬ以上、領主として灌漑施設の破損を放置して置けなかつた東寺は、やむなく井料を名主等に支給して、修繕に當らしむるより他はなかつた。かくして井料の下行を中心として、東寺と上野庄との間に、種々面倒な問題が起つて來たのである。

上野庄の年貢總額は、延文六年の掟書に據れば、

一上野庄年貢員數毎年以此掟、可有其沙汰、

米參十壹石七斗壹升二合四勺九才加交分定、(註一六)

とある如く、毎年の公定額三十一石七斗一升餘であつた。其後應安五年の例を見ると、三十二石九斗九升餘であつて、この額は大體遵守されてゐたことが窺はれる。これに對して東寺から、この莊園に如何程の井料が支給されたかと云ふに、年によつて一定してはゐなかつたらしいが、應安五年の算用狀(註一七)について見ると、庄引物即ち控除分五石八斗五升九合餘の中、井料は「德大寺井料二斗」・「新井料六斗」・「堤料五石」であつて、合計五石八斗と云ふことになる。これを年貢高に比較すると、井料は大體五分一乃至六分一を占めたのである。右の例は或は井料が多い場合かもしれぬが、兎に角東寺が上野庄に與へた井料は、年貢に較べて、決して尠いとは云はれ

なかつた。かくの如き井料の支出は、謂はゞ東寺の上野庄の灌漑施設の保護に對する努力の表現とも見られるのであらう。されどもこの程度の井料の下行にて、桂川の洪水に依る被害を救濟することは頗る困難であつて、ともすると井料は案外巨額に上り勝であつた。延文四年五月の氾濫に際して上野庄の用水路が破壞したので、東寺は井料として、年貢米の中より二石を莊園側に與へたのみならず、上野庄より用水路修理人足百五十人の援助の要求に對し、五十人の人夫を出し、又堤防修理人夫三千人應援の懇請に對し、僅か七百人分ではあつたが、その食料を支給しなければならなかつた(註一八)。其後寛正五年には、同庄の用水施設經營の費用八十貫文の庄園側の要求に、東寺は嫌々ながらも廿貫文の補助をしてゐるし、また用水路掘上費用の三分一を寺より支辨することに議定した(註一九)。應仁二年には、上野庄用水路助成錢なる名目で、十貫文の錢が、東寺に於て計上されてゐる(註二〇)。更に驚くべきは、文安二年の寺崎玄雅法橋に對する名主職補任定書(註二一)に據ると、應永の末年より永享年間にかけて、東寺が上野庄の灌漑施設の修理經營費として支辨した錢は、實に二百餘貫文と云ふ夥しい額に達したと云ふ。莊園としては、極めて狹少で、年貢米も三十二三石に過ぎぬ上野庄の水田を維持する爲めに、東寺は年貢總額の數倍に相當する費用を散じてゐたのである。しかしこのやうな營々たる東寺の苦心も、結局一時的なものに過ぎなかつた。折角修理した取入口や堤防も、連續的に見舞ふ洪水の爲めに流失し、その度毎に多額の井料の支給を餘儀なくされたのである。

上述の如く、上野庄の灌漑施設費は、もと〳〵名主の負擔すべき處であつたにもかゝわらず、東寺が井料の支辨を行はなければならなかつた事情は、

右當庄之用水者、自往古爲名主之所役之處、去應永年中以來、一向不致其沙汰之間、度々雖致催促、終不及承引者也、(註二二)

とある如く、應永年間以降、名主等がこれを負擔し得なくなつた爲めであつた。されば東寺としては、灌漑に關する費用は、飽迄も名主の支出すべきものであつて、東寺の負擔すべき性質のものではなく、不足があれば單にそれを、領主としての立場から、好意的に援助すれば十分であると云ふ立前を忘れたわけではなかつたのである。現に應永十五年、上野庄より新規の用水取入口敷設の費用の下行を懇請して來た際に、東寺は、

上野庄新井口伏井理助成事雖申、不可叶、名主・百姓相共可致沙汰、

とこれを拒絕し、更に、

段別五十文宛、相懸反錢於諸名主、可致其沙汰、(註二三)

と、不足分は段別五十文の段錢を、名主等に賦課し、以てその費に充當せしむべきことを命令してゐる。次に應永三十年には、東寺は井料を負擔してゐるが、これはあくまで一時の立替に過ぎず、實際は翌年の名主分の年貢の中より、償還すると云ふ條件が附いてゐたのである(註二四)。又永享五年には、名主達が用水路掘上の費用の援助を求めて來た時に、「御助成事者無先例、不可叶」(註二五)と、斷乎としてその要求を退けてゐる。東寺はかくの如き斷乎たる拒絶的態度を執りながら、上野庄の執拗なる懇請と、灌漑施設の荒廢を放任して置けない領主としての弱味から、遂には井料の下行を行はなければならぬのが常であつた。しかしながら上野庄側の要求が、あまりに頻繁である場合に於ては、東寺としても流石に之に應ずることは不可能であつた。永享四年に、上野庄は、

上野庄井水事、近年依不掘上、一庄悉畠成畢、有寺家御合力、可被掘歟、

と上申し、近年費用が不足で、用水路の掘上げを行はぬ爲めに、庄內の水田は用水難に陷り、悉く畠となつてしまつたと訴へ、東寺の援助を切望したのである。この愁訴に對し、東寺は、

此五六年之間、每年入拔群用脚、雖掘上無其詮、今度又雖有寺家合力掘上、如此間者、中々無詮、畠分ニテ惜年貢可取進歟、(註二六)

と返答してゐる。卽ち東寺は過去五六年の間、夥しい經費を以て、用水路の修繕を行つて來たがその甲斐はなかつた。故に今度上野庄の懇願に任せて、溝掘の費用の援助をした處で、結局また無駄になるのは、火を睹るより明かである。されば上野庄の云ふ如く、水田が全部畠地となつたならば、一層畠としての年貢を確實に徵收する方が餘程得策ではないかと云ふ結論に到達したのである。東寺はこの問題に就いては完全に匙を投げたと云ふ態度であつた。

　さればと云つて、領主としては、年貢米の取立を放棄することは絶對に不可能であつた。東寺としては、どうしても上野庄の用水難の問題を克服しなければならなかつた。そこでその解決策として、東寺は次の如き一案を得たのである。それはその土地の豪族を新たに代官に任命し、或は富裕者を名主に補任し、而して彼等の權力竝に富力を以て、灌漑施設の修理經營に努めしめると云ふことであつた。卽ち翌十二年、東寺は附近の革島庄の豪族革島勘解由左衛門尉を代官に補し、用水施設の確立、荒廢地の復興及び新田の開發に專念せしむることゝした。革島はその就任に當つて左の請文を呈出してゐる。

（端裏書）「上野代管事、カウ嶋請文」

東寺御領山城國上野庄代官職請文事

〇中略

一掘井水、可有興行田地事

一新開田地事、從明年辛酉歲、參拾參箇年爲限、其間年々隨開出、於初三ヶ年之本年貢者、悉百姓仁被免之、從次年已後、本年貢內以三分二者、井水等之興行分被免之、於三分一者、可有寺納者也、若三十三箇年中、三十二ヶ年已後初開者、御百姓御免不可足三ヶ年、其時者於寺家可申請之也、雖然於御代官三分二之御免者、不可出三十ヶ年（自甲子年至癸巳年三十ヶ年也、）者也、

〇中略

一掘井水開荒田事、自明年辛酉歲、至庚辰歲貳拾箇年內、興行不及半分者、（惣庄不作田地興行半分也、）可被改御代官職者也、

〇中略

右條々雖爲一事、令違背者、不日可有改易代官職者也、仍請文之狀如件、

永享拾貳年（庚申）七月日

革嶋勘解由左衛門尉
貞□（花押）（註二七）

これを要約すれば、先づ第一に用水路を掘り、田地の經營を行ふ事、次に新田開發は明永享十三年より三十三箇年を期限として開發に從事し、最初の三箇年間の年貢は全免し、次年よりの年貢

は、その三分二を灌漑施設費に充て、殘りの三分一を東寺に納入する事、但し三十二箇年以後の開發にかゝる新田に於ては、年貢全免の特權の期間が、三箇年に滿たぬ處から、期限以後でも、所定の三箇年となる如く、東寺より免除額を百姓側に支給する事、されども用水施設費支給の年限の方は、三十箇年とする事、最後に氾濫の爲めに荒廢した田地の再興は、用水路の修理を第一に行ひ、永享十三年より二十箇年を期限を定め　再興面積が荒廢地面積（全庄が荒廢地である。）の半分に達しない時は、革島の任務不遂行の責任として、代官職を改易されても苦しくないと云ふのであつた。これが革島の代官補任の條件であつて、彼にとつては、相當に都合のよい契約であつた。尋で翌永享十三年には、東寺は恐らく革島に協力せしむる意味であらうか、富豪寺崎玄雅法橋及び乘眞房祐等兩人の申請を許し、灌漑施設復興費を負擔することを條件として、（但し全額の五分一は東寺の支辨）、上野庄名主職に補してゐる（註二八）。其後文安二年に至り、玄雅が嘉吉二年の大洪水に破壞された用水路を、百貫文の私費を投じて修築した功勞を賞し、東寺は玄雅に名主職の永代相傳を許可し、それのみならず彼の得分を年貢總額の五分一、卽ち段別一斗二升と定め、爾後に於ても灌漑に關する諸費用は一切、名主として玄雅が支出することに契約したのである（註二九）。

かくの如くにして、上野庄の灌漑施設修固に關する問題は、一應解決したかの觀があつた。しかしながら革島の代官補任には、彼にとつてかなり有利な條件が附隨し、とりわけ領主が莊園を統制してゆく上に、最も重要な用水の支配の實權を彼の手に委ねることになつたのである。又寺崎玄雅等の名主補任にしても、かゝる方法は必ずしも新しいものではなく、單に應永年間以來崩壞してしまつたと云ふ名主負擔制の復活に過ぎなかつたのである。しかもそれは形式のみの復興であつて、實際は名主側にとつて、用水管理權を掌握すると云ふ極めて好都合な内容を持つ契約であつたと云はなければならぬ。かく觀察して來ると、以上の諸問題は、單に上野庄の灌漑難の解決をめぐる問題と謂ふよりも、寧ろ領主東寺の用水支配の權利喪失を通じて、軈て莊園支配そのものを失つてゆく最初の階程と稱しても差問へないであらう。

(三)東寺領山城國久世上下庄

莊園によつては、連年の修理の必要を豫想し、或は一時に巨額の井料を支辨することを避ける爲めに、毎年一定量の井料を下行した場合もあつた。例へば伊賀國簗瀬川の沿岸にあつた東大寺領簗瀬庄に於ては、毎年「恒例井料立用三石」(註三〇)の米が年貢の中より控除され、同庄の灌漑施設修繕費に充當されるのが常であつた。又大井關川に臨む高野山領和泉國近木庄に於ては、毎年八石六斗四升の井料米が、高野山より支給される例であつた(註三二)。更にまた東寺鎭守八幡宮領山城國上久世庄では、東寺は年々「本井料三石三斗」・「牛ヶ瀬井料二石」合計五石三斗の井料米を、灌漑施設修理費として下行してゐたのである。修理料としての井料の一般的性質に就いては、既に上野庄に於けるそれを取上げて、一通り説明した處であるが、上久世庄の井料は、毎年一定額を下行する所謂定井料であつた點に一つの特色を有してゐたことゝ、それに關する史料が比較的よく纒つてゐることゝの二つの理由から、隣庄でしかも領主を同じくし、且つあらゆる問題に就いて、上久世庄と極めて密接な關係を有した下久世庄の井料と併せて、特に論述する必要があると考へられる。

上久世・下久世兩庄は、上述の上野庄の南方に位し、桂川の西岸に存在し、この川の水を引導してその用水に充てゝゐたのであるが、上野庄と同樣に、灌漑の便がよかつただけに、桂川の氾濫による被害を受けることも亦頗る頻繁であつた。又旱魃時には桂川の水量は激減し、それが爲めに用水の枯渇を來たすことも稀ではなかつた。いま此等莊園を脅かした洪水及び旱魃が、中世末期に於て、如何に相繼いで起つたかを、東寺百合文書其他の史料の中より示すと大略左の通りである。

延文四年	洪水	廿九年	旱魃	文安五年	洪水	文明十年	洪水
應永十二年	洪水	卅三年	洪水	寶德四年	洪水	十四年	洪水
十五年	旱魃	永享三年	洪水	長祿二年	洪水	十五年	洪水
十八年	洪水	四年	洪水	三年	旱魃	十九年	洪水
廿二年	旱魃	五年	旱魃	四年	洪水	長享二年	洪水
廿四年	旱魃	八年	洪水	應仁元年	洪水	延德三年	洪水
廿五年	旱魃	九年	洪水	二年	洪水	明應七年	洪水

右の災害は其時何か問題が起つた爲めに、文書・記錄の上に書記されたものゝみであるから、實際は更に屢々であつたであらう。かくの如き度重なる洪水は、泥土を驅つて上下久世兩庄の水田を押流し、灌漑施設を破壞埋塞し、時としては桂川の川筋そのものすら變化せしめ、用水取入口を全く無効ならしめたことも珍しくなく、又一度旱魃が訪れると、桂川の水量は著しく減少し、取入口以下の諸施設の堀下げ・浚渫を行ふに非ざれば、引水は全く不能となるのが普通であつた。されば東寺が年々五石三斗の定井料を上久世庄に支給したところで、連年の洪水・旱魃に依る灌漑施設の被害を修理するための費用の一部を滿すに過ぎなかつた。故に實際に於ては、更

に多額の臨時の井料の下行を必要としたのである。上久世庄に隣接し、同じく東寺を領主と仰ぐ下久世庄に於ては、上久世庄の如く、恒定額の井料米の支給の慣習がなかつたので、その修理費用は、何時も臨時の井料米の給與にまたなければならぬ事情にあつたのである。

上久世・下久世兩庄の用水取入口及び用水路は幾つもあつた。就中その根幹をなしてゐたのは、今井溝と牛ヶ瀬溝の二つであつた。今井溝は、應永廿六年の「井水差圖」(註三二)竝に明應四年の製作にかゝると推察される桂川用水地圖に從へば(註三三)、松尾馬場先、一名御前淵と稱する地點にて、桂川より分水した用水を、上下久世兩庄以下十一箇庄に導入する用水路であつた。この用水路は、水を供給する莊園數に因んで、また十一箇鄉溝とも呼ばれてゐたのである。上久世庄の恒定井料の一である本井料は、この用水路に對する修理費であつた。今井溝は、上久世・下久世兩庄のみならず、桂川西岸に散在する諸莊園にとつて、實に大動脈的な意味を有するものであつたから、特にこの溝について、恒定井料が與へられたのは、誠に當然のことゝ云はなければならぬ。牛ヶ瀬溝は、牛ヶ瀬庄內に於て、桂川より分水する施設であつたと思はれる。又「牛瀨風呂之前井理」(註三四)と云ふのも、恐らくこれを指すものであらう。上久世庄の用水路の中に、東田井々溝と稱するものもあつた。その位置に就いては、一上久世庄東田井養樋事、在所八條通云々、〇中略牛瀨庄内ヲトヲル溝云々、（註三五）とあるから、石清水八幡宮領八條西庄の對岸にあたる地點より分水し、牛ケ瀨庄の地籍を通過するものであつたことは確かであつた。而して又天正十三年の井料引替日記に據れば、東田井々溝について、「下桂舟付より取申」（註三六）と記し、その給水範圍は、牛ケ瀨、上久世、大藪、下久世の四庄であつた。これに從へばこの溝は、下桂庄の舟付場附近に取入口を設けてゐたことは明かである。以上によつて、牛ケ瀨井溝と東田井々溝とは、同一の溝を指すものと想像出來るであらう。

東田井々溝に對して、西田井々溝なる名稱が史料の上に散見する。寛正二年の鎭守八幡宮引付には、「西田井溝松尾前」（註三七）と記され、長享二年の引付には、「西田井々口松尾前高河原ニ成事」（註三八）と見え、更に天正十三年の井料引替日記には、「西井松尾馬場崎より取申」（註三九）と云つてゐることより推察すれば、西田井々溝とは、即ち上記の今井溝に他ならなかつたことが、自ら理解される。次に地藏河原井溝と云ふ用水路があつたが、西岡五箇庄の目安に、「桂庄地藏河原西頬用水井口事、自往古號地藏川原井」（註四〇）とあり、寛正五年の引付には、「東代桂地藏堂南井理料」（註四一）なる文言が見へ、また「地藏河原東代井理」（註四二）と記され、更に長祿三年の引付には、「東田井入地藏河原井料」(註四三)と云つてゐる處よりすれば、地藏河原井溝は、或は東田井々溝を指すものかとも考へられる。從つてまた、これは卽ち牛ヶ瀨井溝と稱するものと同一物ではあるまいかとの疑問も生じて來るのである。

此等の外に今堂口と云ふ取入口が屢々問題となつたのであるが、これは明應四年の製作と想像される桂川用水地圖に依つて、その所存を明かにすることが出來る。卽ちこの取入口は、下桂庄地內にて桂川の水を取込む施設であつて、その水は十一箇鄕今井溝の分流である下五箇鄕溝に注入してゐたのである。次に石堂口も亦上久世庄以下諸庄の用水の取入口であつたが、明確なことは判明しない。しかし後世の記述に據ればこれは今井溝と同一物であると說かれてゐる(註四四)。その他に鶴井・高羽井の兩用水路を擧げなければならない。この兩者は旣に應永廿六年の用水差圖に明記されてゐる處であつて、前者は今井溝の分流である上六箇鄕溝より分水され、下桂庄內を南下して上久世庄を潤し、後者は上野庄內の高羽と云ふ地點に於て、下五箇鄕溝より分岐して南流し、下久世・大藪・牛ヶ瀨等諸庄に給水してゐたものらしく思はれる。

さて前に表示したやうに、屢々氾濫及び旱魃の災難に見舞はれた上久世庄は、此等多數の用水施設保全を、僅か五石三斗の定井料を以てすることは、到底不可能であつた。されば上久世庄は五石三斗の定井料の外に、その都度臨時の新井料の下行を請ふことが多く、而も執拗に之を東寺に懇願するのが常であつた。文明十九年の桂川の氾濫に際して、上久世庄公文寒川家光は、

尙々定而地下よりも於亘細可申候、

去八日之大水に、當庄東西之溝大儀に埋候、井手龜井之事、此間連日に普請仕候、東田井之事者、明日より堀あけさすへく候由申候、事之外大儀間、上使を下被申候て、井料等事、可預御成敗之由、地下より申候、次春溝之事は、名主代共井料を引替候、地下無力仕候て、此間者引替仕者なく候、然者普請なりとて迷惑仕候、井料之御下行にあつかり候て、溝井手を相堅度由申候、可預御披露候、恐々謹言、

文明十九
卯月廿三日　　　　　　　　　　　公文
　　　　　　　　　　　　　　　　家光（花押）

公文所御房（註四五）

との書狀を以て、農民等は、洪水に依つて埋塞した上久世庄の龜井・東田井の兩溝の掘開を行ふに當り、なか／＼費用がかゝるから、東寺より檢使を派遣し、實狀を檢視の上で、應分の井料を支給されんことを請ひ、又春溝の井料、卽ち春季に於ける諸用水路の掘上げの爲めの經費は、名主代等が立替へて來たのであるが、近頃名主代等にはそれだけの資力がなく、工事も出來なくな

つたので、東寺より井料の下給を請ひ、それに依つて用水路の保全を期し度いと願出てゐるのである。かくの如き莊園よりの井料の下行の請求は殆ど毎年のことであり、されば東寺としては、なるべくその要求を拒絶する方針をとつて來たのである。

そこで莊園側は單なる懇請では効果なしと見て、種々の手段を講じてゐる。卽ち若し新井料の支給のない時は、年貢の納入を怠ることを暗に仄かして、强請的態度に出たことも珍しくはなかつた。上久世庄の名主利倉俊盛・和田光貞の兩名は、「返々井料米之儀、急度員數可被仰出候、さ樣御下行候はすは、御徵符難調候、」（註四六）と云つてゐるのはその一例である。また井料米を支給されゝば、交換條件として、年貢の算用を遂ぐべしと述べ、「仍當井料之事、預御下行候者、於地下致算用候て、御本役之調可申候、」（註四七）といつてゐる例もある。更にまた嘉吉二年、上久世庄の名主百姓等は、目安を以て、「溝をもほり候て、無爲に當作仕候はんすると申上候事は、涯分忠節と存候、」と、井料を給與され、それに依つて用水路の修理を行ひ、無事に稻作を爲し度いと願出るのは、つまり東寺に對して忠節を盡くす所以であると說き、井料米下行の請求を、ことさらに合理化することに努め、最後に井料米の給與がない時は、田植も困難となり、結局「御領悉々可不作候、さ樣に候はゝ、諸御公事等をも不可仕候由、御百姓等堅歎申候、」（註四八）と云ひ、全庄不作となり、年貢米は勿論諸、諸公事をも怠納せざるを得ないやうになるであらうと、東寺に對して婉曲な强請をしてゐるのである。かやうな莊園側の要求に對しては、東寺は已むを得ず井料を下行しなければならなかつた。延德元年には、「凡井料之事者、毎年大方有引懸事之間、早々被仰付候者、打宛候而、御年貢可參之由、」と云ふ上久世庄の主張に、東寺は「以此分、早々年貢可致催促之由」(註四九)と讓歩して、定井料の外に新井料三石を支給してゐる。又文明十九年には、上久世庄は東寺より給與された新井料五石を以て不足と爲し、「井料事、五石之分、更以難事行候、可然之樣被計下者、早々中算用仕、打宛年貢、可致催促之由」と、重ねて新井料の增額の要求を申出したので、東寺は、「當年貢相殘分及百石歟、遂算用而、一粒不殘於有寺納者、井料之事、重而可披露之由」(註五〇)を返答し、若し上久世庄側で、今年の未進分百石を完納するならば、其交換條件として、新井料增加の要求を僉議してもよいと云ふのである。しかしこの時も結局東寺側は、更に一石を增し、都合六石の新井料を給與しなければならぬ破目に陷つたのである。

年貢米の貢納を行はぬとか、全庄不作になるといふ事は、領主にとつて、最も重大な事柄であつた。されば上久世庄のかくの如き井料米の請求は、謂はゞ領主の急所を突いた效果的な方法であつたと云はなければならない。東寺はこのやうにして、定額の井料米の外に臨時の井料米の支給を行ふことになつたのである。而もその下行も殆ど毎年のことゝなり、臨時井料と云つても、實際に於ては、定井料と何等選ぶ處がない狀態となり、遂に東寺をして、

尤號新井料、每年致其沙汰條、如今者爲定役歟、(註五一)

と悲鳴を上げさせるに至つたのである。以上は上久世庄の場合であつたが、下久世庄に於ては、些か事情を異にしてゐた。卽ち下久世庄には、上久世庄の如き定井料の下行はなかつたのである。而して下久世庄の灌漑施設の修理は、專ら臨時の新井料を以て行はれることになつてゐた。隨つて下久世庄の臨時井料下給の要求も亦、頗る切實なものがあつたのである。

上下久世兩庄は、領主東寺とは頗る近距離の地にあつて、一日で十分に往復出來た爲め、その間の往來は極めて頻繁であつた。それだけに臨時の新井料の請求等に就いては、兩庄の莊官又は百姓等が、直接に東寺に赴き、久世奉行であつた同寺八幡宮の供僧等と、面談して交涉し得たので、東寺にとつては、相當に煩しい事が多かつた。例へば、永享八年には、下久世庄は公文を始とし、古老の百姓等を東寺に列參せしめ、新井料の支給方を懇請すること數十度に及んだと云はれる(註五二)。長祿三年には、上久世庄より、侍分十五人・地下人十餘人、其他數十名の庄民が、

東寺に押かけて三日間懇請し續けた事實がある(註五三)。また文明十二年には、上久世の庄殿原分・地下・職事七人が上洛し、數日間東寺の惣庫につめかけて、井料の下行を熱心に愁訴したこともあつた(註五四)。殊に康曆二年の如きは、上久世庄の農民等は、大擧して東寺に押寄せ、新井料の下行を强請し(註五五)、その形は殆ど嗷訴に近かつたやうである。

上野庄に於ては、井料は元來名主の負擔であつたが、應永年間以降、名主等の緩怠により、已むなく東寺がこれを支辨するやうになつた事實は、既に述べた處である。久世上下庄に於ても、矢張り同じ方針のもとに、灌漑に要する費用は、總て名主の負擔すべきものと定められてゐた。しかしながら久世上下庄にても亦、何時頃からか、名主等の負擔は、遂に領主東寺に轉嫁されるに至つたのである。應永十五年、下久世庄の新井料給與の懇請に對しては、東寺は「下久世申井理事、度々雖歎申、可爲諸名主役之由」を治定して、一旦は莊園側の要求を退けたが、下久世が重ねて「近(令)明無與行者、稻作可遲引、爲寺家有御合力者、不日隣庄相共可掘之、」(註五六) 即ち今明日中に用水路の修理を行はなければ、稻作は遲れるであらう。若し東寺より井料を下行されるならば、直ちに隣庄（恐らく上久世庄であらう。）と同合して、修理に着手するであらうとの下久世庄の陳情に、忽ち屈して二貫文の修理費を與へたのである。又同三十三年、上久世庄が井料の支給を願出たる際も、東寺側は元來井料と云ふものは、「寺領之大法、被懸名主」と云ひ、井料は名主が出すのが、東寺領に於ける原則であると說いてゐるが、事實に於ては、此時も東寺は二石の新井料を、上久世庄に給與してゐるのである（註五七）。かくの如く東寺は、井料の名主負擔を主張しながら、莊園側の强硬なる井料の請求に遭つては、脆くもこれに屈從せざるを得なかつたのが常であつた。しかも東寺のこのやうな主張は、殆ど應永年間までのことであつて、其以後に於ては、東寺はこの原則を强調して、莊園側の要求を退けんとすることすら忘れてしまつたかの觀があり、莊園の强請のまゝに、容易に井料の下給を許すことが多くなつたのである。

さりながら絕へざる井料の下行は、東寺にとつて相當に大きな苦痛であつた。故に東寺にては、同じ支給するにしても、何とかして其額を減少せしめんとする努力は、絕へず拂はれたのである。卽ち東寺は莊園側の執拗な懇願に對して、要求して來た井料の全額を直ちに與へずに、遙か僅少額の井料を幾度も支給することによつて、幾分でもこれを減少せしめんと計つたのである。應永三十四年の場合を示すと、上久世庄の申請に從ひ、東寺は、「井料事、及兩度沙汰人等參洛之間、披露之處、先大概分可申付、但重而申子細有之者、漸々三石マテ可相計、」と決議し、少量づゝの井料の給與を行ひ、最大限三石までとしたのである（註五八）。永享三年には、東寺は二月廿六日、上久世庄の新井料の下行は一切拒絶することに決定したのであるが、間もなく同廿九日に至り、少量宛支給する方針と變り、先づ五石を與へることゝし、三月七日に五石、同廿二日に二石、同廿四日に三石、四月廿三日に又二石、七月五日に至り又々二石と、東寺は屢々行はれた上久世庄の井料不足の訴を聽許し、少量ではあつたが、莊園側の要求に隨つて、ずる〳〵と無制限に支出することゝなり、最初井料の支給を拒絶する筈であつた東寺は、結局十九石と云ふ多量の井料を給與したのである(註五九)。かくの如くにして東寺の井料減少策も遂に失敗に歸することが多かつたのである。而してかやうな政策は、莊園側としても、工事施行上不便が甚だしかつたらしく、應永十年、上久世庄は、「一石二石被増之間、不遂行歟、」(註六〇)と陳狀して、かやうな支給の方法は、却つて徒らに工事を暇取らせるのみであると反對を唱へてゐる。永享四年には、「先々二石三石分依增加迯日數、仍耕作遲々間、地下無正躰」(註六一)と、二石三石と僅かの井料を出し惜しむ結果、修理は日數がかゝり、耕作は遲れ、百姓等は難澁してゐると訴へてゐるのである。かくの如く莊園側の熱烈なる懇請に對しては、東寺は豫め井料給與の最大限を定めてゐても、その限界を守ることは出來ず、豫定額より更に多量の井料を下行を許すこととなり勝であつた。卽ち上述の應永三十四年の例に於ては、限界の三石は忽ち突破され、終に八石の井料の支給を餘儀なくされ、又正長元年の場合の如きも、四石の豫定額は遙かに超過し、結局十二石の新井料を給與せざるを得なくなつたのである(註六二)。

下久世庄に於ては、上久世庄の如き定井料の制度はなく、專ら臨時の新井料によつて灌漑施設の修理を行ふことになつてゐたことは前に述べた處である。而してその額も上久世庄に比較すると、常に少量であつて、五石を越えるやうなことは殆どなかつたやうである。下久世庄も上久世庄と相並んで桂川の沿岸に位し、氾濫による損害を受けることは少しも變りがなかつたのである。下久世庄への井料は上久世庄に比例して下される慣習があつた。そしてその割合は四對一であつた。應永九年の鎭守八幡宮供僧等の集會では、

一新井料事、

自先奉行時分、上下庄連々歎申間、再往及問答、披露之處、下久世分可被免之旨治定了、任例彼四分一可被免之云々、四分一事、庄家歎申趣、粗披露之處、先規之上者、今更難被改歟之由、沙汰訖、(註六三)

と決議し、下久世庄の井料は、上久世のそれの四分一と云ふことは、以前からの原則であるから、今遽に變改することは出來ぬことを明かにしてゐる。また應永十二年にも、東寺は同樣の意

見を述べてゐるし(註六四)、更に降つて康正三年にも、下久世庄の井料は、「上久世四分一に、自根本被定」との理由を以て、下久世よりの井料増加の懇請を退けてゐる(註六五)。然らばかゝる比率は何によつて定められたのであらうか。確言することは憚るが、兩庄の年貢高の割合に基準したものではあるまいか。即ち上久世庄の年貢米は、二百二十八石餘であり、下久世庄のそれは五十九石餘であつたから、その比は大略四對一となるわけである。されどもかやうな比率は、謂はゞ原則に過ぎなかつたらしく、後掲の表に徴しても明瞭なるが如く、下久世庄の井料が、上久世庄のそれに比べて、實際に四對一の割合を示してゐる例はあまり見當らないのである。恐らくこの原則は、東寺の必要に應じて、下久世庄の井料增額の懇請を抑壓する爲めの一手段として利用される程度の効力を有してゐたに過ぎなかつたと考へられるのである。

こゝに重ねて考慮しなければならないのは、上下久世兩庄に井料を給與する時に用ひられた桝の大さである。文安五年十二月の東寺の評定に於て、下久世庄への井料は、

一同東田井料事、上久世半分五斗但桝大間、上久世七斗當□、可下行之、(註六六)

と決議されてゐる。即ち、下久世庄の井料を計る桝は、上久世庄の桝より大であつて、下久世庄の井料米五斗は、上久世庄の井料米七斗に該當すると云ふのである。さすれば下久世庄の井料

額は、實際に於て、上久世の桝を單位とするならば、約四割程增加があつた譯であるが、この事が上述の四對一の比率と、如何なる關係を有したのか、遺憾ながら詳かにすることは出來ない。

以上崩壞期の莊園である東寺領上下久世兩庄に於ける灌漑施設の修理に關する問題を取扱つて來たのであるが、要するに元來井料を負擔せねばならなかつた筈の名主等にはその能力はなく、隨つて殆ど總てが領主の支辨になつて來たことが理解されたのである。最後に東寺が室町時代を通じて、連年如何程の井料を兩庄に對して支出したかを、史料の示す處に從ひ、表示して本章を終らうと思ふ。

（註六七）

	上久世庄		下久世庄	
	井料額	内譯	井料額	内譯
康曆二	一〇〇〇（石斗升）		上久世庄ノ$\frac{1}{4}$	
應永九				
十	一〇〇〇			
十二	七〇〇			
十三	三〇〇			

十六				二貫文		
十九	一〇〇〇			三〇〇 石斗升		
廿一	五三〇	本井料 牛ケ瀬井料	三三〇 二〇〇			
廿二	七〇〇			四〇〇		
廿四	五〇〇			二五〇		
廿五	一〇〇〇	用水争論料足	三〇〇	四五〇	用水争論用脚	二〇〇
廿七	一〇〇〇			四五〇	井理入足	二〇〇
廿九	五〇〇					
卅	三〇〇					
卅一	四〇〇					
卅三	三〇〇					
卅四	八〇〇					
正長元	一二〇〇			二〇〇		
永享元	一〇〇〇			二〇〇		
三	一九〇〇			四五		

四	一二〇〇	牛ヶ瀬井料 二〇〇	四〇〇	
五	二〇〇		一一七・五	
六	一〇五五	本井料 三三〇 牛ヶ瀬井料 二〇〇 牛ヶ瀬高羽井料 二五 新井料 五〇〇	一二五	
七	五五七	本井料 三三〇 牛ヶ瀬井料 二〇〇 高羽新井料 二七		
八	三〇〇		三〇〇	新井料
九	八〇〇	石堂口井料 五〇〇 西田井井料 三〇〇	二〇〇	今堂口井料
十二	九八三・九	本井料 三三〇 牛ヶ瀬井料 二〇〇 同新井料 二八・四 桂庄新井料 二五・五 新井料 二〇〇 冬灘井料 二〇〇	一〇〇	新井料
嘉吉元	一〇〇		一〇〇	
二	七〇〇	牛ヶ瀬井料 二〇〇 今堂口井料 五〇〇	五〇	
		某井料 一〇〇〇		

三	二〇〇	石堂口井料	三〇〇		
		今堂口井料	一〇〇		
		松尾水代	六〇〇		
文安元	九〇〇	東西田井共			
二	五〇〇				
四	一〇〇				
五	六〇〇	東田井料	三〇〇	東田井井料	五〇
		同堤料	一〇〇	西田井井料	五〇
		西田井料	二〇〇	井理料	一〇〇
寶德元	七七〇・三	本井料	三三〇		一五〇
		牛ケ瀬井料	二〇〇		
		冬溝井料	二〇〇		
		桂庄井料	四〇・五		
二	一二七〇・三	本井料	三三〇	堤料	五〇
		牛ケ瀬井料	二〇〇	東田井井料	五〇
		東田井堤料	二〇〇		一〇〇
		同新井料	一〇〇		
		當年新井料	二〇〇		
		冬溝井料	二〇〇		
		桂庄井料	四〇 三		
三	五七〇	本井料	三三〇		
		牛ケ瀬井料	二〇〇		
		桂庄井料	四〇		
					二〇〇

享徳元	二〇〇	松尾口井料	五〇〇	五〇		
		亀井井料	一〇〇			
		東田井井料	五〇			
二	七八三・二	本井料	三三〇			
		牛ケ瀬井料	二〇〇			
		東田井井料	一〇〇			
		冬溝井料	一〇〇			
		桂庄井料	五三・二			
康正元	六七六	本井料	三三〇			
		牛ケ瀬井井料	二〇〇			
		同新井料	一〇〇			
		桂庄井料	四六			
二	二〇〇	某井料	一〇〇	二五		
		地蔵河原井料	一〇〇			
長禄元	二五〇					
二	三〇〇	東田井井料	一〇〇	二五		
		亀井井料	二〇〇			
三	五〇〇	東田井入地蔵	一〇〇			
		河原井料	二〇〇			
		冬溝井料	二〇〇			
		榁代				
寛正元	七〇〇	亀井井料	二〇〇	二〇〇	今堂口井料	一〇〇
		井理料	五〇〇		井理料	一〇〇

二	一〇七五	本井料 三三〇 牛ケ瀬井料 二〇〇 新井料 五〇〇 桂庄井料 四五	三五	地蔵河原新井料
三	五〇〇	四ケ所井料		
五	六〇〇	地蔵河原 東田井井理料 一〇〇 亀井井料 五〇〇		
六	六六七・五	本井料 三三〇 牛ケ瀬井料 二〇〇 新井料 一〇〇 桂庄井料 三七・五		
應仁二	二〇〇	今井溝井亀井井料		
文明四	五〇	地蔵河原井料		
十	九一〇	松尾前井料 一五〇 亀井井料 三〇 東田井井料 三〇 用水沙汰用途 七〇〇		
十三	三五〇	牛ケ瀬堤料 五〇 用水方一獻料 二〇〇 冬溝井料 一〇〇		
十四	四〇〇			

十六	三五〇			
十七	五〇〇			
十八	五〇〇			
長享元	六〇〇			
二	七〇〇			
延德元	四〇〇			
二	五〇〇			
三	六〇〇	諸井料 五〇〇 冬溝井料 一〇〇		
明應元	五〇〇			
二	一二〇〇			
三	一三〇〇		五〇	地藏河原井料
四	一〇〇〇			
七	一六〇〇			
九	一〇〇〇			
文龜元	一〇〇〇			

二	一〇〇〇	
三	一三〇〇	
永正十三	九〇〇	
十四	一一〇〇	
十五	七〇〇	
十八	九〇〇	
大永二	九五〇	
享祿三	一〇〇	
天正三	二四〇〇	永祿八年ヨリノ新井料 一〇〇
五	二四〇〇	同
六	二四〇〇	同
十三	二二三一・八	

註 一 石清水文書四
二 薩藩舊記前集三十一
三 古文書纂二十四
四 高野山文書七

五　斑鳩舊記類集
六　古代取集記錄
七　高野山文書四
八　西大寺文書四
九　東大寺文書四ノ二十三
清澄庄の上津井・下津井に就いては、高野辰之氏所藏文書の永久五年七月七日付の官宣旨にも、同文の記載がある。
一〇　神護寺文書二
一一　武雄神社文書五
一二　興福寺別當次第裏文書
井料田と稱する田地は、この外石山寺文書・高野山文書・長福寺文書・東寺百合文書等、多くの文書に散見するが、其等は何れもかゝる種類の田地であつたと考へられる。
一三　今西文書坤
一四　東寺百合文書み三十二――四十八
一五　同文書シ十四――二十九
一六　同文書ル三十八――四十九
一七　同文書を十四下――十五上
一八　同文書ル三十八――四十九
一九　廿一口方引付條目大概目安
二〇　同書
二一　東寺百合文書ュ四十九――六十五
二二　同文書ュ四十九――六十五

二三　廿一口方引付條目大概目安
二四　廿一口方評定引付一
二五　廿一口方評定引付（東寺文書三）
二六　廿一口方評定引付一
二七　東寺百合文書や三――五
二八　廿一口方評定引付一
此時出した玄雅等連署の文安二年四月十一日付請文は、東寺百合文書シ十四――二十九に收めてある。それには「一就井水興行、不可致無沙汰事」との一條を含んでゐる。
二九　東寺百合文書ユ四十九――六十五
東寺百合文書カ二十九――四十所收の文安五年十月廿三日付玄雅壹段六十歩名主職賣劵にも「右田地者、雖爲當寺御領、及數十箇年不作間、名主等捨之、仍私近年令當庄悉興行條、依其勳功、當庄名主職永代寺家給畢、」と記してゐる。又東寺百合文書射十三――十八には、玄雅に對する上野庄代官職に就いての、康正三年九月十三日付幕府奉書がある。而してそれには、「依井水興行之勞功、令補任上者」とあることよりすれば、玄雅の名主職は、單なる名主ではなく、用水管理の問題と密接なる結附きを有してゐたことが理解される。
三〇　東大寺文書四ノ七
三一　高野山文書七
三二　東寺文書一
三三　東寺古文零聚七
三四　鎭守八幡宮供僧評定引付（東寺百合文書ね）文明十四年五月十六日條
三五　同書（同文書ワ）長祿二年卯月廿五日條
三六　東寺百合文書む四十――四十三
三七　鎭守八幡宮供僧評定引付（東寺百合文書ね）寛正二年十一月五日條

三八　同書（同文書ね）長享二年四月廿一日條
三九　東寺百合文書む四十――四十三
四〇　同文書カ五十一――五十八
四一　鎮守八幡宮供僧評定引付（東寺百合文書ね）寛正五年十一月十日條
四二　同書（同文書ね）寛正五年十一月十一日條
四三　同書（同文書ワ）長祿三年六月十六日條
四四　橘窓自語（日本隨筆大成一ノ二）
四五　東寺百合文書を八――十
四六　同文書キ六十五――八十二
四七　同文書ぬ五――七上
四八　同文書を十六
四九　鎮守八幡宮供僧評定引付（東寺百合文書ね）延德元年十一月廿三日條
五〇　同書（同文書ね）文明十九年十二月八日條
五一　同書（同文書ワ）應永廿年十月十三日條
五二　同書（同文書ワ）永享八年六月廿三日條
五三　同書（同文書ね）長祿三年十一月廿二日條
五四　同書（同文書ね）文明十二年十一月九日・十六日條
五五　同書（同文書ワ）康曆二年三月四日條
五六　同書（同文書ワ）應永十五年七月廿五日・同十六年閏三月十七日條
五七　同書（同文書ワ）應永卅三年六月二日・廿日條

此時東寺より左の如き折紙が、上久世庄に出された。

東寺八幡宮領上世庄用水要脚事、任先例、相懸諸名主中、急速可有其沙汰、若有難澁之輩者、求秋以彼名主得分

内、於地下可引留之由、所被仰下也、以此旨、面々可被存知候哉、恐々謹言、

六月二日　公文法眼

上久世庄沙汰人御中

五八　同書（同文書ワ）應永卅四年三月九日條
五九　同書（同文書ワ）
六〇　同書（同文書ワ）應永十年卯月廿一日條
六一　同書（同文書ワ）永享四年三月十二日條
六二　同書（同文書ワ）正長元年三月廿四日條
六三　同書（同文書ワ）應永九年七月十日條
六四　同書（同文書ワ）應永十二年十月十四日條
六五　同書（同文書ワ）康正三年七月十七日條
六六　同書（同文書ワ）文安五年十二月十七日條
六七　この井料下給表は、東寺百合文書ワ・ね・む・ぬ・を・そ・京等の文書に據つた。

第五章　灌漑用水の分配

第一節　分配の條件

用水を如何にして適當に分配するかといふことは、中世に於ても、用水の支配者は勿論、これを利用する農民等にとつて、最も重要な問題であつた。水田耕作發展の最初の時代には、灌漑の便は比較的容易に得られたから、分配といふことは、さして問題ともならなかつたが、莊園が各地に發達し、水田の經營が高度の發展を遂げるやうになると、從來の如き自然發生的な灌漑は許されなくなり、種々の人工的施設を行ふに非ざれば、十分なる灌漑は、漸次不可能の狀態となつて來た。かゝる施設を或土地が單獨で構築利用してゐたやうな場合は、何事もなかつたのであるが、數箇所の田地が、同一水源に用水を仰ぎ、また幾つもの莊園が共同して導水施設を作り、引水しなければならぬやうになると、こゝに用水を如何に分配するかと云ふことが、最も切實な問題として發生して來るのである。

中世に於ける基本的な土地支配體制である莊園制のもとに於ては、領有關係を異にする莊園間にては無論のこと、領主を同じくする土地の間に於ても、排他的傾向は濃厚であつて、あらゆる事柄に就いて、利害はともすると互に激しく反撥し勝であつた。されば莊園制存立の基礎をなした水稻栽培にとつて、絕對に不可闕の條件である灌漑の問題は、非常に複雜化し、特に用水の分配の問題は錯綜を極め、分配の方法も亦、頗る多岐の樣相を呈したのは、また當然のことゝ云はなければならない。かくの如き面倒な分配の基準をなしたものは、引水地に於ける引水權の優劣强弱であつたが、更にかゝる引水權の大小は、幾多の條件によつて規定されたのである。そこで用水の分配の問題を取上げる前提として、先づそれらの諸條件の中から、特に重要と思はれるものゝ二三に就いて、些か考察を試みたいと思ふ。

用水源より遠距離の地點に位する土地が灌漑を行ふ場合は、何れにしても用水源とその莊園の間に介在する土地から、何等かの助力を借りなければならぬことが多かつた。卽ち或莊園が遠くにある河川・池沼より引水する時には、用水源に近い他庄の地域內に、取入口又は用水路を設定しなければならぬことが多く、それには他庄の許可を得なければならぬし、又他庄が既に利用してゐる用水の一部分の分與を新に請ふ必要に迫られるやうな事態も起つて來る。かゝる時は、新規の引水地はそれらの恩惠に對して、用水路の借地料とか、分水に相應した財物を謝禮の意味で他庄に提供する義務が生じたのは當然のことである。大正六年、農商務省農務局の調査發行にかゝる「農業水利慣行調査」には、「用水ノ供給ヲ仰ク爲メ、慣習上金錢其他ノ對價ヲ支拂フ實例」として、現今行はれてゐるこの種の類例を、廣く全國に渉つて多數蒐集掲書してゐるが、それらの中には、近頃になつてから行はれだした慣習ではなく、恐らく過去に於ける相當長期間の仕來りが次第に固定し、以つて現在に及んだものも決して稀ではなかつたと考へられ、或はその起原は極めて古く、遠く中世にまで溯り得ると思はれるものすら存在するのである。

中世に於ても、かゝる對價の授受は盛んであつて、これを井料と稱し、又その對價に、替地として、田地が提供される場合は、これを特に井料田と號してゐた。我々は先に井料と稱するものを二種取上げ、各その性質を考究して來たのである。卽ち一は用水を利用する農民等が、用水の所有者である莊園領主に、用水使用料として貢納する米錢であり、一は領主が領内の灌漑施設の建設或は修理の爲めに使役する農民等に、食料として支給する米錢であつた。いまこゝに取扱はんとする井料は、前記の用水使用料としての井料に、かなり近似した性格を有するとも言へるであらうが、しかしこの種の井料に於ける授者と受者との關係は、上述の授者の引水上の地理的な不利といふやうな關係に基いて生じた用水の利用權の差等に規定されたのが常であり、從つて前記の井料の場合に見られる領主對農民のやうな、支配・被支配の關係が存在しなかつた點に於て、嚴密に言ふと、兩者は判然と區別されなければならない筈である。それはとも角として、次にかやうな新しい井料の性質に就いて、少しく具體的な究明を進めることゝしやう。

中世末期に於ける駿河の今川氏の法令である「今川かな目錄」に據れば、

一新井溝、近年相論する事、每度に及へり、所詮他人の知行を通す上は、或替地、或は井料勿論也、然は奉行人をたて、速に井溝の分限をはからふへし、奉行人にいたりては、以罰文私なき樣に可沙汰也、但自往古井料の沙汰なき所においては、沙汰の限にあらざる也、

（註一）

とあつて、今川氏は領內の用水爭論防止の爲め、井料に關する規定を設け、他領の地內を通つて用水を導く土地は、その代償として、奉行人の監督のもとに替地又は井料を支拂ふべきこと、及び從來かゝるものを支辨する慣習がなかつた土地に於ては、その儀に及ばざることを明かにした

のである。又伊達家に於ては、天文五年制定の塵芥集の中に、

一ようすひのために、つゝみをつくのところに、れん／＼のみつまし、人のりやうふん、此つゝみ故にあれ地となる、仍かの地主いらんにおよふ、其いはれなきにあらす、然者是を相やめへき也、たゝしようすひはばんみんのたすけ也、一人そんまもう(衍カ)により、是をやめんこと、すこふるたみをはこくむたうりにかなはさるもの也、せんするところは、あれつへきふんさひ、かんちやうをとけ、さうたうのねんくを、くたんの地ぬしへはたらかせ、こしらへかたむへき也、(註二)

と說き、灌漑の爲めに堤防を築造する場合、それに依つて荒地となる土地に就いては、その土地の年貢米に相當する米を、堤防築造者より地主へ提供すべきであると規定してゐるが、これも井料の一種と見ることが出來るであらう。又すこし後のものであるが、慶長六年五月十七日、前田利長の定書には、左の如き條項がある。

一用水之事は、昔之水道相絕、於不通は、誰々雖爲知行所、當給人江理、其地如本年貢相當之井料を出、新水道をほるべき事、(註三)

即ち用水路開鑿の必要な時は、誰の所領であつても、その地の給人に斷つた上で、掘開くことを

許し、その代り掘敷地の本年貢に相當する米を、井料として出すべきことを定めたのである。かくの如き用水施設の掘敷地代である替地或は井料の支拂は、古くから行はれた慣習であつて、今川・伊達・前田等諸氏の領内にて、此時始めて行はれたものではなく、昔から各地に存在したかうした慣習が、此等の諸侯の領内に於て、法文化されたに過ぎないと思はれるのである。莊園に於て、このやうな慣習が實存した例證を次に示すことゝしやう。建治二年七月の伊佐有信の代官有玄と、同有政の代官淨心の和與狀に、左の一項目がある。

一同村内用水（奥州大谷保泉田村）號大堰事

右往古堰口破損之間、有信不相觸于有政、任自由掘捨有政所領内麥桑、掘通于三宅村、取用水之間、可被行狼藉罪科之由、有政訴申之處、兩方和與、稱彼溝代、自有信所領三宅村、令打渡中田陸段於有政方之間、永代於有政所領內者、不可致堰溝違亂、仍有政止訴訟畢、（註四）

これに據れば、伊佐有信は、所領奥州三宅村の灌漑の爲め、無斷にて同有政の所領である大谷保泉田村の地内に用水路を開鑿し、大堰用水より分水した。有政はその非法を幕府に告訴したが、結局有信は溝代即ち用水路の掘敷料として、三宅村の中の中田六段を有政に提供して、引水を繼續するやうに示談が成立したのである。次に德治三年、東寺領丹波國大山庄は、隣庄である近衞家領宮田庄との間に、同樣の契約を締結してゐるのである。その時大山庄より宮田庄に與へた契狀を示すと左の如くである。

(端裏書)「用水契狀案」

避進　井料田事

合壹町五段者、(里坪有別紙、)

右田地者、東寺領大山庄西田井村內也、爰當庄用水難得之間、爲曳宮田庄河水之餘流、以件田地所避進于宮田庄方也、抑彼用水事、如承安三年四月二日大山庄住人等解狀者、爲望請宮田庄之用水、以當庄山野草木、自宮田庄可令採用之旨、約諾之處、近年宮田庄與大山庄地頭依有不和之子細、打止草木採用之間、被止用水畢、就之避進田地、所成和與之儀也、草木同任舊規、可被採用之旨、雖可契約、寺家與地頭(中澤)甚貞分領下地以來、於寺家方領者、山野草木不合期之間、所令避進田地壹町伍段也、若又被止用水者、井料之田又可取返、所詮背契約寄事於用水、致非分之煩、將又得地頭語、爲宮田庄於成不忠者、早可被止用水、仍避狀如件、

大山庄預所僧賴尊自筆書之、

德治三年五月廿八日

法印權大僧都（定嚴）（花押）（註五）

この避状の趣旨を要約すると、大略次の如くである。大山庄は、用水不足の爲め、往古より隣の宮田庄の用水の餘流を引いてゐたので、その代償として、大山庄では、庄內の山野草木の自由採取を宮田庄に許してゐた。然るに近頃兩庄の地頭が不和となり、これが原因となつて大山庄は宮田庄民の草木採取を禁止したので、勢ひ宮田庄でも、報復的に大山庄への用水の分與を差止めることゝなつた。大山庄にとつて、このことは大打擊であつた。そこで大山庄は宮田庄と和談することゝなつた。以上は弘安二年の出來事であつた（註六）。かうなると、大山庄では先例通り、草木の自由採取權を再び宮田庄に與へなければならなくなつたのである。然るに其後大山庄側に一つの事件が發生した。それは大山庄では、地頭と領家との下地の中分が行はれ、その結果草木生育地の大部分は地頭方の中に含まれることゝなり、從つて領家方卽ち東寺領に於ける草木は極めて尠くなつたのである。かくして大山庄の東寺分は、宮田庄の草木の需要を滿すことが出來なくなつたので、やむなくその代りとして、東寺は領內の西田井村の地籍內に於いて、一町五段の田地を、井料田と云ふ名目で、宮田庄に割讓することゝし、從前通り宮田庄より用水の分與を仰ぐこと丶したのである(註七)。其後宮田庄は、一町五段の井料田を以て、猶ほ不足を稱へたらしく、大山庄は某所に於て、更に新溝代二段の田地を、追加割讓するの餘儀なきに至つたのである(註八)。

次に肥前國佐嘉上庄の場合を示すこと丶する。

(花押)

寄進　河上社

肥前國佐嘉上庄內田地七町事

右當庄者、以河上之要水、令耕作云々、仍爲報神恩、所令寄附也、庄家宜承知、敢莫異失、故以行、

承久二年十二月六日　　散位弘房奉(註九)

右の寄進狀に據れば、肥前國佐嘉上庄の領主某は、同庄が河上神社の所有にかゝる用水によつて灌漑されてゐる關係から、その謝禮として、同庄內の田地七町を河上神社に寄進したのである。この七町田地の渡付は、「爲報神恩」との立場から行はれ、從つて寄進と云ふ信仰的な意味を含む形式を採用してはゐるもの丶、實質に於ては、上記の井料田の供與と、撰ぶ處はなかつたと思はれる。

以上は極めて寡少の例に過ぎないが、とも角もそれによりて、中世に於て、他庄内に設定された用水路の替地として、或はまた分水に對して、他庄より與へられた便宜の謝禮又は代償の意味で、相應した面積の田地が提供され、且つこの田地を井料田と唱へる慣習があつたことは自ら明かである。しかしかうした場合の提供物は、獨り田地にとゞまらず、米錢の如き財物を、井料といふ名稱を以つて授受され、而してそれが一般的であつたことは、前掲の今川かな目錄以下の諸法令に照して明かであり、そしてまた次の如き諸例證を見るのである。

請申井料溝代分米事

合拾伍斛者、

右件子細者、丹波國吉富新庄刑部郷爲用水、自同國五箇庄内河内村、依有水便、有限爲井料代、毎年沙汰進拾五斛米於河内村地頭御方、所申請水路廣参丈陸尺、長拾捌町定、早任請文之旨、毎年十一月中、無懈怠可沙汰進彼米者也、若有對捍者、雖被止水路、更不可申子細之狀如件、

正安三年辛丑七月三日　沙彌蓮聖（花押）(註一〇)

この請文によると、丹波國吉富新庄は、近隣の五箇庄河内村の地内に、巾三丈六尺、長さ十八町の用水堰を設置して灌漑してゐた。而してその代償たる井料米として、河内村地頭に、毎年十一

月中に、拾五石の米を貢納することゝしてゐたのである。又圓覺寺領散田郷は、古くから河入郷の用水の流末を以て灌漑してゐた處、應永廿六年に至り、河入郷より、「可致井料沙汰之旨」の催促を受けた(註一一)。しかしこの場合は、今川かな目錄の規定にある如く、從來井料を支辨する先例のない土地であつた爲めか、室町幕府の裁決により、井料の提供は遁れた模樣である。されども河入郷が、井料の請求を敢て行つた所以は、このやうな事情に於ては、井料の支出が蓋し當時普遍的な慣行であつたからである。また永正元年、山城國嵯峨下河端の住民等は、彼等が用水引用に就いて便宜を提供している梅津庄に對して、過分の井料の提出を强要したので、幕府の禁遏する處となつたが(註一二)、それも過分なればこそ禁止されたのであつて、一般にはかゝる井料の徵收は、必ずしも非合法的行爲ではなかつたのである。

これを要するに、中世に於ては、水便に惠まれぬ土地が灌漑を行ふには、他の土地内に引水施設を設定するか、或は他の土地が利用してゐる用水の一部の分與を請はなければならぬやうな場合が頗る多く、そして、それには井料の授受が伴ふことが珍しくなかつたのである。卽ち井料の提供は、引水權の薄弱なる土地が、他より用水の分配を受ける場合に於ける、一つの重要な條件となつてゐたことは自ら明かであらう。

灌漑施設の築造・修理に就いて、領主は所領莊園の農民等をして、これに從事せしめるのが、當時一般の風習であつたことは先に述べた通りである。されば灌漑の工事に從事した農民等は當然の權利として、それに依る用水の利用が許可されたのである。かやうに工事に參加するといふことは、分水の權利を取得する上に、甚だ有力な條件であつた。永享五年、紀伊國日前國懸神社は、和佐庄が神社の經營にかゝる用水を盜引したことを幕府に訴へ、

一致社家之合力、取水在所者、湯橋、八幡領、栗栖、粉川領、鳴神、當社末社、彼庄百姓等致社家合力井水取事、是先規也、於和佐庄者、別而有井溝、不混社家井水上者、不及合力之儀、何況不費力、横仕可奪取哉、依守護被官致押妨者也、(註一三)

と云つてゐる。右に依れば、この用水の築造に對して、八幡宮領の湯橋、粉川寺領の栗栖兩庄の農民は、日前國懸神社領の鳴神の百姓と共に工事に參劃し、それによつて引水する權利を獲得したのである。これに反して、和佐庄は自庄の用水路を有してゐた關係から、日前國懸神社の用水工事に合力しなかつたので、引水權を有しなかつた譯であつた。即ち假令他領であつても、灌漑施設の建造に貢献したならば、その用水を利用することが許された場合すらあつたことが理解されるであらう。されども一般には領主が灌漑施設を築く場合は、所領の灌漑を目的としたもので

あり、またそれに徴發し得る勞働力は、自ら領内の農民に限られることになるので、その配水範圍も亦、當然領内のみになるのが普通であつた。されば所領以外の土地への分水は、原則として禁止されたのが通則であつたのである。しかしながら工事に合力したといふ理由以外に、他領でも領主と特殊な關係を有する土地に於ては、特別に引水權を賦與されたこともあり、また以上の如き關係のない純然たる他領でも、事情によつては分水が許可されたことも無い譯ではなかつた。さりながらそれらの土地の引水權は、極めて不安定且つ薄弱であつたのは、又やむを得なかつた。次に大和法隆寺領の用水に就き、此樣な例を一二示すこととしやう。法隆寺に於ては、應安元年五月十八日の評定で、

天滿神樂田用水事、雖爲非寺領、爲神樂免、或西圓堂油田之上者、以別儀可被入池水者也、於自餘之他領、雖有何由、全以不可入用水之旨、依評議記錄之狀如件、（註一四）

と決議してゐる。右によれば天滿神樂田は、神樂免又は西圓堂油田と云ふ特殊な性質から、法隆寺領ではなかつたけれども、特別待遇を受け、寺領と同樣に、池水の引用が認められてゐたのである。而してこの土地以外の他領は、如何なる理由があらうとも、池水の分水は絕對に禁止されたのである。卽ち用水分配の範圍は、自領内に限ると云ふ原則が確守されてゐたのである。又、

同元年四月四日の同寺講衆集會は、左の如き議決を行つてゐる。

講衆評定云、就當寺池用水、去年長福寺領百姓等頻依競望申、一旦雖令許可、用水依令失墜之間、根本寺領等令捍損、仍自今以後、於件長福寺領用水者、可令停止之旨、依評定記錄之狀如件、(註一五)

卽ち法隆寺は、長福寺領の農民の懇望默し難く、寺領用水池の餘剩水を分與することにしたものゝ、肝心の法隆寺領の方が、用水不足し、旱害に遭はなければならなくなつたので、早速長福寺領への分水を停止してしまつたのである。この例は上述の如く他領でありながら、特に池水の享受が許可されたとしても、それは用水に餘水がある時にのみ限られ、一度用水が減少するやうな非常事態に於ては、領主は自領の用水難を救はんが爲めに、忽ちその許可を取消すことも起つた事情を物語るものである。要するに領主が自己の支配に屬する用水を、自領内に分水するのは當然であつたが、領主的利害から、又建設・修理工事への勞役の關係からも、他領の田地に分配することは、極めて稀であつたと謂つてよいであらう。

最後に附加へて置かなければならぬのは、新田への用水分與の問題である。中世に於ける新田の開發は、前代程大規模ではなかつたと雖も、相當に活潑に行はれたことは事實である。かやう

に新田が開かれる爲めには、何を措いても先づ用水の獲得が先決條件であつた。建保二年六月の宇佐大宮司の下文に據れば、

縱水便之習、雖爲開田・新開、不嫌權門勢家主、引溝者古今之例也、(註一六)

とある。右に從へば、新開田に於ても、權門勢家を憚らず、何處からでも用水を引くことが出來ると云ふのが、引水上の慣習であると謂ふのである。果して然らばこれは新田開發にとつて、誠に好都合な條件であつたが、事實は決してさうではなかつた。當時に於ける一般の趨勢から云へば、本田の用水が潤澤である限り、その一部を分割して新田に導入することも許されたのであるが、若し新田の開發に依り、少しでも本田の灌漑に支障を招くやうな場合は、直ちに問題化することが多かつた。法隆寺領の悔過池は、元來寺が自領内の灌漑に充てる目的を以て建造した用水池であつた。この池の水に就いて、應安元年四月廿四日、法隆寺講衆は、

於禪圓房新開《門田》之田者、悔過池水晉以不可入之者也、若自由入用件池水者、禪圓房並池守可被處罪科者也、仍記錄之狀如件、(註一七)

と決議し、禪圓房の新開田へ、悔過池の水を引くことを嚴禁し、若し寺命に違背して引水するやうなことがあれば、新開田の主である禪圓房は勿論、池水の管理をなすべき責任の地位にある池守

も、併せて處罰すべきことを明かにしたのである。由來新田は本田に比較すると、その收穫に於てかなりの損色が認められるので、通常新田は開發の直後に於ては、その年貢は全部免除され、なほ其後と雖も長い間年貢が減免されるのが例であつた。されば領主として年貢のあがりの多い本田を犧牲にしてまでも、年貢の少い新田に貴重な用水を與へることは出來なかつた筈である。さうでなくても、本田には本田として、昔からの引水の慣習が、明瞭な權利の形で固定してゐるのが常であり、特に本田の農民達が、灌漑施設の築造等に、勞働力を提供したり、經濟的に貢獻してゐるやうな時には、その引水權は、更に强固なものがあつたのである。故に領主としても、新田開發の爲めとは言ひながら、本田に迷惑をかけることは絕對に出來なかつたのである。まして他領の新開田への用水の分與に就いては、この關係は一層はつきりしてゐたのである。大永三年、賀茂神社領山城大宮鄕の用水を、新田に分配する問題について、山城守護細川高國が、

當社領城州大宮鄕井水事、於新開興行者、永令停止旨、連署分明上者、鄕中族彌可令領知之段、被成公方御下知訖、向後不可有違亂之由候也、仍執達如件、

大永三
十二月卅日　　秀兼（花押）

賀茂社氏人中(註一八)

との下知を以て、新開田への用水の分割を全面的に禁じてゐるのは、遮般の事情を物語つてゐるものと言へるであらう。又九州の相良氏は、その領内に、

一本田の水を以て、新田をひらくによつて、本田の煩たる在所あり、たとひ本田よりあまり候水なりとも、能々本田の領主にこひ候て、りやうじやうならばひくべし、（註一九）

との法令を頒布し、本田の用水難を招くが如き新田の開發を停止し、縱へ本田の餘剩用水を以て開く場合に於ても、一應本田の持主の了解を得べきことを明かにしてゐるのも、やはり同樣の立場からであつた。かくの如く新田への用水の分配は、本田との關係に於て、常に不利の制約を受けなければならなかつたのである。されば新田の增加を歡迎すべき筈の莊園領主が、本田の用水を猥りに新田に分割することを禁止しなければならぬのは、結局中世に於ける新田の增大に對する、一つの掣肘となつたと云ふ矛盾した結果に陷らざるを得なかつたと、言はなければならないのである。

以上の考察により、殆ど引水權を有しない土地が、井料或は井料田を提供することを條件として、薄弱とは云へとも角も引水權が賦與された諸例證を見て來たのである。また引水地が用水源の所有者の所領內に包含されて居り、又かうしたことが、其土地をして、必然的に灌漑施設の建

造・修理等に就いて、種々の形で領主に協力・貢獻せしめ、それが用水を引用する上に、極めて有利な條件となつたこと、更に新田が灌漑用水分配の問題については、本田に對して原則的に不利の條件の下に置かれてゐた事實等を明かにして來たのである。中世に於ける用水の分配は、各土地の引水權を基礎としたのであるが、その引水權は必ずしも均等ではなく、不均等である場合の方が寧ろ普通であつた。而してかくの如き引水權の大小優劣を生ぜしめた條件は、實に多種多樣であつて、これを一概に論述することは、到底許されないのである。そこでその中の或種のものは、關係の條項に於て、隨時觸れることゝし、本節にては、その中で特に顯著と思はれる條件の二三に關して考察したに過ぎないのである。

註一　今川記五（史籍集覽十三）
二　伊達家文書一
三　萬治己前御定書（加賀藩史料一）
參州岡崎領古文書下にも慶長十五年に出された同樣の趣旨の法令が見える。
四　田代文書一
五　東寺百合文書レ二十――三十一
六　近衞家領丹波國宮田莊訴訟文書
七　東寺百合文書ユ四十九――六十五
八　同文書や一下

この井料田の問題に關しては、以上の外東寺百合文書こ・や・さ・レに關係史料が數通あるが此處には省略する。

九　河上山古文書二
一〇　神護寺文書（前田家所藏）
一一　海藏院文書
一二　長福寺文書四
一三　日前國懸兩神宮文書
一四　斑鳩舊記類集
一五　同書
一六　豐前宇佐社樋田家古文書
一七　斑鳩舊記類集
一八　賀茂別雷神社文書二
一九　相良家文書一

第二節　時間的分配

一つの用水を數箇所の土地が分配引漑する場合、各土地がその用水を利用する權利は種々樣々であり、かゝる權利上の差等が出來て來る理由も亦、頗る複雜である。仍つて前節に於ては、分水上引水權の差異を發生せしむる條件の特殊の數例として、用水源に對して、引水池の地理的な關係、又用水支配者の所領と他領、灌漑施設建設に對する合力を行つた土地と然らざる土地、或は本田と新田との關係に就き、一應の考察を行つて來たのである。そこで本節に於ては、考究をもう一歩進めて、かゝる條件を基礎として用水の分配は、如何なる方法を以て行はれたか、換言すれば分配の技術的な方面に關する具體的な究明に進まふと思ふのである。

中世に於ける用水分配の方法としては、種々の形態が認められたのであるが、これを大別すれば、時間を基準として用水を分配する方法と、用水路其他の灌漑施設に、適宜な裝置を施して、用水を分配する方法との二種となすことが出來る。時間に依る分配法とは、所謂「番水」と稱する方法であつて、それは同一水源より數箇所の土地が引水する場合、各地のその用水に對する種々の權利を基礎とし、一定の時間と一定の順序によつて、秩序正しく引水することである。かくの如き方法は、中世のみならず近世に於ても盛に採用され、將亦現代にても廣く各地に見られる處であつて、現在の諸實例は、農商務省發行の「農業水利慣行調査」の中にも數多示されてゐる。中世にこの番水が採用されてゐた用水は決して尠くはなかつた。例へばかの興福寺領內の能登・岩井川用水・大川用水・穴師川用水・西門川用水等の諸用水は、何れも領主興福寺の直接間接の統制下にあつて、番水に據り用水を分配して來たのである。就中能登・岩井兩川用水の如きは、その規模の大なる點に於て、且又番水が長年月にわたつて、比較的整然たる形態を保持してゐた點に於て、實に中世の番水法の實狀を物語るに、最も典型的な一例であると思はれる。そこで先づ最初にそれらの用水を取上げて、繁鎖ではあるが當時の番水法を努めて具體的に記述することゝする。

(一) 能登・岩井川用水

能登・岩井川用水といふ名稱は、既に鎌倉時代以前から見えて居り、その名の示す如く、能登川及び岩井川の兩川が合流した河川であつた。能登川は春日山と香山の溪谷より流出し、奈良の高畠・肘塚の地を經て、岩井川と合流する。また岩井川は、元來は飯合川と呼ばれ、中世に於ては、專ら岩井川と書かれてゐる。この川は水源を奈良の東南に聳ゆる高圓山に發し、鹿野園を經て能登川と併合するのである。かくの如くして合流した兩川は、奈良の町の南端を潤し、更に西流して佐保川に注いでゐる。

中世に於て能登・岩井兩河の水を仰いで灌漑に充てゝゐた地域は、主として神殿庄・三橋庄・四十八町庄・越田尻庄・波多森新庄・京南庄の六庄であつた。次に此等の諸庄の位置及び地積等に就いて一瞥しておくことゝしやう。

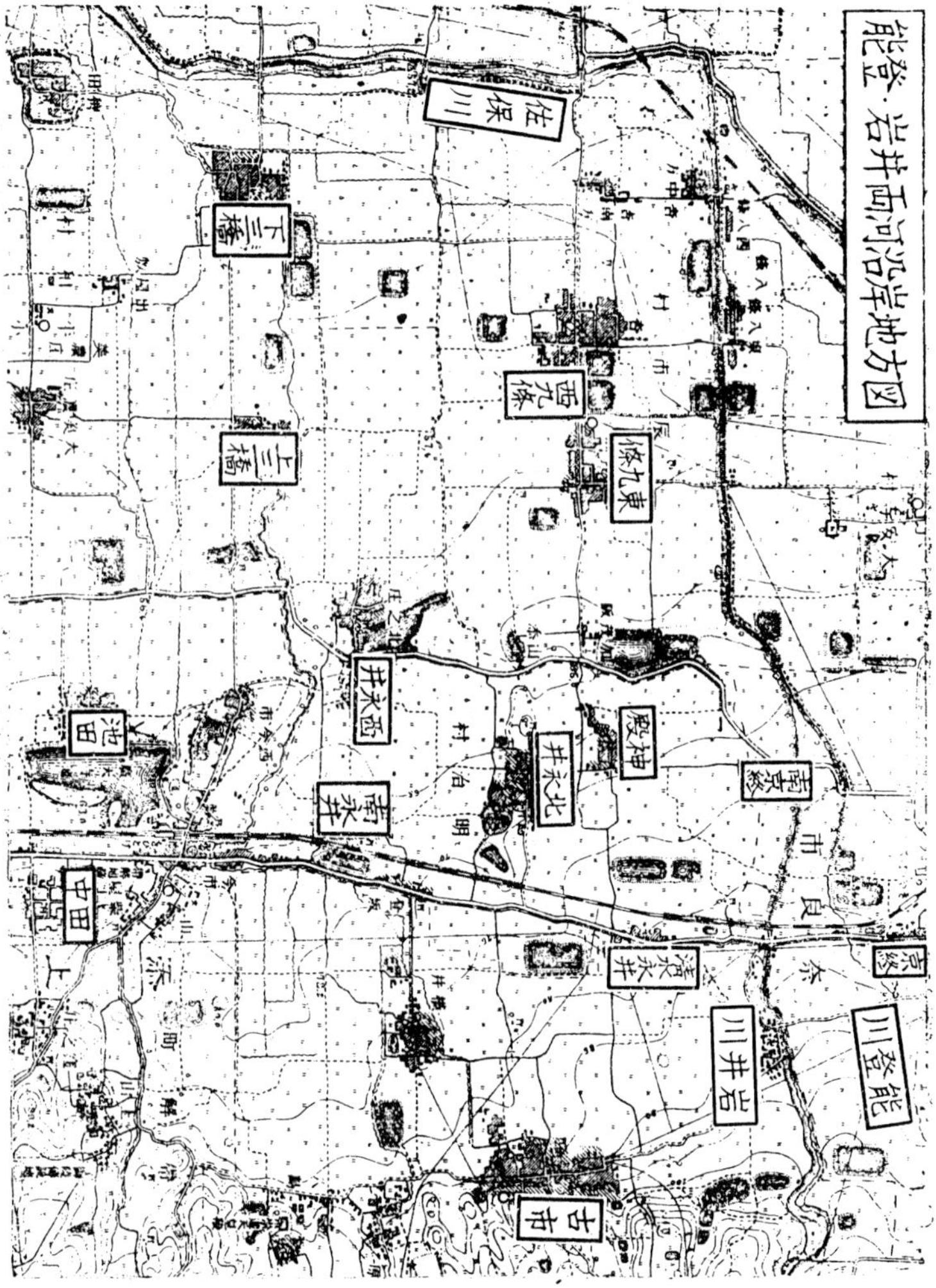
能登・岩井両河沿岸地方図
佐保川
下三橋
西九條
上三橋
東九條
西永井
池田
神殿
北永井
南永井
南京終
中田
京終
能登川
岩井川
東永井
古市

神殿庄は興福寺大乘院領であつて、岩井川の南岸に位し、現在は添上郡辰市村神殿にその名をとゞめてゐる。康正二年の算田帳に從へば(註一)、三十二町二段の面積を有し、文明十五年に於ても、矢張り三十二町九十歩といふ地積を占めてゐた(註二)。

三橋庄は興福寺佛餉料所であつて、應永六年の大安寺段米並田數注進狀に依れば(註三)、その面積は約三十五町であつた。その位置は神殿庄の西南、現今の上三橋・下三橋の地に、古の名殘を存してゐる。中世に於ては、此莊園は佛餉料所たる故に、佛聖・佛生・佛餉等(註四)の名稱を以て記されたことが多かつた。

四十八町庄は、現在の地名にその所在を示すべき痕跡を發見することは困難である。建久二年六月の興福寺公文目代下文に據れば、「京南庄四十八町作人」(註五)と見え、この記事から推すと、當時この莊園は京南庄の中に、その一部として包含されて居り、四十八町の地積を有してゐたことだけは理解される。しかし肝心の京南庄の占めた地域が如何なる邊にまで及んでゐたか、又この庄はその何れの部分に相當したかゞ不明である以上、四十八町庄の位置其他に關しては、全く不明であるとするより他はない。若し想像が許されるならば、應永六年頃、四十四町八段の地積を有してゐた東九條の地が(註六)、或はこれに該當するものかとも考へられる。四十八町庄は、光明皇后の御忌日田であつて、御忌日供を負擔した地であつた(註七)。室町時代中期に於ては、その百姓は何れも豐田賴英の被官人で、後に述べる越田尻庄に居住し、四十八町庄に出作してゐた事實があつた(註八)。

越田尻も現在では、所在を明かにすることは困難である。大和志料は、帶解村の田中・池田附近に宛てゝゐるが、確實な證據はないやうである。この莊園は大乘院領で、面積は應永六年頃では、十九町九段大であり(註九)、文明十五年頃になると二十四町程あつたことになつてゐる(註一〇)。而して興福寺龍華會佛日供を出す莊園であつた(註一一)。

次は波多森新庄であるが、これも越田尻庄と同樣に、現在ではその位置を推定せしむるに足る地名上の手懸を失つてしまつてゐる。幸に多聞院日記には、その莊園を「長井新庄」(註一二)と記し、又「兩川用水之事、長井同名新庄ヨリ就公文所令競之由」(註一三)と見え、また大乘院寺社雜事記にも、「畑森新庄ハ長井事也、」(註一四)とあるに依つて、同書文明四年八月四日の條に挿入された地圖に、「新庄」と表はされてゐる莊園こそは、卽ち波多森新庄であつたことが確め得られるのである。これに依つて考ふるに、この莊園は現在の淸水永井・永井北・西永井・南永井等の諸部落が占むる岩井川南岸の地域の一部であつて、その西端は神殿庄と堺を接してゐたものゝ如くである。領主は一乘院であつて、貞和二年の大安寺段米注進狀(註一五)竝に應永六年の同寺段米並田數注進狀に據れば七町四段半といふ小地積の莊園であつた。

最後の京南庄は、その名の示す如く、京即ち奈良の南端に位し、現今の京終の地に相當する莊園であつたと思はれる。應永六年の大安寺段米並田數注進狀には、三十三町とある。其他の事に關しては、徵すべき史料を闕くので一切不明である。

能登・岩井兩河用水の統制は、領主興福寺の寺務の手に屬し、直接事務、特に分配に關する事務を擔當したのは、同寺の公文目代であつた(註一六)。この外宍師川・西門川に於ても同樣に、統制分配の命令は、寺務より公文目代を經て發せられた(註一七)。しかし同じ興福寺領にある大川用水のみは、些か事情を異にし、その分配は興福寺の寺務大童子或は子守社神主によつて行はれる例になつてゐた(註一八)。もつとも此等の人々は、寺務・公文目代の支配下にあつたから、結局この用水も亦、間接に寺務・公文目代の統制の下に分配を行つてゐたと考へて差間ない譯である。かゝる大川用水に於ける統制形態の特殊性は、思ふにこの用水は、能登・岩井兩河用水以下の諸用水に比較して、灌漑を受ける面積も狹少であり、その上その地域が、特に子守社關係の田地のみに限定されてゐたことに原因したのであらう。

各莊園に於て、最も用水を必要とする時期は凡そ一定してゐた。卽ち水稻を栽培してゐる期間中に限られたのである。とりわけこの期間の中で、特に四月末頃から五月にかけての田植の季節には、何れの莊園にても、一齊に多量の用水を要求した。我國にてもつとも雨量の少い大和地方で、左程大きくない能登・岩井川の水を、神殿庄以下六庄が引水するのであるから、用水が不足するのは明かである。かゝる少量の用水を各庄に分配する方法として、番水が取上げられたのである。番水は先づ領主興福寺の開始命令の公布によつて施行された。卽ち興福寺は、田植時期となると、札を立て、番水開始卽ち「吉水」の旨を諸庄に公示した。このことは、文明十六年六月に定められた大川用水事條々に、

能登・岩井兩河用水ノ吉水ノ札立之、以後三ケ(日カ)シテ、大川ノ札立之、井手子守社邊ニ在之、

假令五月一日兩川札立之ハ、大川ノ札ハ五月三日立之、(註一九)

と記してゐることに依つて理解される。而して大川用水に於ても、矢張り同樣の番水開始の札が立てられ、それが能登・岩井兩河のそれより三日遲れて立てられる慣習が存在したことが窺知られる。又穴師川用水の場合を眺めると、

穴師川水、五月廿三日吉水之札立之、(註二〇)

とあるによつて、この用水でも、前二者と同様な札による掲示が行はれた事實を審にし得る。天文三年六月三日の大和櫻井庄棹井々水條々には、

一彼井水之儀、雨氣之雨降候て、廿一日目ニ札を可被立候事、

一札を被立候て後、雨氣之雨ニても候へ、又ハ夕立にても候へ、雨降候て札をしなかし候ハヾ、其日より五日目ニ札を被立置候事、(註二二)

と見え、棹井用水に於ても、中世に札を立てる規定があつたことがわかる。この札は能登・岩井兩河用水等の札と同じ性質か否かは明かではないが、かやうに札を立てることは、大和地方にては、一般的な風習であつたと思はれる。かくして愈々番水は開始されたのであるが、當時の表現によれば、これを「川下《オロシ》」(註二一)と稱してゐた。卽ち各莊園は、興福寺の命令に依る川下を以て、各用水に於て、番水を開始した譯である。

次に説明を要するのは、上掲の大川(能登・岩井川)用水事條々の中に見ゆる「吉水」(註二三)といふ語である。川下が行はれ、用水が番水にて順次各庄に、一定時間を限つて引漑され、かゝる番水が數巡し、水稻が成熟して用水が不必要な時期が來ると、番水は終結する。吉水とは、この川下から番水終了に至る間の用水を指したのである。換言すれば、これは寺家の番水による統制下に置かれてゐ

る状態の用水を意味したのである。吉水はまた「巡水」（註二四）とも稱せられたこともあり、かゝる名稱は、番水にて用水が順次各庄の間を巡つて分配されることから出たものであらう。吉水以前及び吉水以後の用水は、「不吉水」との語で表現された。不吉水は、番水による興福寺の統制下にある以外の用水であつて、從つてその水は番水に關係してゐない土地でも引用し得ることゝなる。これらのことは、左に徵して明かである。

然而爲見塔院辨公之沙汰、八月一日よりは稱不吉水、兩河用水事、任雅意私田ニ漑取之云々、珍事〳〵、定而何方ヨリモ可尋申入、誠ニ八月一日ヨリハ不可成吉水否事、御記等ヲ可被御覽之由申入、予返事云、雖爲八月・九月、吉水事成敗不能左右之由仰了、（註二五）

右の記事によつて考へると、見塔院辨公は、八月一日以後は「不吉水」であつて、能登・岩井兩河用水の六庄への番水は終了してゐるのであるから、私田に引漑しても差閊はないと主張したのである。これに對して興福寺々務大乘院尋尊は、假令八月・九月になつても、兩河用水は依然「吉水」であつて、これを「不吉水」と號して、勝手に引水するのは、非法であると云つてゐるのである。尋尊の意見に從へば、「吉水」は各莊園が十分に灌漑を完了することが條件であつて、その期間は、その時の稻作の事情によつて決まるものであり、一定せしむることは出來ぬと云ふにあつたやうである。しかし各庄が最も用水を必要とする時季は、大體七月頃までゞあつて、八月となると用水の要求は頓に尠くなり、九月に入ると、用水は殆ど不要となるのが普通であるから、上述の辨公の主張に何等の根據がなかつたのと同じく、尋尊の意見も亦實狀に當嵌まつたものとはいひ難いのである。要するに吉水期間は、七月一杯乃至は八月中旬頃迄で、それ以後は不吉水となるのが、通例であつたのではあるまいか。

「不吉水」は必ずしも「吉水」の前後とのみ限定されてゐた譯ではなかつた。「吉水」中と雖も、降雨等の原因で、用水が混濁を來たした場合も亦「不吉水」であつて、番水は一時中止される慣習があつた。かゝる場合の「不吉水」は、特に「亂水」(註二六)と稱せられた。而して用水の清澄になるのを待つて、再び「吉水」となつた旨の興福寺の札の掲示を以て、番水が開始されるのが常であつたらしい(註二七)。例へば延徳四年、神殿庄が番水にて引水中の能登・岩井兩河用水を、降雨の爲め濁水になつたとの理由を以て、引水權を有する六庄以外の者が押領する事件が勃發した(註二八)。又穴師川の例に就いて見るに、文明十九年、岩田・院入兩庄と羽津里井庄とが、穴師川用水を爭論した時に、羽津里井側の訴狀には、左の如く述べてゐる。

一今相論子細ハ、川ヲロシニ不成前ニ、乱水之水ヲ、猶以一日二日ハ、岩田可取之由申、

羽津里井以下申狀ハ、乱水之時ハ各所々取勝也、一日・二日沙汰ハ、巡水之時掟法也云々、

(註二九)

この場合、實際は「吉水」中も拘らず、羽津里井庄は、用水が濁つて「吉水」に非ずと稱し、各庄の取勝に引用すべきを主張し、これに對して院入庄は、「ニゴリ水不下之間、不可成乱水之處、他所々取之間、如法ニ岩田方ニ給之分也、」と抗議し、「吉水」期間中として、番水の繼續實施を要求したのである。この爭論の論點は、「吉水」か或はまた河水の混濁に依る「亂水」かに在つたのである。院入庄は更にまた「其後雖雨下、川水ニゴラザル間、不可成乱水云々、」と主張してゐる(註三〇)。以上を綜合するに、「不吉水、」・「亂水」の問題は、大略左の如く處理される慣習があつたやうである。

一吉水の前後は不吉水となる事、

一吉水期間中と雖も、用水が濁つた場合は、不吉水、特に亂水と稱して、番水を中止し、用水がまた清澄となるを以て吉水とし、番水を再開始する事、

一亂水後吉水となる時は、與福寺より札を以てこれを公示する事、

一雨降ると雖も、用水が混濁しない時は、亂水とならず、吉水として番水を繼續する事、

なほ亂水中の用水の引漑に就いては、明確な史料を闕くので判然としないが、前に掲げた文明十九年の亂水に關する爭論に於て、羽津里井庄が主張した如き、用水の取勝ちが、當時一般の風習であつたとみられる。

以上にて能登・岩井兩河用水を始とし、興福寺領の各用水は、何れも領主興福寺の指令による「吉水」の狀態を前提として、番水が實施された事實を見て來たのである。然らばその番水は如何に行はれたのであらうか。元來番水の一般的な形態は、例へば後述の阿波の下羅井用水の場合等に於て見られる通り、最初から配水の順序及び時間が、一定の規約のもとに、明瞭に極つてゐたのが普通であつた。しかしながら興福寺領の各用水の中、特に能登・岩井兩河用水の番水のみは、些かその趣を異にしてゐたことは注目に價する。即ちこの用水に於ては、少くとも番水の順序に就いては、不動の規約と云ふものは存在してゐなかつたのである。各庄園がその用水の全部を、或る用水源よりの引漑に仰がなければならぬやうな時には、それらの莊園が、その用水に對して持つてゐる權利によつて、順序及び配水時間について、下羅井用水の如き規則正しい番水法を採用し得たであらうし、又かく行ふことが、絶對に必要であることは明かであるが、これに反して、各莊園が自己の權限にて、夫々に灌漑し、これを基本的な用水とし、他より補充的に番水による用水を引漑するやうな場合は、必ずしも前掲の如き固定した順序に拘束される必要もなかつたのではないかとも考へられる。また一方分配を監督した興福寺にも、領主としての立場があつた筈である。領内の一つの莊園でも旱害を受けることは、その農民にとつて、大なる不幸であると同時に、領主にとつても亦打撃であつたから、領主としては、何れの莊園に對しても、過不足なきやうに給水することを心掛けなければならなかつた。かゝる番水法採用の目的も、實にこの點にあつたのである。用水の需要は、毎年必ずしも一定してはゐなかつた。一つの莊園が至急に大量の用水を必要としても、他庄の要求はそれ程大ではないこともあり得たし、更に今年右の如くであつても、來年再び同様の事情にあるとも限らなかつたであらう。されば領主の立場としては、其時々の需要に應じて、適當な順序に各庄に給水する方が、寧ろ好都合であつたことも想像に難くない。能登・岩井兩河用水の特殊な番水の發生の根據は、まさにかゝる事情にあつたと考へられる。即ち神殿庄以下六庄は、勿論到底滿足すべき量ではなかつたが、或程度の用水は、自己の權限に於て確保出來てゐて、それでも足らない用水を、番水に依り、その時の各庄の事情に應じて、能登・岩井兩河用水より仰いだのではあるまいか。さもなければ、神殿・三橋兩庄の如く、强大な引水權を擁してゐた莊園は姑く擱き、他の諸庄、殊に京南庄の如く頗る微弱な引漑權しか有してゐなかつた莊園は、番水に依る用水のみでは完全なる稻作の遂行は殆ど不可能に近かつたと考へられるのである。又番水が一定の順序を追ふて配給されることになると、京南庄の如きは、如何なる旱天に襲はれても、直ちに引水することは出來ず、常に旱害を甘受しなければならなかつたのである。かゝる實情のもとに於ては、興福寺として、番水の順序に關して、恒久的な規定を設定し得なかつたのは、寧ろ當然のことゝ云はなければならない。

興福寺は、能登・岩井兩河用水が吉水となると、關係の六庄に二回乃至三回の引水を許すことになる。その順序の決定は、各莊園をして、その都度一々用水要求の申文と稱する文書を興福寺に提出せしめ、寺はそれを實情と睨みあはせ、愼重審議の上で水文と稱する引水許可の文書を交付することによつて行はれたのである。故に如何に強い引水權を有する莊園でも、この申文を提出しなければ、引水は不可能であつた。第一回目の番水が終了すると、直ちに第二回目の番水が行はれた。そして第二回目の引水の順序は、第一回の番水の順序とは全く無關係に、また各庄の申文の提出に基いて決定されたのである。第三回目の給水に於ても亦同樣の方法がとられた。故に或る莊園が既に二回目の灌漑を完了してゐるにも拘らず、申文の提出を怠つたり、また薄弱な引水權しか有してゐなかつた他の莊園に於ては、未だ第一回目の給水も受けてゐないと云ふやうな事すら起つたのである。引水要求の申文の提出についても、また特殊な規定が存在した。即ち申文は、或庄の引漑が終つた次の日、――當時の語で云へば「間水」の期間――に提出さるべき規定であつた。配水の順序の決定は、各莊園の引水權の優劣によることは勿論であつたが、申文の提出の早遲も亦、一つの最も重要な根據となつた。されば申文の提出は、自然競爭的に早くなる傾向があつたので、かゝる規定が設けられたのである。康正三年には、四十八町庄は、引用中の用水を、鹿野園氏及び見塔院辨公に强奪されたとの理由を以て、神殿庄の次の用水を與へられんことを、數日以前から嘆願した。これに對して興福寺は、

神殿ノ次、四十八丁ニ可給之由事、兼日ヨリ難定事也、所詮間水ノ日、以諸庄ノ申文、任先例可成敗之由、(註三一)

との理由を以て、之を却下し、間水の日の申込みを命じてゐるのである。かくの如く申文の提出が間水の日と定められると、この日の提出の時間がまた問題となる。この年五月六日に於ける各庄の申文提出の時刻は、神殿・波多森新兩庄は、同時刻の「六ノ時分」であり、四十八町庄は、少し遲れて「卯下刻」であつた。特に同じ程度の引水權を持つ莊園が、引水を競ふやうな時は、この申文の提出の時刻が、引漑の前後を決定する唯一の標準となるので、提出の競爭は、頗る激

烈ならざるを得なかつたのである。例へば此年七月、神殿・三橋の兩庄は、共に水主莊園として前後を爭ひ、兩庄の申文は全く同時刻に興福寺に提出されたので、公文目代はやむなく、左右兩手をもつて、全く同時に雙方の申文を受取らなければならぬと云ふ事態を惹起したのである(註三二)。かくの如く申文の提出は、引水に闕くべからざる要求の意志表示であり、その提出の時間的前後は、即ち配水の前後の決定に對して、頗る重大な影響を與へたことが了解されるのである。

かゝる申文には、一定の形式があつた。その一例を示すと左の如くであつた。

京南庄百姓等謹言上

早任先例可賜能登・岩井兩河用水事

右當庄領内者、依薄地可旱損之條無隱間、能登・岩井兩河用水ヲ、自今月五日七ヶ日夜間、可下給者、百姓等可成案(安)堵之思、彌可守御公事者也、粗言上如件、

寛正二年辛巳七月四日(註三三)

このやうな申文に對し、興福寺は水文と稱する引水許可の文書を交附し、引水を承諾し、こゝ初めて給水が施行されたのが、普通の手續であつた。

以上の如くにして番水に於ける順序の決定が行はれたのであるが、次に問題となるのは給水の

時間である。能登・岩井兩河用水に於ては、六庄の引水の日數は必ずしも同一ではなかつた。次に應永二十五年の例を示すと左の如くである。

一番　三　橋　庄自四月廿三日至廿七日、五ケ日五ケ夜下了、
二番　神　殿　庄間自四月晦日至五月六日、七ケ日七ケ夜下了
三番　四十八町庄自五月八日至十四日、七ケ日七ケ夜下了、
四番　波多森新庄自六月四日至十日、七ケ日七ケ夜下了、
五番　越　田　尻　庄自六月十二日至十五日、四ケ日四ケ夜下了、
六番　京　　南自六月十七日至廿三日、七ケ日七ケ夜下了　（註三四）

右に據れば、神殿庄・四十八町庄・波多森新庄・京南庄の四庄は七晝夜、三橋庄は五晝夜、越田尻庄は四晝夜の間、引水を行つてゐることがわかるのであるが、かゝる各庄の引水日數は、應永二十五年だけのものではなく、中世を通じて變化がなかつた。水主莊園として神殿庄が、强大な引漑權を擁して、七晝夜の引水を行つたことは首肯出來るが、同じ水主莊園である三橋庄が、五晝夜の引水權しか保持してゐなかつた理由は、了解に苦しむ處である。又常に最も微弱な權利しか主張出來なかつた京南庄が、却つて七晝夜の引漑を享受し得たのは、何故であつたであらう

か。何れにしても、かゝる各庄の引漑日數は、引水の順序決定の基礎となつた引水權の强弱に一致しないことは事實であつた。然らばかゝる日限は、一體何を標準としたのであらうかとの疑問が殘る。引水時間は、また灌漑面積の廣狹に比例せしむるのが常識的な方法である。現に同じ興福寺内の大川用水にては、田地一段につき一晝夜の引水が實施されて居り、又少し後の時代の例ではあるが、大和藥師寺領内の用水池の用水を、引漑地の面積の比例によつて、適當に設備された分水口を通じて分配してゐるのは(註三五)、方法は異ると云へ、これも用水量を灌漑地積に一致せしむる意味に他ならないのである。更に現在各地の番水の中でも、引水の時間を田地の廣さに依つて規定してゐる例は、かの「農業水利慣行調査」の中に、幾つも發見出來る。しからば能登・岩井兩河用水の場合に於ても、かゝる方法が採用されてゐたかと云ふと、各庄の面積は、必ずしも正確を保し難いと雖も、旣に記した如くであつて、これまた引水日數とは、必ずしも正比例してゐるとは斷じ難いのである。

嚴密に考へると、引水地への用水の絕對量は、單に引水時間のみでは決定し得ない。それは如何なる分量の用水を、幾時間漑入するかと云ふことに依つて極められる筈である。そこでこの場合に於ても、各庄への引水量を正確を期する爲めには、どうしても此點を明かにしなければならないのである。幸に天理圖書館に保井芳太郎氏所藏の永祿頃の製作と推測される岩井川の用水地圖があるので、これによつて各庄へ一體如何程の用水が引かれてゐたかゞ、略推察出來るのである。この地圖に據れば、岩井川（恐らく能登川をも含んでゐる名稱であらう。）の河水は十分され、それが、

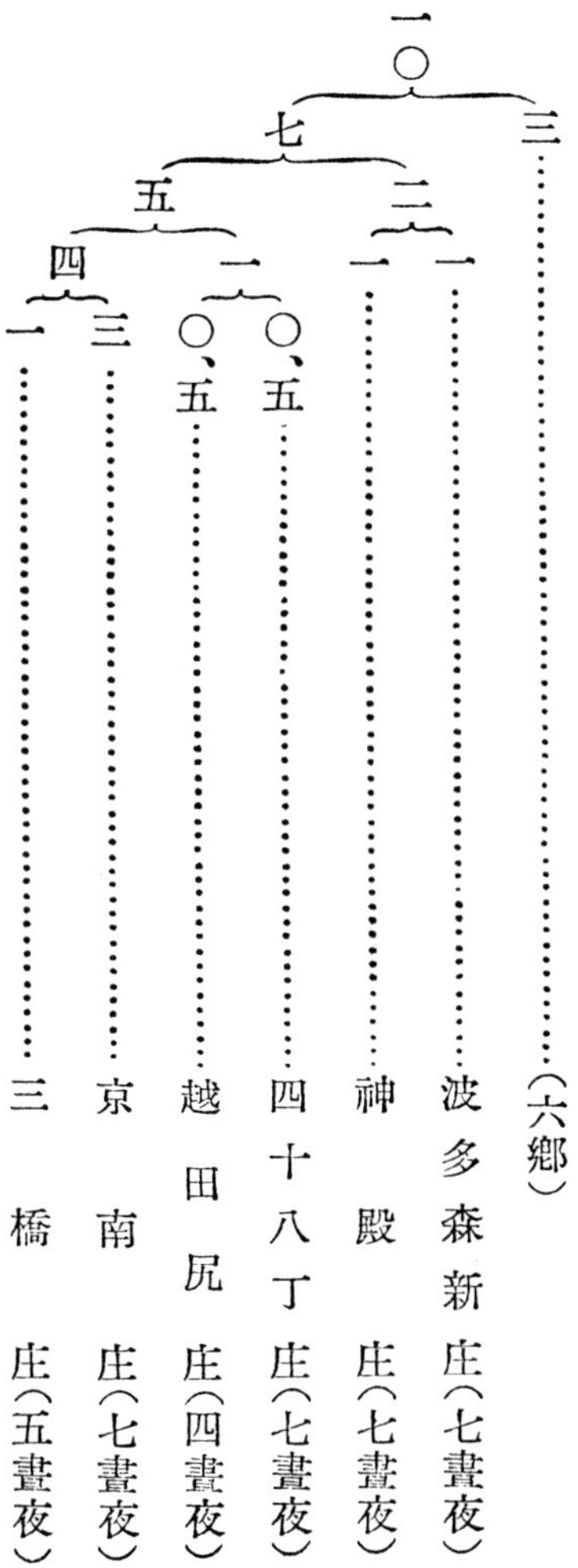

と云ふ割合に配水されることになつてゐたのである。かくの如くにして各庄の用水の絶對量の比は、神殿庄（七）・三橋庄（五）・四十八町庄（三・五）・波多森新庄（七）・越田尻庄（二）・京南庄（二一）となつてゐたことが了解される。そこで再びこれらの比を、前記の各庄の引水權の强弱、或は耕地面積に當篏めて見るに、その疑問は依然として解決されさうもない。さればと云つて、か

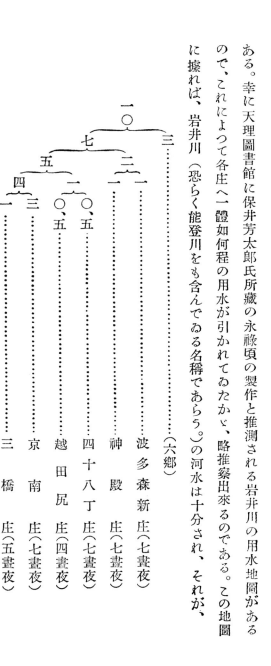

やうな日數決定の基礎となつた條件は、今の處これ以外に求めることは困難である。結局この問題の解答は不明であつて、將來の研究に委ねるより他はないのである。

一般の番水法に於ては、或土地の引漑が完了すると、即刻用水の切替を行ひ、すぐに次の番にあたる土地への漑入が開始されるのが普通のやうである。然るに能登・岩井兩河用水及び大川用水に於ては、かうした切替に際して、特殊な慣習が存在したことは、特に注意すべきであらう。この兩用水にては、各地の引水期間の間に、何れの土地にも引用されない一晝夜乃至數晝夜の用水が存在してゐた。いま上に示した應永二十五年の各庄引水の例に就いて觀察すると、四月廿八日・五月七日　六日十一日・同十七日の各一晝夜及び五月十五日より六月三日に至る十數晝夜の用水が、六庄の中の何れにも與へられて居らなかつたことがわかる。かくの如き期間の用水を、當時特に「間水」(註三六)と稱してゐた。然らばかゝる間水は一體何れの所有に屬したかゞ、當然起るべき疑問である。かくの如く各庄が激しい爭奪を演じた程貴重な用水を、假令一日と雖も、その儘流下せしめてしまつたとは考へられない。能登・岩井兩河用水に於ける間水は、興福寺公文目代の所得であり(註三七)、大川用水の間水は「今日間水大童子分」或は「一反宛之間水神主給之、」(註三八)とある如く、寺務大童子又は子守社神主の手に歸することに定められてゐたのである。然らば彼等は、この間水を如何に利用したのであらうか。康正二年には、大童子が大川用水の間水を賣却したことに關して訴訟が起つて居り（註三九）、尋で文明四年には、また大童子が間水を、符坂油商人に賣渡したことに就いて、三綱所司田との間に紛爭が惹起したことから推察して（註四〇）、大童子が之を他に賣却した場合が尠くなかつたと想像される。而して又文明十二年頃に於ける間水の賣價は、一晝夜三百文と定められてゐた事實も、このことを證して餘りあると云へるであらう（註四一）。これに對して公文目代の所有に屬した能登・岩井兩河用水の間水は、之を賣渡した史料は殆ど認められない。この間水は興福寺西金堂領の修正莊嚴田と云ふ田地に引水される例になつて居たが、毎年公文目代よりの奉加分として、寄進されてゐたものゝ如くである（註四二）。畢竟、公文目代・大童子にとつては、間水を以て灌漑することが、その領有の對象ではなく、間水の利用權そのものが所有の目的となつたのである。されぱこの間水は、公文目代と云ひ、大童子と云ひ、用水に關する直接事務擔當者の給分として與へられた一種の權利として解釋すべきものであらう。

更に爰に考ふべきは、然らば間水は如何なる必要から生じたものであらうか、といふ問題である。能登・岩井兩河用水に於て、各庄の引水順序が申文の提出によつて決定される規約が存在した以上、勢ひ申文提出が競合し、其間に紛爭が勃發したことは屢々であつた。紛爭が繼續してゐる間は、用水を或一庄に引漑せしめて置くのは、領主として、依怙の沙汰となる恐があつたであらう。またかうした紛爭が起らなくとも、一庄の引水が完了すれば、必ず各庄からの申文が殺到し、寺としてはその申文に就いて、愼重なる僉議を行はなければならなかつたので、その間に一晝夜位の時間が當然必要であつたであらう。かゝる場合の用水は、六庄以外に流すより他はなかつたと思はれる。かくして發生した能登・岩井兩河用水に於ける間水は、次第にその存在が常態化し、制度化して、遂には同用水の直接事務擔當者である公文目代の給分となつたと推察される。大川用水にては、能登・岩井兩河用水の如く、申文提出の風習はなかつたが、何時しか兩河用水の制度が採入られ、公文目代と同じやうな職掌を擔當した大童子の所有に屬するに至つたと考へられるのである。

以上能登・岩井兩河用水の番水に就いて、その實施の基本的條件である引水の順序決定の問題、引漑日數の問題等を一應考察して來たのである。しかしそれらは飽く迄も單なる原則にとゞまり、實際問題としては、そんなに簡單に用水の分配が行はれ得るものではなかつた。灌漑はかゝる原則的規定に律せられるにはあまりに切實な意義を有してゐる。かの原則に從へば、各庄の引水日數が、七晝夜乃至四晝夜である以上、一番最後に引漑する莊園は、番水が開始されてより約一箇月後でなくては、用水を享受することは出來ない筈である。假令他より用水を仰ぐ途があつたとしても、最も灌漑の必要を感ずる田植時を滿足に送ることは殆ど不可能だつたであらう。各庄より興福寺に提出される申文の到着の時刻の早遲が、番水の順序を決定する目安になつたことは、前述の通りではあつたが、それには各庄の用水に對する引水權の强弱の問題が微妙なる關係を以て纏付いてゐて、かなり面倒な事件を惹起したのが常であつた。さればかゝる錯雜した各庄の引水權が、上記の原則に如何に作用して番水が行はれたかを、次に具體的に觀察することゝしやう。

先づ能登・岩井兩河用水によつて灌漑した諸庄の中で、神殿・三橋兩庄が、水主莊園と稱されたことは、前にも少しく記した處である。この水主莊園と云ふ語の起源は詳かではないけれども、兩庄が此用水の設定について、何か特別な貢獻をしたとか、或はまた他の四庄に先じて、この用水より引水する慣習を有してゐたとかいふことから起つたものであらうか。それはともあれ、神殿・三橋兩庄は、水主莊園として、他に比較して、頗る優越した先取特權を保持してゐたことは事實であつて、番水の前後を爭ふ場合には、兩庄は必ず他庄より先に引水することを許されたのである。例へば應永廿七年、神殿庄が波多森新庄と用水引用の前後を競つた時、神殿庄の百姓等は、愁狀に左の如く述べてゐる。

神殿庄者、水主事候間、餘庄ハ取候ハねとも、雖何度候可宛給、(註四三)

又寛正二年七月、三橋庄は、京南庄の競望を退けて、

大方兩河用水事、於三橋庄者、依佛聖領幷水主號、不混餘庄競望條、先例不可勝計候、(註四四)

と主張してゐる。更に文明二年六月には、三橋庄と四十八町庄とが、第一回目の用水を爭つた際にも、三橋庄は、水主莊園との理由で、見事に勝訴してゐる(註四五)。而も康正三年五月の神殿・波多森新・四十八町の三庄間の爭論に於ては、興福寺はこれを裁し、

於神殿・佛聖者、申文之前後候、於餘庄者、第二反・三反猶以不依申文之前後、神殿庄ニ給候、(註四六)

と神殿庄の勝利を宣告し、水主莊園の第一回目は勿論、第二回・第三回に於ても、他庄に先じて引水する權利を認めてゐる。かくの如く領主からも承認された水主莊園の引水權が如何に强大であり、申文の前後と云ふ原則を無視し得たことを察知することが出來るであらう。然らば神殿・三橋の兩水主莊園間の引水の順序は如何に裁決されたであらうかゞ、當然生ずべき疑問である。

この兩庄の爭論は、大體左の二法で解決された。

一、兩庄は申文提出の時間の前後を以て、引水の前後を決定すること、一例を示すと、康正二年五月の兩庄の爭論は、三橋庄が神殿庄より、一時程先に申文を興福寺に差つた爲めに勝訴してゐる(註四七)。かゝる例はこれ以外にも多く發見出來る。

二、兩庄の申文の提出が同時刻の場合は、神誓裁判に依つて判決すべきこと、即ち康正三年七月の爭論がこの好適例である(註四八)。この時兩庄は全く同時刻に申文を提出したので、公文目代は餘儀なく左右兩手で同時に雙方の申文を受取つた爲めに、何れを先に灌漑せしむべきかゞ問題となつた。こゝに於て興福寺は兩庄と相談の結果、神誓裁判を採用することゝし、兩庄より代表者を招致して起請文を書かせ、彼等を一定日數間寺に參籠せしめ、失を調査した處、雙方とも失の發生が見られなかつた。そこで更に方法を改め、一番・二番の神籤を作りこれを抽かしめて、灌漑の順序を決定した事件があつた。爾來兩庄間のこの種の爭論には、必ずかくの如き神籤が行はれる例となつた(註四九)。

四十八町庄は、光明皇后御忌日役田とし、且つ又慈恩會饗役を負擔する莊園としての重要性は、早くから認識され、早くも建久二年六月、興福寺公文目代は、

公文所下　京南庄四十八町作人等
可早任御下文旨、宛漑能登・岩井兩河用水、令耕作荒田等事
右京南庄七箇日夜分水者、御忌日田可爲最之處、近來寄人等一向收公、敢不宛附之間、役田等追年旱損、今年又以不作、以何地利、可勤仕御忌日役幷慈恩會饗等哉之由、田堵訴申、尤有其謂、仍六月七日御忌日請僧々綱已下、以此子細令申上政所之處、早宛賜七ヶ日夜分水、可令耕作件荒田等、兼又自今後者、爲每年之流例、神殿之次、可令宛漑御忌日田四十八丁也、者依政所仰下知如件、不可違失、故下、

建久二年六月廿二日　　知　事　法　師

權專當法師御判

權都維那法師在判(註五〇)

との下文を以て、その用水は特に三橋庄を指置いて、神殿庄の次に引水する權利を、四十八町庄に賦與したのである。其後應永廿二年、滿寺及び學侶等の評定の結果、再びこの特權が確認されたことがあつたが(註五一)、多くの場合神殿・三橋兩庄の次に引漑したのが實情であつた。しかしてこの四十八町庄の權利も、室町時代中期以後となると一層弱まり、神殿・三橋兩庄の第一回目

引水は愚か、兩庄の第二回目との爭論に於ても、四十八町庄が敗北を喫したことが多く(註五二)、餘程の理由のない限り、兩庄の第一回引水の次に引漑することは、殆どなくなつてしまつたのである(註五三)。

次に四十八町庄と神殿・三橋兩水主莊園以外の諸庄との關係を觀ると、室町時代中期以前は、此庄と波多森新庄との番水の順序は、四十八町庄が槪して先であつた。永享五年、四十八町庄が波多森新庄と、第一回目の用水を爭つた時、五師は前揭の建久二年の公文目代の下文を以て、一乘院門跡を通じて興福寺寺務であつた大乘院門跡に訴へ、その主張は承認されて勝訴した(註五四)。また文明十七年には、四十八町庄は、例の建久二年の下文を持出し、新庄に引水中の用水を、中途から自庄に引漑してゐる(註五五)。されども四十八町庄が、必ずしも新庄に對して絕對に優勢であつた譯ではなかつた。文明四年六月の兩庄の爭論は紛亂し、興福寺は前記神殿・三橋兩庄の場合にならつて、神籤による神誓裁判に依つて、これを解決したこともあり(註五六)、尋で大永五年にも、同樣の事件が勃發した時には、新庄は探卽ち神籤の實施を要求したのに、四十八町庄は、神籤によるまでもなく、自庄の先取特權は既に明かであることを主張してゐる。これに對して興福寺が、「於探者、先規連綿也」と云つてゐる處より推測すれば(註五七)、實際はこれより以前に、兩庄間の紛爭にはかゝる裁判法が屢々行はれて來たことは事實であつたらしい。されどもまた一方に、多聞院日許文明十年六月廿八日の條に、

彼兩川用水之事、先神殿・佛聖・四十八町第一ニ根本權門也、於此三ヶ所者、競望之事、前後左右ヲ及論云々、餘庄更以不可有混亂、次京南・御領(越田尻)・新庄存知ス、

と記してゐることより考へれば、かの建久二年の下文を根據とする四十八町庄の特權は、必ずしも死滅してしまつた譯でもなかつたのである。それはともあれ、當時四十八町庄は、大體に於て神殿・三橋兩水主庄についで强い權利を有してゐたと見られる。

次に越田尻庄・波多森新庄・京南庄であるが、これら三庄は神殿・三橋・四十八町の諸庄に比して、槪して薄弱な引水權しか有してゐなかつた。而してかうした歷史も頗る古くからであつた。既に文永九年、京南庄は神殿庄との爭論に、京南庄は第一回目、神殿庄は第二回目の引水であつたにも拘らず敗訴してゐる(註五八)。かゝる形勢は他の二庄も略同樣であつて、それは爾後長い間の慣習となつてしまつた。文明十五年の一例を示すと、

就中初反申狀ハ、神殿・佛聖不申入之以前ニハ、彼兩庄(越田尻・新庄)之申狀、不可有許容云々、(註五九)

といふ有樣であつた。

次に比較的權利の薄弱な一圓、卽ち越田尻・波多森新・京南三庄の用水配給關係の考究に移らう。越田尻庄と波田森新庄の引水の順序は、文明七年の兩庄の爭論に際し(註六〇)、弘安二年の掟と言ふものが援用されたが、その要旨の次の如きものであつた。

一兩庄の引水は、申文の前後に從つて行はるべきこと、

一兩庄が爭論する時は、隔年に前後して引水すべきこと、例へば去年第一回の用水を先に越田尻庄が取つたならば、今年は波多森新庄が先に之を引水すべきこと、

一第二回目以後の番水は、第一回目の順序を追ふこと、

この規約はその後長く生命を保つたらしく、文明十五年七月の兩庄の爭論の時も、

凡新庄・越田尻兩庄ハ、初反之水各年ニ可申之之由掟法也、隨而又第二反ハ、初反次第ニ給ハ例也。(註六一)

と、興福寺はこの掟を基礎として、裁決を下してゐるのである。

最後に京南庄であるが、一般にこの莊園は引水權に關しては一番弱かつた。例へば觀應三年五月、京南庄は申文を出し、寺の許可を得、廿七日から向ふ七日間の引漑を開始した處、同廿九日に至り、突如三橋庄から用水希望の申文が提出された爲め、京南庄の引水は卽座に禁止され、用

水は三橋庄の引く處となつた(註六二)。又長祿二年六月に於ては、京南庄は第二回目の引漑を申請したが、その時も三橋庄の第三回目の引水の申文の提出に遭ひ、また〳〵京南庄の要望は直ちに葬去られた。かくして京南は三橋庄の引水終了後の用水を引漑せんとしたが、その間に神殿庄の第三回目灌漑の申文の提出があつた爲めに、京南庄の引水はまた〳〵延引されるに至つた(註六三)。かくの如く京南庄が水主莊園たる神殿・三橋兩庄の强大な權利の前に屈服したのは已むを得なかつたとしても、他の三庄に對してもこの庄の權利は弱く、常にその後塵を拜する場合は尠くなかつた。康正二年五月に於ける波多森新庄と京南庄との爭論は、先例によつて新庄の勝利に歸した(註六四)、尋いで寬正二年四月に於けるこの兩庄の紛爭も、依然新庄の有利に解決されたのである(註六五)。更に大乘院寺社雜事記文明十七年六月、能登・岩井兩河用水相論條々には、

一越田尻庄第二反與京南初反相論之時、猶宛給越田尻第二反了、

と、越田尻庄第二回目引水が京南庄第一回目引水よりも先に行はるべきことを明記し、建治二年の例を示し、以つてこの規定が、鎌倉時代まで溯り得ることを證明してゐる。四十八町庄と此庄との引水關係に就いては、徵すべき何等の史料も存在しないが、以上の諸庄との關係から、その大概は推測に難くない處である。兎も角も京南庄が、用水引用に於て、六庄の中最も惠まれない

地位にあつたことは疑ふ餘地はなかつた。

右は各莊園間に於ける能登・岩井兩河用水に對する引水權の原則的な概觀であつた。しかし長い年月の中には、かゝる引水權の上にも、自ら著しい變化を生じたことは言を俟たない。この用水を管理統制した領主興福寺の權威は、時代と共に失墜し、又六庄にても種々の事情から盛衰があり、それが引水權に影響し、上記の如き引水上の規約は何時しか紊亂に陥ることゝなつた。

神殿庄が水主莊園として、終始比較的强力な用水引用上の優先權を保持してゐたことは、大體に於て動かすべからざる事實であつた。然るに同じ水主莊園である三橋庄の引水權は、神殿庄の如く、必ずしも最初から絶對のものではなかつたのである。卽ち四十八町庄は、安元年間及び建久二年の兩度にわたつて、公文目代の下文を獲て、神殿庄の第一回灌漑に引續いて、用水を引水する權利を賦與され、神殿庄に次いで用水引用上の優位を占めたのである（註六六）。しかしながら四十八町庄の權利の根據とも稱すべきこの下文の權威は、決して恒久性を有してはゐなかつたのである。現に建久以後間もなく、この規定は無視されてしまつたらしく、神殿・三橋兩庄の第三回目の引水の終了せぬうちは、四十八町庄の第一回目の引水は許可されぬことゝなつた。そこで四十八町庄は興福寺に懇願して、建久の下文に據る權利の復活を請ひ、辛じて前記兩庄の第一回目の灌漑の後、直ちに灌漑する權利を保つたのである。これは嘉祿・安貞年間頃のことであつた(註六七)。けれどもかやうな權利の恢復も一時的なものであつたらしく、寶治元年五月には、三橋庄第二回目と四十八町庄第一回目の引水の爭論に於ては、四十八町庄が、申文を先に提出したにもかゝわらず、三橋庄が勝訴し(註六八)、德治二年七月に於ても、神殿庄の二回目の引水の後を要求した四十八町庄の第一回引水の希望は無視され、越田尻庄の引く處となり(註六九)、延慶三年・文保元年・元亨四年と(註七〇)、何れも四十八町庄の主張は聽許されず、「安元・建久下文事、云寺務、云門跡、不用條明鏡事候」(註七一)と、安元・建久の下文の權威すらも、興福寺に於ては認められぬ事となつたのである。かゝる狀態は其後も繼續し、建武二年五月の三橋庄第二回目の引水と、四十八町庄の第一回目引水の爭論も、その結果は同樣に終つたのである(註七二)。そこで四十八町庄は、引水權の典據である建久二年の下文の權威復活を策したらしく、應永廿二年に至り、興福寺滿寺集會によつて、下文の效力は再び確認された(註七三)。然るにこの承認も、間もなく應永廿九年には、また有名無實となつた。卽ち四十八町庄はあくまでその權利を主張し、暴力を以て三橋庄以前に引水した爲めに、第二回目の給水に際しては、その主張は完全に拒否され、却つて三橋庄の引水權を益々强固にするやうな結果をもたらせたに過ぎなかつた(註七四)。永享五年四月、三橋四十八町兩庄の第一回目の灌漑の爭論に就いても、「三橋庄與四十八町相論事、不依申詞前後、三橋庄可給之間〇下略」と云ふ理由で、四十八町庄は敗訴したのである(註七五)。また寶德三年六月の兩庄の爭論に於ても、四十八町庄では、例の建久二年の下文による規定の勵行を嘆願し、「就其四十八町者、以建久之下文、每度雖申入事、中古以來一切不被叙用候」と、寶治元年・延慶三年・文保元年・元亨四年等の例を擧げて、最後に、

凡寺門大底、以建久・建保之掟、爲法度之由、見彼候狀歟、此法度當時誰人守之哉、以尫弱之人數令徒黨、引出寺門重事之條、爲寺無其隱候、爲人爲巨害間、向後不可有其儀、若令違犯輩候者、或懸緣者、或可追却、

と建久二年の下文の實効の復活と、違犯者の處罰を懇請してゐる。又學侶に於ても、これに應援して、

能登岩井川用水事、神殿之次、可給四十八町旨、建久之例分明候、結句中古名匠達五師職之時、神殿之次可爲四十八町旨、勒懸札之面、被下置庄家候、古今流例分明候、不可有叙用之由、及御沙汰候、言語道斷次第、抑建久之掟旨、御門跡御棄捐之段、且如何樣之子細哉、寺門大底以建久・建保之掟、爲寺門法度之段勿論事候、其段就惣別不可有其隱哉處、不可被叙

用條々、返々無勿體候、(註七六)

と、建久二年の下文は、懸札に明記して、四十八町庄に保存してあるのであるから、之を無視することの不可を説いてゐるのである。この結果は詳かではないが、ともかくの如くにして、四十八町庄の引水權は漸次消失し、これに反して三橋庄は、その權利を次第に増大せしめ、水主莊園としての優勢なる地歩を着々と確保して行つたのである。其後長祿二年五月の爭論に當つても、四十八町庄が證據として掲げたかの建久二年の下文及び應永廿二年の興福寺滿寺の學侶集會の決議も。三橋庄が列擧した文永十年・弘安四年・同五年・貞治四年・應安四年・康安元年の數多の實例の前には、何等の權威なく、この度も亦三橋庄の完全な勝利に歸したのである(註七七)。又寛正五年・(註七八)文明二年の兩庄の爭も(註七九)、同様の結果に終つたのである。然るに康正三年八月に至り、珍らしくも四十八町庄は、神殿庄の次に用水を獲得してゐる(註八〇)。されどもこの時は、如何なる理由か明かではないが、三橋庄よりの用水要求の申文の提出がなかつた爲めであつた。かやうな場合に於てすら、興福寺は三橋庄に先じて四十八町庄の用水を許すと云ふ事は、特殊の例であつて「先例ニ不可成事」であると、三橋庄を宥めなければならぬ程、四十八町庄の權利は微弱になつてしまつたのである。

四十八町庄の特權を奪ひ、水主莊園としての比較的安固たる權利を確保した三橋庄は、遂には根本水主の莊園たる神殿庄と同等の位置に立つて互に給水の前後を爭ふに至つた。此兩水主庄の配水の順序は、前述の如く申文提出の時間の前後を以て決定した。從つてこの兩庄間に申文提出の競爭が起つたのは當然である。神殿庄の如きは、未だ前回の給水が六庄を一巡しない中に、早くも次回の引水に對する申文を出したことさへあつた(註八一)。興福寺としては、之を處理しなかつたのは勿論である。このやうな競爭に激化した結果、康正三年になつて、誠に面倒な事件が起つた。それは上述した通り、神殿・三橋の兩庄の申文の提出が全く同時であつた爲めに、それに依つては番水の順序を決定出來なかつた。かゝる場合の裁決は非常に難澁をきわめ、興福寺は最後的手段として、前述の如く抽籤を採用し、辛じて責任を廻避し得たのである(註八二)。其後文明四年四月の爭論も亦、同樣にして解決したのである(註八三)。かゝる裁判法は、この兩庄間に於てのみならず、他庄間にても行はれた。卽ち文明四年六月の波多森新庄を越田尻庄との爭論がこれである(註八四)。この時もかくの如く急迫した訴訟の裁斷に苦んだ興福寺は、終に神籤を抽かせて、番水の順序を決定し、漸く事なきを得たのである。

以上の如き數度にわたる神誓裁判の採用は一體何を意味するのであるか。元來用水の統制は、非常な困難な問難であつた。今や莊園領主としての權威を喪失してしまつた興福寺にとつては、その解決に當面し、やむなく神意に頼る神籤によらなければならぬ場合も尠くなかつたのである。これは畢竟するに、興福寺の領內用水統制力の弛廢、統制法の不備を曝露する一例に他ならないのである。

四十八町庄の特權の失墜は、かくの如く三橋庄に對してのみならず、他の諸庄との爭論の場合に於ても看取される。次に數箇の例證を示すこととしやう。康正三年五月に於ける對波多森新庄及び京南庄の水論に際して、四十八町庄は申文の提出は、時間的には一番早かつたこと、及び應永廿二年の掟を以て主張したにも拘らず、用水は波多森新庄の獲得する處となつた。この時の四十八町庄の主張の根柢をなす應永廿二年の掟に對する興福寺の態度は「雖然彼掟事、兩門跡以下所見不信用間、只今申狀不可立用之由、巨細仰付了、」(註八五)と云ふのであつて、興福寺は之を全く信用してゐないのである。かくして應永廿二年の掟書の權威が無視されてしまつた以上、四十八町庄の權利は極めて薄弱化せざるを得なかつたのである。尋で長祿元年、同二年も、四十八町庄は矢張り新庄の前に屈服しなければならなかつた(註八六)。文明十七年頃になると、「四十八町與波多森新庄初反水相論之、每度引漑新庄者例也、」(註八七)と云ふことになり、最早新庄の權利は、曾ては有力であつた四十八町庄の權利を遙かに凌駕してしまつたのである。

能登・岩井兩河を中心とするかくの如き頻繁な用水爭論の發生は、一體何に起因したのであらうか。用水そのものゝ性質として、其年々の天候其他の自然的要因により、用水量は必ずしも常に一定してゐた譯でもなかつたであらう。又これを引漑する土地の事情に於ても必ずしも同じではなかつた筈である。卽ち或土地が、今年は早くから多量の用水を入用とするからと云つて、來年も同樣に必要とするとは限らぬやうなこともあつたであらう。かくの如き灌漑に於ける恒定性の闕如が、一定不變の統制を困難ならしめたことは事實である。されども、土地の用水に對する諸關係から、その權利には、自ら强弱優劣があり、それを規準として、興福寺が、或程度の統制を行つて來たことは、既に述べて來た處である。しかしながら、莊園に於ける用水の要求は、あまりに切實であつて、領主の統制を無視しなければならないやうな事も起る。一方統制の任にあつた領主の權威が次第に衰頽するに及んでは、統制を强化することは勿論不可能であつて、却つて統制は全く無力化せざるを得なくなつた。かゝることが、上述の如き爭論を誘起せしめた最も大きな原因の一と見ることが出來るであらう。

序に附加へて置かなければならぬのは、能登・岩井兩河用水をその灌漑に充當した莊園はかの六庄であつたが、實はこれ以外にも此用水を引用した田地があつた事である。それは興福寺西金堂領修正莊嚴田の観音田・羅喉羅田及び長講會田の三所其他であつた。然らば上述の如く能登・岩井兩河用水を、かの六庄が鎬を削つて爭奪してゐた時、これらの小田地は、一體何時兩河用水を求め得たのであらうか。間水が公文目代の得分であつたことは、既に述べた處であつて、この間水こそは、此等の小田地の用水に充てられたのである。大乘院寺社雜事記の能登・岩井兩河用水相論條々には、左の如き記事がある。

迫《(間)》水公文目代得分也、此内又引漑之庄々、

西金堂観音田　一日一夜
同羅喉羅田　一日一夜
長講會田　一日一夜

不申入寺務、自目代相計漑之者也、
以上成敗如此、至近來無相違者也、

即ち公文目代は、寺務とは關係なしに、獨自の立場から、自己の得分である間水を、各田地に分與したのである。かくの如き間水の給與にあづかつた田地は主として上述の三所であつたが、其

他にも東金堂領羅喉羅田が、同様にこの間水に依つて灌漑されたらしい證據がある。即ち寛正二年七月、西金堂より觀音田に間水を引かんことを申出したに對し、公文目代はその申文の中に文字の書違がある爲めに之を却下した。かゝる間に東金堂は申文を出し、所領羅喉羅田に引水せんことを請ふた。そこで公文の目代は、東金堂側の申文の提出が、西金堂のそれよりも早いとの理由で、これを許可したのである(註八八)。右によつて間水を引用し得たのは、前記の三田地に限らず、また東金堂の羅喉羅田も同様の權利を有してゐたこと、並に各田地間の灌漑の順序は、かの六庄の場合と同じく、申文提出の前後を標準とした事實が判然とするのである。

公文目代の三所乃至四所の田地への間水による給水は、元來奉加分として、好意的に行はれたのであつた。即ちその給水の權能は、公文目代の手中にあつたのである。從つて應永廿七年五月、神殿庄の第二目の引水は、十八日より廿五日までゝあつて、廿五日は間水となる筈であつたが、羅喉羅田の嘆願に依り、特に間水の日を一日延期せしめて、能登・岩井兩河の中、岩井川の用水のみを與へたことがあり(註八九)、また康正三年七月の如きは、公文目代が、間水をかの三所の田地に分與しなかつた爲めに紛爭を生じた。西金堂は頗る困惑して、直接寺務に申文を逆つて愁訴し、兩河用水中、片方だけの引水を許されたのである(註九〇)。かくの如く此等の田地の用水は、公文目代の得分である間水であり、從つて原則としては、公文目代の自由裁量に委せられ、都合によつては、兩河の中、特に一方だけの引水を許可されたこともあつたのである。

以上縷說して來た能登・岩井兩河用水の分配は錯雜を極めたが、これを要約すれば、神殿・三橋・四十八町・越田尻・波多森新・京南の六庄は、番水法によつて、此川の水を引用して、灌漑に充てゝゐた。しかしながら、これらの六庄の間には、種々の特權が存在し、必ずしも同一の權利のもとに引水を行つてゐた譯ではなかつた。卽ち神殿・三橋兩庄は、水主莊園の故を以て、大なる引水權を擁し、大體に於て如何なる場合にあつても、他の四庄に先じて引水する權利が賦與され、そしてこの兩庄間にては、申文の提出の時間的前後に據つて、給水の順序が決定された。而して若し雙方の申文が同時に提出された時には、抽籤による神誓裁判を以て裁決されることになつてゐた。四十八町庄は光明皇后御忌日田として、夙にその重要性が認められ、水主莊園たる神殿・三橋兩庄についで引水する權利が與へられてゐた。越田尻・波多森新兩庄は、四十八町庄についで引漑する定めであつた。この兩庄の引水の前後も、亦申文提出の時の前後に從つて解決され、若し申文が同時に出された場合は、隔年交互に引漑する規定が設けられてゐた。最後に京南庄は、用水引用に際して、最も薄弱な權利しか主張し得ず、結局引水も亦一番最後にまはされ勝であつた。

以上で能登・岩井兩河用水分配に關する論考を終らうと思ふが、最後に興福寺による各庄への給水停止等の所罰の問題に觸れることゝしたい。この用水が興福寺々務の支配に屬したことは、既に述べた通りである。故にその用水の享受を許されてゐた諸莊園が、興福寺に對して不法を行ひ、或は責務の履行を怠つたやうな場合は、當然の懲罰の手段として、配水停止處分が行はれたであらうことは想像に難くない。莊園の領主に對する最大の義務は、年貢・公事・段錢以下の恒例・臨時の諸貢納を、所定の期日までに進濟することであつた。しかるにかゝる義務の懈怠が、中世に於ける普遍的な現象として、殆どあらゆる莊園に就いて認められたのである。これについての領主側の對策は種々の方法を以て講ぜられたのであるが、莊園の灌漑用水の支配權を掌握してゐた領主に於ては、用水の配給を差止めて、一擧に莊園の死命を制すると云ふことが、最も効果的な手段と考へられ、またこれが實行に移された場合があつたのである。現に興福寺に於ては、これを採用してゐるのである。寛正五年六月、神殿庄は申文を提出し、十九日より給水せられんことを請ふた時、寺務は、「當庄事、毎事任雅意、去年反錢幷今度勸進猿樂方用錢以下事、致無沙汰間、用水事、可被仰事難儀之由」を主張して、神殿庄への分水を禁止した事件が起つた（註九一）。即ち神殿庄は段錢・勸進猿樂の費用の支辨を怠つた爲めにかゝる處罰を蒙つたのである。また文明十七年六月には、神殿庄は又同じやうな事柄で、配水停止に遭はんとした。此時も神殿庄は九日より番水を受けんと申出したに對し、興福寺は、「去年・去々年反錢有名無實、去年風呂用等、一向任雅意問、於當庄者一向如忘(亡)庄、仍用水事、不及許可者也、」と云つてゐる(註九二)。しかしかゝる禁止を蒙つた際、未進を納入すると、用水引漑の權利は、再び復活するのが普通であつたらしい。永正二年七月、神殿庄は「去年風呂足大綱送行了、」と云ふ事で、初めて用水の引水を許可されてゐる例があるのである(註九三)。

用水に關する徵罰としては、年貢以下の未進等の問題以外にもあつた。領主の統制下にある番水に於て、配水の順序、或は時間等を暴力を以て混亂せしむることは、當然最も重い罪科を構成した筈である。このやうな事件に就いては、領主は犯人を處罰すると同時に、不法引水を行ふ土地への給水を停止する手段をとることゝなるのである。中世末期の莊園に於ては、武士的な勢力の浸潤が特に顯著であつて、これが渴水期に當り、領主の權威の衰頽に乘じてこの種の犯行を敢てする場合は稀ではなかつた。能登・岩井兩河用水に於ても、かうした事件は頻發してゐるが、既に興福寺の權威は頗る微弱となり、實質的な處罰を行ふことは殆ど不可能に近かつたのである。この問題に就いては、尙ほ論ずべきことも多いが、それは後章に讓つて、こゝには一切省略することゝする。

註

一　大和志料上所收
二　大乘院寺社雜事記文明十五年十二月三日條
三　春日神社文書第二
四　大乘院寺社雜事記文明十三年閏七月廿三日・文明十一年五月十二日條、多聞院日記文明十年六月廿七日條等
五　同書文明十七年六月、能登岩井兩河用水相論條々
六　春日神社文書第二應永六年大安寺段米並田數注進狀
七　大乘院寺社雜事記文明十七年六月能登岩井兩河用水相論條々、經覺私要鈔一應永廿四年七月廿日條等
八　同書長祿二年六月十一日條
九　春日神社文書第二應永六年大安寺段米並田數注進狀
一〇　大乘院寺社雜事記文明十五年十二月三日條
一一　同書長祿二年正月十一日條
一二　多聞院日記文明十六年七月六日條
一三　同書文明十年六月廿七日條
一四　大乘院寺社雜事記文明十七年六月十一日條
一五　春日神社文書第二
一六　大乘院寺社雜事記康正三年七月十日・文明十二年六月七日・同十五年七月八日條
又同書文明十七年六月能登岩井兩河用水相論條々には「兩川用水事、寺務自專成敗之處、自他物忩之沙汰、不可然、」と見えてゐる。又同書文明十七年六月七日條に據れば、用水分配が爭論にならぬ場合は、單に公文目代の意見のみで取扱つても差閊なき旨が記されてゐる。
一七　同書文明十九年五月廿四日・同十七年七月三日條

一八　同書文明四年四月廿九日・同十二年六月十四日條
一九　同書文明十六年六月十四日條
また同書延德三年七月九日條にも、之を略同樣の意味の記事が見えてゐる。
二〇　同書文明十九年六月十七日條
二一　春日神社文書第二
二二　大乘院寺社雜事記康正三年八月十三日・文明十九年六月七日條
二三　御教書引付（大日本史料七編之五所引）には、長谷川某と十市遠重との用水爭論に對する玄圓の和解の書狀を載せてゐるが、それに「於向後吉水事、八條之領內入滿之後、長谷川一圓可下之由」とある。されば、この「吉水」といふ語は、此處に取りあつかふ能登・岩井兩河以下の諸用水のみならず、他の用水に於ても使用されてゐたことがわかる。
二四　大乘院寺社雜事記文明十九年六月七日條
二五　同書康正三年八月七日條
二六　同書文明十九年六月十三日條
二七　同書文明十九年六月十七日條
二八　同書延德四年五月十四日條
二九　同書文明十九年六月七日條
三〇　同書文明十九年六月十二日條
三一　同書康正三年五月六日條
三二　同書康正三年七月十五日條
三三　經覺私要鈔五能登岩井用水方御引付
延德三年雜々日記（成簣堂古文書二十一）に依れば、かゝる申文は厚紙一枚に記し、もう一枚にて之を裹むとある。又是を呈出する時は、例へば、

能登岩井兩川用水事、從神殿庄之申狀如此候、任先規に被庄被引漑候者、可爲珍重之由、可令申給由、被(ママ)仰出候所也、

何月　日　　　　名判

公文目供代殿

といふやうな引水地の給主からの副狀が、共に差出されることになつてゐたらしい。

三四　經覺私要鈔一能登岩井川用水記
三五　藥師寺舊記三
三六　大乘院寺社雜事記長祿四年七月十四日條
三七　同書康正三年七月十日・長祿二年五月十四日條
三八　經覺私要鈔十八文明四年五月四日，大乘院寺社雜事記文明四年四月廿九日條
三九　大乘院寺社雜事記康正三年五月十七日條
四〇　經覺私要鈔十八文明四年四月廿七日條
四一　大乘院寺社雜事記文明十二年六月十三日條
又同書延德四年五月一日の條に依れば、北川用水と稱する用水の一晝夜の水の價格は五百文であつたといふ。なほ當時かくの如き用水の賣買は一般に行はれたもので、同書康正三年九月六日以下の條に、楊本庄下司の用水賣渡に關する委しい記事がある。
四二　經覺私要鈔一能登岩井河用水記
四三　經覺私要鈔一能登岩井河用水記
四四　同書五能登岩井用水方御引付
四五　同書一能登岩井河用水記
四六　大乘院寺社雜事記康正三年五月六日條
四七　同書康正二年五月八日條

また同書文明十七年六月能登岩井兩河用水相論條々にもかゝる規約が明示してある。

四八　同書康正三年七月十五日條

四九　同書文明十七年六月能登岩井井兩河用水相論條々にも同樣の意味の記事がある。

五〇　經覺私要鈔一九文明四年四月廿二日條

五一　大乘院寺社雜事記文明十七年六月能登岩井兩河用水相論條々なほ興福寺年中行事（大乘院記錄四ノ三所收）にあるものを以て補訂した。

五二　同前、同書長祿二年五月八日條

五三　同書長祿二年五月五・八日・十一日條などは、その一例である。

　　　同書康正三年八月十六日條によれば、四十八町庄は、神殿庄に引續いて灌漑を行つたけれども、それは三橋庄から申文の呈出がなかつた爲で、かゝる場合でさへ、興福寺は、三橋庄に對して、今度の引漑の順序は「先例に不可成事」と斷つてゐる。

五四　同書文明十七年六月能登岩井兩河水相論條々

五五　同書文明十七年六月廿七日條

五六　經覺私要鈔一九文明四年六月八日以下條

五七　大乘院寺社雜事記大永五年六月廿六日・廿七日・廿八日條

五八　同書文明十七年六月能登岩井兩河用水相論條々

五九　同書文明十五年七月三日條

六〇　同書文明七年七月三日條

六一　同書文明十五年七月八日條

六二　經覺私要鈔五能登岩井用水方御引付

六三　大乘院寺社雜事記長祿二年六月十九日・廿五日各條

　　　同書文明十七年六月能登岩井兩河相論條々によれば、應永卅四年に於ても、京南庄は、神殿庄に依つて、同樣にして引水中の用水を奪はれた事實がある。

六四　同書康正二年五月八日條
同書文明十七年六月能登岩井兩河用水相論條々には、應永廿九年六月の兩庄の爭論に際し、新庄は「一乘院御領不可混云々」との理由で、勝訴したことを報じてゐる。

六五　經覺私要鈔十寛正二年四月十二日條

六六　大乘院寺社雜事記文明十七年六月能登岩井兩河用水相論條々
安元年間の方は確證がないので詳かではない。

六七　同上

六八　經覺私要鈔五寶德三年六月能登岩井用水記・同書五能登岩井用水方御引付

六九　同前兩書

七〇　同前兩書

七一　同書五寶德三年六月能登岩井河用水記

七二　同書五能登岩井用水方御引付

七三　大乘院寺社雜事記長祿二年五月九日條
同書文明十七年六月能登岩井川用水相論條々にも大略同樣の記事がある。

七四　經覺私要鈔一能登岩井河用水記

七五　同上

七六　經覺私要鈔五寶德三年六月能登岩井河用水記
引用の四十八町庄の歎願書中に、「以建久・建保之掟」と記されてゐる處より推察すれば、建久二年以後、建保年間にも建久と同趣旨の掟が定められたものと考へられるが、その內容は史料が無いので詳かではない。又學侶の歎願書の中、「結句中古名匠達五師職之時」以下の文言は、恐らく應永廿二年滿寺集會の評議を指すものと考へられる。

七七　大乘院寺社雜事記長祿二年五月八日・九日條
七八　同書寛正五年六月十九日條
七九　同書文明二年六月廿七日條
八〇　同書康正三年八月十六日條
八一　同書文明十七年六月能登岩井兩河用水相論條々
八二　同書康正三年七月十五日條
八三　經覺私要鈔一九文明四年四月廿二日條
八四　同書一九文明四年六月八日條
八五　大乘院寺社雜事記康正三年五月十四日條
八六　同書長祿二年四月廿九日條
八七　同書文明十七年六月能登岩井河用水相論條々
八八　經覺私要鈔五能登岩井用水方御引付
八九　同書一能登岩井河用水記
九〇　大乘院寺社雜事記康正三年七月十日・廿一日・廿三日各條
九一　同書寛正五年六月十七日條
九二　同書文明十七年六月能登岩井兩河用水相論條々
九三　同書永正二年七月廿二日條

年貢其他の貢納を未進すると、用水を差止められる例は他にもある。其一例を示すと、越智神社文書所收享祿二年五月日大谷寺神領坊領目錄には、「年貢段錢諸濟物等未進之輩者、可致作職改易并於用水相留留耕作之通路、」と記されてゐる。

(二)大川用水

先づ大川といふ名稱が問題である。かゝる名稱の河川は、現在では求め得られない。しかしこの川は、一名木守川、或はまた子守川と記されて(註一)、しかもその用水取入口が、子守社の附近に存在し、用水の一部を上分水と稱して同社神主の所得に歸せしめた事實から想像して(註二)、子守社は卽ち率川坐大神御子神社であり、從つて大川とは、春日山に水源を發し、猿澤池の南邊を經て、率川神社の南方を通り、西流して佐保川に注入る率川に他ならぬことが容易に理解される。この用水の灌漑範圍は三綱所司田一町九段(註三)及び水葱田二段等のみで(註四)、實際上の灌漑地域は、極めて狹少であつたらしい。

大川用水卽ち子守川用水は、興福寺の統制下に置かれてゐたのであるが、直接分配を監督した者は、この用水の取入口附近にあつた子守社の神主又は寺務大童子であり、この用水の吉水の高札は、能登・岩井兩河用水のそれより、三日遲れて樹てられ、番水が三日後に開始される風習であつたことは、既に記述した處である。かやうに大川用水の分配は、番水法に據つたのであるが、その方法は必ずしも能登・岩井兩河用水と同一ではなかつたのである。卽ち能登・岩井兩河用水に於ては、各庄が引水する場合には、必ず申文の提出が要求されたのであるが、大川用水では、最初は申文提出の事實が認められたとは云へ、後には申文の制度は自然に停廢されたもの丶如くである（註五）。又兩河用水では、吉水の期間中の用水の大部分は、各庄の灌漑に充當され、間水は比較的僅少であつた。然るに大川にては、各田地への給水に較べて、子守社神主並に寺務大童子への間水が頗る多量に上つたのである。

大川用水は、吉水の高札が立てられると、直ちに番水は開始されたのであるが、その引水の順序及び日數は、文明十二年の規定によれば、次の如くであつた。

漑次第ハ、上分水一日一夜、次大童子三日三夜、次ニ所司田等分一反ニ一日一夜、次大童子分一日一夜、次一反ニ一日一夜、次ニ大童子一日一夜、次ニ一反ニ一日一夜、次ニ大童子一日一夜、如此一丁九反ト二反トニ、各日宛漑之間、二十五ケ日ニ一巡漑之畢、（註六）

また延德三年の條々には、

第一番一日夜子守社上分ニ進之、宮司自專之歟、次寺家大童子三日三夜給之、次三綱方所司田一日一夜給之、次大童子一日一夜、次所司田一日一夜、何ケ日も如此儀也、（註七）

と記してゐる。卽ち最初の一日一夜の用水は、「上分水」と云ふ名義で、この用水分配の事務を擔當した子守神社神主の得分と定め、神主の自由處分に委せたのである。その次の三日三夜の用水は、寺務大童子の給分となつて居り、其後三綱所司田三町六段が、一段を單位として、一日一夜宛の引水が許されたのである。而してかゝる一日一夜の引漑の間に、夫々一日一夜宛の大童子の間水が挿入されてゐたのである。また大乘院寺社雜事記に、「此外ナキ田二反ニ給之、」とある如く、水葱田と稱する二段の田地に、所司田と同樣に、一日一夜宛の引漑が認められてゐた譯である。以上のやうに所司田は一段宛給水されたのであるから、そこには何等かの順序決定の方法がとられた。その順序は、「所司田二町六反、百姓申狀次第ニ、用水給之、一反別一日一夜宛也、」(註八)と云ふやうに極められたのである。卽ち此處でも所司田に限つて、能登・岩井兩河用水の場合と同じく、申文の提出の方法が採用されてゐたのである。而して所司田の內容は、

權上座田六反(百姓一人)

正寺主田一町(百姓二人)

權寺主田一町(百姓四人)

であつた。然るに百姓等は、「大略同仁作之間」卽ち兼作する者が多かつたので、申文の提出による引漑順序の決定は、能登・岩井川用水の場合に於けるが如く、兎角紛爭を起し勝であるのに鑑み、後には彼等は申文の提出を行はず、互に談合して順序の決定を行ひ、極めて圓滿に引水したのである(註九)。三綱所司田は、元來二町六段あつたが(註一〇)、文明十二年頃になると、何故か一

町九段に減少したから(註一一)、子守社上分水及び大童子間水を除けば、結局二町一段の田地が番水を受ける筈であつた。而して、田地一段當り一日一夜の引水權が與へられてゐたのである。さればそれによつて計算してみると、上分水一日一夜、其次に大童子の間水が三日三夜、所司田並に水葱田が二十一晝夜、及びこの間に一日おきに挿まる大童子の間水が二十晝夜、合計四十五晝夜でこの用水の番水は一巡することになるのである。しかるに上揭の文明十二年の規定には、二十五日にて一巡する旨が明記してあつて、この計算とは合致しない。今遽かにその何れが正しきかを斷定することは困難であるが、文明十二年六月、この用水に就いて訴訟が發生した際、大童子は、「今年十番ニ結番仕了」(註一二)と陳述してゐることより推測すれば、所司田・水葱田への引水を十番に分けて配給したかにも想像出來る。さすればこれらの田地への引漑日數は十晝夜に減少し、隨つてまた大童子の間水も亦、大體九晝夜となる筈であるから、合計二十五晝夜になる。しかし上揭の延德三年の條々に徵しても、かくの如き配水法が採用された形跡を認めることは出來ない。それのみならず條々の後に、「何ニモ大童子ハ、一日一夜ツヽ各日に給之、是當川掟法也、」(註一三)と明記してゐるのである。從つてかゝる方法が、四十五日一巡の給水を、廿五日に短縮せしむる原因になつたとは考へられない。上揭の文明十二年の規定の最後の條に、「近來ハ一日一夜ヲ三百文計ニ賣之云々」とあることより推せば、或は大童子はその得分である間水二十晝夜分の水を、所司田・水葱田等に賣却する風習があり、爲めに四十五日かゝる筈の番水は、實際は二十五晝夜で終了出來たのではないかとの想像も可能である。しかし之を積極的に證據立てる史料は發見出來ないのである。畢竟この問題は、將來の研究にまたなければならぬのである。

それはともあれ、かくして第一回目の番水が終結すると、第二回目の番水が開始された。第二回目の番水は、第一回のそれと全く同じ方法で繰返され、必要があれば、その後第三回目の番水が行はれることになつてゐたのである。番水中、「大雨下テ川破」(註一四)即ち用水が洪水となり濁水となつた時は、番水が完了しないうちでも一時番水を打切つてしまひ、用水が平常の狀態に回復するを待つて、番水を再び開始する約束であつた。この場合、以前の番水を繼續せしむることはせず、番水の最初に立歸つて、卽ち「上分・大童子三ヶ日夜、所司田一日一夜、次第如初反」と云ふやうにやり直しが行はれることになつてゐたのである。但し再開始の番水に於ては、「水葱田方戸上・膳手は不取之」とある如く、水葱田は二度目の引水は許可されぬことになつてゐた(註一三)。

註

一　大乘院寺社雜事記文明四年五月四日條には木守川、同書延德三年七月九日條には子守川とある。
二　同書文明十二年六十四日條
三　同上
四　同書文明四年四月廿九日、同十二年六月十四日條等
五　同書文明四年四月廿九日條
六　同書文明十二年六月十二日條
七　同書延德三年七月九日條
八　同書文明四年四月廿九日條
九　同上
一〇　同書文明四年四月廿八日條
一一　同書文明十二年六月十四日條
一二　同上
一三　同書延德三年七月九日條
一四　同上

(三)宍師川用水

宍師川は一に宍瀬川とも呼ばれ(註一)、磯城郡纒向山に源を發し、宍師・羽津里井等の地を經て、初瀨川に注ぐ小川である(註二)。この河水は、岩田庄・院入庄・小大田庄・箸中庄・羽津里庄・草川庄・出雲庄等の諸庄の灌漑に宛てられてゐた(註三)。

岩田庄は大乘院領であつて、現今の芝に相當した土地であつた(註四)。次の院入庄の所在は不明

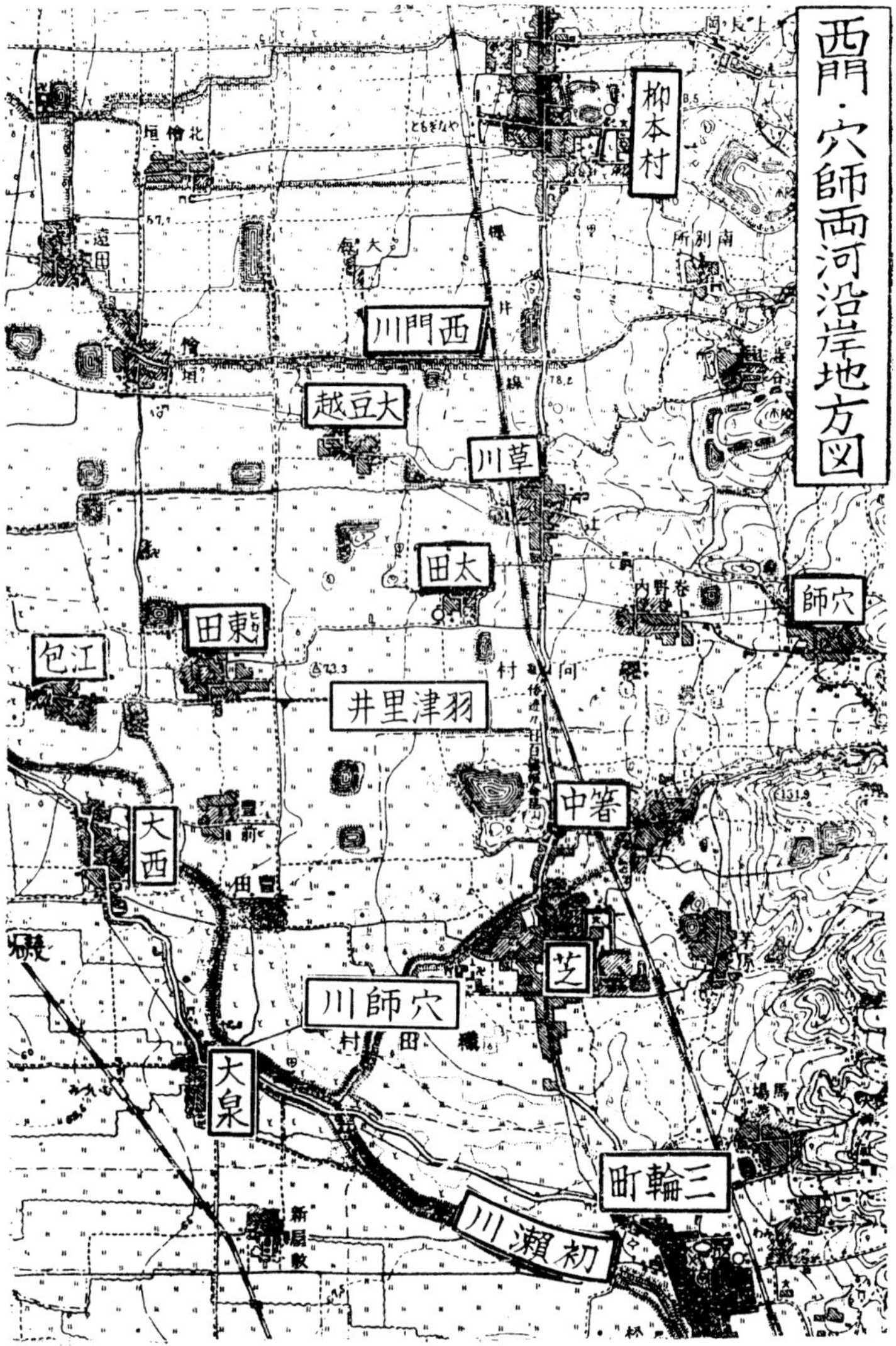

西門・穴師両河沿岸地方図
柳本村
西門川
大豆越
草川
太田
東田
江包
穴師
羽津里井
箸中
大西
芝
穴師川
大泉
三輪町
初瀬川

である。大乘院寺社雜事記には、應仁二年に於ける段錢賦課の庄として、「岩田院入庄同」(註五)と見え、又文明十九年の宍師川の用水爭論について、同書には、「岩田分水は悉皆院入庄計取之由申」(註六)とある。これらの史料から推して、大乘院領岩田庄卽院入庄との疑問が起きないでもない(註七)。しかるに同じ十九年の用水爭論に關する大乘院寺社雜事記の記事の中には、「院入庄以下岩田鄕與小大田以下箸中庄井手相論事在之、」(註八)と見えて居り、小大田・箸中兩庄が全く別箇の莊園であると同樣に、岩田・院入の二庄も、全く異つた地であつたらしく考へられる。かゝる史料から綜合して、この二庄は直ちに異つた地であつたとも斷じ難く、さりとて同一庄であつたとも定め得ない。此處では兩庄の間に深い關係が存在した點を指摘するにとゞめて置く。この院入庄は大乘院領であつた。小大田庄も亦大乘院領であつた。現在纒向村大田にその地名を殘してゐるのかもしれない。應永六年には三町七段二十四步(註九)、應仁二年には三町八段であつた(註一〇)。箸中庄は今の纒向村箸中附近に相當する地域を占めてゐた莊園であつた。又羽津里井庄は、現在纒向村初利と云ふ地名に依つて、その所在を確め得る。大乘院領でその面積は室町時代初期においては、三町九段であつた(註一一)。草川庄も亦、現在纒向村草川にその名稱を殘してゐるのみである。この庄も大乘院領で、應永六年に於ける地積は五町九段であつた。最後の出雲庄の名は、現在の地名には殘つてはゐない。大和志料は、今の東田・大西・大泉等諸落一部帶をその地に充てゝゐるが、確實な證據はなく、應永六年の大安寺段米並田數注進狀には(註一二)、この地方には大泉庄といふ莊園が存在してゐることが見へてゐるから、この說は必ずしも信を置くに足りない。貞和三年二月の大安寺段米算用狀に依れば、「江裏庄號出雲庄十九町三段小反米五石八斗」(註一三)とあつて、この大乘院領江裏庄こそは出雲庄であることが判明する。卽ち現在の江包部落あたりが、出雲庄のあつた地點である。

穴師川用水の分配法は、あまり明瞭ではないが、やゝ變態的な一種の番水法であつた。この用水の灌漑範圍は、上記のやうに、一乘院領小大田庄及び大乘院領岩田・院入・箸中・羽津里井・草川・出雲等の諸庄であつた。分配の方法を簡單に述べると、諸庄はこの河水を平常は三筋に區分し、その一は小大田庄が引水し、一は羽津里井庄・草川庄等が引漑し、他の一筋は岩田庄・院入庄が引くことになつてゐた。而して吉水卽ち番水が開始されることになると、羽津里井庄に引かれた一筋は、用水量が不足する爲め、三輪庄の用水を合併して夫々の灌漑に宛てることになつてゐた(註一四)。興福寺の命令で、吉水の高札が立てられると、此等の諸庄の間に、順次番水に依る配水が開始された(註一五)。その點は能登・岩井兩河用水及び大川用水と同樣であつた。但し此用水に於ては、灌漑の順序が、申文の提出に依り決定すると云ふ事實は認めることが出來ない。又間水もこの川にはなかつたやうである。この川の番水法に就いては、文明十九年に羽津里井庄と院入庄との間に用水爭論が惹起した時の記録以外には史料が乏しく、隨つて羽津里井庄以下の諸庄を灌漑する用水と、院入・岩田庄の用水と二系統があつた事の外は、殆ど窺知出來ないのは遺憾である。卽ち吉水と爲つて番水が開始されると、先づ羽津里井庄の下司井上氏の田地一町四段に灌漑し、尋で同庄名田へ、最後に草川庄に引漑した。但し此中、月の朔日・二日・十一日・十二日・廿一日・廿二日の六日間は、必ず院入・岩田兩庄に引水し、假令他庄へ引漑中でも、此六日間は直ちに岩田・院入庄へ切替へることゝなつてゐた。又井上氏の田地の引水に就いては、「一巡之水下之時、二十八日・二十九日・三十日之間ハ、井上田ニ可入」、或は「其一巡に相當之間、三十日一日一夜取テ成共、朔日ニハ必岩田方ニ渡之事」との規約があつて、この用水の一巡は大略一箇月かゝり、その最後の三日間は、羽津里井庄下司井上氏の田地に灌漑すること、但し三日間と云つても、朔日にかゝる時は、岩田庄に必ず引水することになつてゐたことが判明するのである(註一六)。

羽津里井庄系統と、小大田庄系統との關係は、「羽津里井庄內ニ、自穴瀨山ヨリ流出川三筋在之」、「各三筋川ハ皆以羽津里井庄內者也、」であつて、その中「二ハ大田庄與羽津里井庄ト令會合、毎々堀之、」（註一七）とある如く、此兩用水は、羽津里井庄地內にあり、その浚渫は兩庄の共同作業であつたことが明かである。されども兩者の間に如何なる用水分配の規約があつたのか詳かではない。

註
一　大乘院寺社雜事記文明十九年五月廿四日條
二　大和志料下
三　大乘院寺社雜事記文明十九年五月廿四日・六月七日條
四　大和志料下には委しい考證がある。
五　大乘院寺社雜事記應仁二年十月二日條
六　同書文明十九年六月七日條
七　大和志料下はかゝる解釋を下してゐる。
八　大乘院寺社雜事記文明十九年五月廿四日條
九　春日神社文書第二應永六年大安寺段米並田數注進狀
一〇　大乘院寺社雜事記應仁二年十月十七日條
一一　註九に同じ。
一二　春日神社文書第二
一三　同上
一四　大乘院寺社雜事記文明十九年六月七日條
一五　同書文明十九年六月七日・十二日・十七日條

一六　同書文明十九年六月十二日・十七日條
一七　同書延德四年四月晦日條

(四)西門川用水

西門川の所在も亦、今では一切不明である。たゞこの川が灌漑した地域が、楊本・豆越・大市の三箇庄であつた點を根據として(註一)、纒向山の北方龍王山に水源を有し、前記穴師川と並行して西下し、初瀬川に流入する小川であつたであらうとの推測を下すより他に方法がないのである。この川の水を受けた楊本庄は大乘院領であつて、室町時代初期に於ては、七十二町と云ふこの地方としては廣い面積の莊園で(註二)、今の柳本村に該當する地である。次に豆越庄は、現在の大豆越の地名によつて、その位置は想像される。最後に大市庄は大乘院領で、五町二段程の小莊園であつて(註三)、楊本から穴師あたりにかけての地域に存在してゐたものと思はれる。

西門川用水も亦、一種の番水によつて分配されたことは、既に説明した通りである。この用水の文明十七年六月の番水の狀況を示すと、六月一日に吉水の札を立て、其日から十二日までの十二日間は楊本庄に、十三・十四日の兩日は大市庄に、十五日一日だけは豆越庄に引水された。而して第二回目の灌漑も、第一回目と同樣の順序、日數で行はれた(註四)。かくの如くにして、西門川用水は、聞水はなしに、引續いて上記三庄を十五日間で一巡灌漑する規定であつた。

註一　大乘院寺社雜事記文明十七年七月三日條
　二　春日神社文書第二應永六年大安寺段米並田數注進狀
　三　同上
　四　大乘院寺社雜事記文明十七年七月三日條

以上中世に於ける興福寺領大和國の諸用水の分配が、何れも番水によつて行はれ、而も夫々が各の特殊の事情に隨ひ、その方法を異にしてゐた點を具體的に觀察して來たのである。右の外中世に於て各地に施行された番水の例は寡くないが、その方法はそれ〴〵の土地の實情に卽應して、種々の形態を有したとは云へ、何れも時間を分配の準據としてゐたことに就いては更に差異がなかつたことは勿論である。次に中世に於ける番水の例證を、もすこし揭げることゝしやう。東大寺領大和國櫟庄の用水は、番水によつて分配されてゐた。櫟庄の用水は、高橋川より導かれてゐたのであるが、東大寺東金堂の戒和上善實が、櫟庄に引用すべき筈の用水を、私領の田地に漑入せんとしたことから、東大寺と善實の間に訴訟が起つたのである。東大寺は善實の非法を上訴して、その年月日訴狀の中に左の如く述べてゐる。

用水之刻、春夏之間、限每月十二日夜、自朔日可漑入櫟庄之由、別當大僧正下文二箇度、覺譽法印寺務時下文又顯然也、本是偏當庄水也、一月十八日被分取、爲極訴之處、善實乘勝、每月十二日夜分水、追年押止、猛惡之至可稱計、(註一)

右の中に引用してゐる別當大僧正下文以下の證據文書が現存してゐないので詳かではないが、櫟庄は、昔から高橋川の河水を、每月朔日より十二日に至る十二晝夜の間、庄內に導入してゐたらしく、此處に於ても何等かの番水が實施されてゐた形跡を認めることが出來るのである。また永仁二年十一月七日の沙彌性蓮處分狀によれば、河內國「山田池水三日三夜、集田池水三日」の引水權が、その子に讓與された事實が見られる(註二)。而してこの權利は、其後子孫相傳されてゐるが(註三)、これもこの二池に於て番水法による用水分配が行はれた證據とすることが出來るであらう。伊豫河野明生が、同國興隆寺に下した禁制の中に「一、三日仁一日用水之事」(註四)と云ふ一條があることより推せば、その詳細は一切明かではないが、興隆寺領に於ては、番水が施行されてゐたと考へられる。次に近江國市子本庄の殿原井用水の例を見るに、葛卷・法勝寺・宮河以下の諸庄が、六番の井組を組織して、この用水を番水引用してゐたことが、市子本庄の領家花山院家の御敎書に記されてゐる(註五)。永正十一年八月、播磨國鵤庄と小宅庄は、守護赤松義村の法廷で、用水爭論に就いて對決を行つたことがある。その事件の內容は、鵤庄の主張する處に據れば、同庄側の番水として引水中の横井用水を、小宅庄が暴力を以て奪取したので、鵤庄も多數の農民を糺合して、之を奪還し、一時和睦の狀態に入つた。其後、鵤庄は、種々折衝の結果、讓歩して三日間の用水を小宅庄側に割讓したが、遂に小宅庄の滿足を買ひ得なかつたといふことにあつたやうである(註六)。以上によつて鵤・小宅兩庄は横井用水を番水の方法に從つて分配してゐたことは明瞭である。周防國牟禮令の或る用水は、室町時代に地國以下の諸地に分配され、地國はその中、三日三夜の番水を引用する權利を有してゐたのである(註七)。同じ周防國阿彌陀寺領內の淸水と稱する用水に就いては、天文二年の文書があつて、それに據れば、この用水は、「日六時」と「夜六時」に折半され、前者は成就房の田地に、後者は專海の田地に引漑することに定められてゐたもの丶如くであるが(註八)、これも亦一種の番水法と見ることが出來るであらう。越前國月尾鄕並に別印鄕との間の用水の分配は、矢張り番水法によつてゐた。享祿二年の兩鄕の用水爭論が勃發するや、朝倉氏は、

當鄕用水難治ニ付而、別印之河水可落下之由雖申候、彼四方依及違亂候、雖申事候、就令裁許候、領掌候、然者十日ニ壹度壹日壹夜宛、別印四方用水江を塞、可被落下之由、日圓寺江申定候上者、於向後不可有相違之狀如件、

享祿二
八月十二日　美景（花押）
景康（花押）

月尾鄕百姓中(註九)

といふ裁許狀を以て、別印鄕の用水の中より、十日に一度の割合にて、一日一夜の水を月尾鄕に分與することによつて、月尾鄕の用水難の問題を解決せしめたのである。次に山城賀茂神社の境內田地、卽ち賀茂六鄕の中五鄕（河上・岡本・大宮・小山・中村の諸鄕）の用水に於ける番水を取上げることゝしやう。此等諸鄕はその用水を賀茂川に仰ぎ、神社の統制の下に、番水によつて分配してゐた。然るに天文十年、大宮鄕に引水中の用水を、大德寺が奪取せんとしたことから、賀茂社と大德寺との間に訴訟が起つたのである。結局

就大宮鄕用水之儀、自此方新儀申候由承候、更無其儀候、大番之事者、五鄕之內何にても、競望之先次第に、餘鄕村打留相下之事、自先規如此候、於向後爲社中、新儀申付事有間敷候、從前々無御等閑儀候間、於相應之儀者承、可奉公申候、〇下略(註一〇)

なる神社側の主張は、幕府の承認する處となり、神社側の勝利に歸した模樣である。右によれば五鄕の用水は、神社の管督にて「大番」と稱する番水法に準據して分配されてゐたことが理解さ

れる。そして大宮郷側の請文に、「御境内田地用水大番等之事、旱天之時者、競望先次第、如先規被仰付者、自他任一行之旨、向後不可及是非候、」(註一一) といつてゐるやうに、この番水に於ては、旱魃の時には、既定の配水の順序に拘らず、引漑の希望を早く申出した郷から先に給水を開始する風習があつたもの丶如く、上掲の能登・岩井兩河用水の場合と、偶然にも全くその揆を一にしてゐる點で、誠に興味深いものがある。

以上は中世に於て、諸用水で採用してゐた各種の番水法を、管見の範圍内の諸實例に就き、觀察して來たのである。次に時代を下げて、近世初期に於ける番水の史料を少しばかり示すこと丶しやう。天正二年、近江國野村・三田村の兩村の間に、姉川用水の分配に就いての爭論が惹起し、事態が頗る面倒となつたので、當時今濱に在城した豐臣秀吉は、これに裁決を與へ、「三田村江三日、野村へ一日、追日番水ニ可被申付候、」(註一二) と、番水法によつて分水すべきことを命令したのである。また蜂須賀家政は、阿波に入國するや、天正十七年、左の如き規定を設け、領内の下羅井用水の分配を行はしめたのである。

定下羅井分事

壹番	六時	觀音寺村	六番	十二時	名西 櫻間村

貳番	拾時	敷地村	七番	四時	櫻間村《名東》
三番	貳時	尼寺村	八番	四時	加茂村
四番	八時	向島村	九番	六時	市樂村
五番	四時	池尻村			

右之次第、於末々如斯定置、諸時積能水可引取候、若時々出入ニ付、口論之族有之者、遂糺明、妻子迄可處嚴科者也、

天正己丑拾七年五月廿八日　　家政（花押）（註一三）

即ち家政は下羅井懸りの觀音寺村以下八箇村をして、九番の井組を作らしめ、壹番より順次引水せしむることゝしたのである。また信濃伊那郡島田村及び山村との用水の分配は、文祿三年五月、京極高知の命令により、先例にまかせて、「明ヶ六時ゟ暮六ッ時」までの用水は島田村に、「暮六ッ時ゟ明六ッ時」までの用水は山村に夫々引水するといふ番水法を採用したのである（註一四）。次に慶長九年には、岩代國摩耶郡下柴・平林兩村の間に、小松堰用水の引水に就き、先規の通り、「朝六ッ時ゟ晩七ッ時迄、平林へとり、晩七ッ時ゟ夜中同明方六ッ前迄、下柴ゑとるべき事」（註一五）といふ番水の協定が成立してゐる。此等の番水を調べてみると、必ずしもこの時始めて

番水法が採用されたとは云へないものが多く、京極高知の命令は、先例を踏襲したものであり、また下柴・平村兩村の協定にしても、先規を尊重したに過ぎないのである。更に下羅井用水の規定に就いても、家政の發案にかゝるものではなく、恐らく以前からかゝる慣行が存在したか、或は既にその母胎となつた或種の番水法が施行せられて居たものが、彼の入國を契機として、再承認又は編成替されたものではあるまいかとの推測も可能であらう。されば此等の近世初頭に於ける番水の諸例は、何れも中世に於ける番水法の反映と見ることが出來る譯である。そこに私が此等後世の例證を此處に取上げた理由も存するのである。

右の諸例は、何れも莊園・村落に於ける用水の分配が、番水によつて行はれたことを示したのであるが、零細なる田地間にても亦、番水による用水分配が行はれてゐた證據を發見するのである。即ち大永三年五月五日の作山新左衞門尉家次田地壹段賣券には、「分水は在様に半時可遣候、」(註一六)と記し、また天正十三年十二月五日久下奥源右衞門田地壹段十代賣券には、「夜用水ハ九より八まで、」(註一七)と注記してゐるのは、その例證となすことが出來るであらう。

次に問題となるのは、然らばかゝる番水法に於ける時間の決定の標準は、一體何處に置かれてゐたのであるかといふことである。それは引漑する土地の用水に對する權利の大小優劣によつたことは論ずるまでもない。然らばその權利の優劣は何に基いて生じたかといふことゝなると、既に說いた如く、頗る複雜な原因が基礎となつてゐるので、一概に論斷することは甚だ危險と云はなければならない。されども引漑地の面積の廣狹が、その原因の一つであつたであらうことは、想像に難くはない。現に上述の興福寺領大和國大川用水の場合は明かにそれであり、一段の田地について一晝夜の用水が分與されたのである。又番水ではないが、大和國藥師寺領內の用水に於ても同樣の例が發見される。この問題に就いて直ちに想起されるのは、中世に於て屢々見られる地頭・下司等と領家との間に行はれた下地中分に於ける用水の分割の問題である。即ち下地の中分は、また下地に附帶した諸種の權利の折半を伴ふことが少くない。かゝる場合用水も亦折半の對象となつたこともあつたのは當然である。嘉曆二年九月三日の紀伊國歡喜寺領和佐庄內下村雜掌道覺と下司智性の中分和與狀に、「當村下司職・夫駄所散仕職幷公田畠・名田畠・村在家・檢斷・用水以下所務等、悉於半分者、向後爲領家御分、至下司(地頭)不可相綺、至半分者、永代爲下司分、領家不可有御綺之、」(註一八)とあるのは、その一例となすことが出來る。これは或は寧ろ特殊な場合に屬するかもしれないが、確かに田地の面積が用水量を決定した結果と見られる。しかしながらかゝる用水の折半は、如何なる方法に從つたかを。具體的に示す史料は誠に稀であつて、管見を

以てすれば、纔かに暦應四年八月廿八日の周防國衙雜掌定尊と、牟禮令地頭代茂平との和與狀があるのみである。それには、

次於用水者、任先例、自他通用不可有相違、爲斷向後之煩、國衙與地頭守次第、可爲三日三夜之分水也、(註一九)

とあつて、この用水の折半は、三日三夜宛の番水法によつて實行された事實が判明する。けれども一般に番水の基準となした處は、甚だ複雜であつたから、これを以て、總ての場合に當嵌めることは、もとより極めて危險である。故にこゝに於ては、單に引水地の面積が番水に於ける時間の決定に對する一要素となつたこともあるといふ點を指摘して置く程度にとゞめやう。

右の考察によつて、我々は番水法が中世に於て、廣く各地に行はれてゐた事實を確め得た。然るにこの方法にては、番に當つた土地の農民等は、その都度他へ給水中の用水路を閉塞して、用水を自分等の用水路へ切替へると云ふ面倒な仕事を行はなければならなかつた。從つてかくの如き作業は、さなくとも稻作に忙殺されてゐる農民にとつては、時間的にも、また經費の點からしても、相當な負擔となつたことは明かである。されば番水法は、用水量の豐富な用水にて採用されることは尠く、寧ろ渇水の場合に於ける、謂はゞ非常時的な分配法として施行される傾向が强

かつた。而してまた、かゝる事態に於てこそ、番水法は最も適切なる効果を擧げ得たのである。この事は、「農業水利慣行調査」によつて、現在各地に行はれてゐる番水法が、特に旱魃時に限つて採用されてゐる例が尠くないことからも理解に難くない處であらう。

註
一　東大寺文書四ノ二十三
二　和田文書一
三　同文書三
四　興隆寺文書
五　山部神社文書（蒲生郡志一）
六　古代取集記錄
七　阿彌陀寺文書二
八　同上
九　矢部文書（越前若狹古文書選）
一〇　大德寺文書四〇
一一　賀茂別雷神社文書二
一二　三田村共有文書（東淺井郡志四）
一三　阿波藩民政資料
一四　島田記雜六
一五　岩代國耶麻郡平林村堰關係文書
一六　淸水寺文書六
一七　久下文書

一八　歡喜寺文書二
一九　阿彌陀寺文書一

第三節　施設的分配

河川を灌漑用水に充てる時、先づ堰堤を築いて河水を堰止め、これを取入口より大きな用水路に分水し、尋いでそれより分岐する幾多の小さい用水路を通じて、各田地に分配し、或は池沼の場合に於ては、水門を設けて用水を流下せしめ、更に數條の用水路によりて用水を分ち、之を各田地間に供給する等、何れも各種の施設が行はれた。而してかくの如き施設は、用水分配の最初の前提であり・總ての分水の基礎であつた。畢竟かの番水法の如きも、かゝる施設の上に樹てられた一つの規約に過ぎないとも云へるであらう。されば用水の分配の問題を取扱ふに際して、この施設による分配が如何に行はれたかと云ふ問題を看過することは許されないのである。

或荘園が特定の用水に對して、種々の理由から、他に優越した引水權を保有してゐたことは頗る多い。かの能登・岩井兩河用水に於ける神殿・三橋兩庄の水主荘園としての強い權利はその一例であつた。而してかゝる權利が、給水の順序・時間の上に、直接に反映したのが、番水法であつたのである。併しかやうな權利は番水法に於てのみ明瞭に表はれたものではなく、他の場合に就いても、樣々な形を以て、分配を規定したのである。從つてこれが分配の基準である施設そのものに影響し、施設が引水地の權利の優劣を具體的に表現するやうに築造されたことも、決して稀ではなかつたのである。

同一用水源に對する引水地の權利の差等は、先づ河川の場合に、最も明瞭に看取される。卽ち上流沿岸地は、下流の土地に對して、殆ど例外なく絕對的な優位にあつて、より大なる引水を享受したのは當然である。かゝる上流・下流の引水權の相違が、爭論の原因になつたことは珍しくはなかつた。非常に古い例ではあるが、令制では、「凡取水漑田、皆從下始、依次而用」(註一)と規定してゐる。特にかゝる法令が公布されたといふことは、古代に於ては上流地が用水を獨占的に引漑してしまふ爲めに、下流地が用水難に陷り、兎角爭論が起り勝であつたのが一般的な現象であつた事實を立證するに他ならない。このやうな上流對下流の問題は、中世に於ても、常に見られたのである。されどもそれが或種の施設上の工作に依つて、解決されてゐた例を發見することも珍しくはない。東寺領山城國上久世庄は、桂川の河流を、梅津前五ヶ庄大井手と稱する堰堤を以て堰止め、それを上方井關なる取入口を以て、自庄其他の田地に引水してゐたのであるが、應永廿六年の旱魃に際し、下流地方の農民等は、用水難を口實として、暴力を以て、上方井關を破壞したことから紛爭が生じ、東寺は、之を幕府に告訴するといふ事件が起つた。この時の東寺側の主張に依れば、上久世庄は、桂川を堰止めて引水する場合、特に石を積上げて築いた堰堤を使用し、下流地方は石の間より漏下る水を以て、灌漑に充當するやうな仕組になつて居た。かくの如く堰堤に石を使用し、漏水を生ぜしめて下流を潤ほすのが、桂川に於ける往古からの慣習であると說いてゐる(註二)。桂川は京都西郊の諸地、特に西岡諸庄と稱せられた地方にとつては、大動脈とも云ふべき重要な用水源であつて、灌漑の爲めの利用は、極めて盛であつた。前述の如く、上流は松尾神社前の法輪寺橋より、下流は桂橋の少し下手にあたる邊まで、僅かの距離にすぎぬ河流の兩岸に設置された取入口は、約十六箇所の多きに達し、而もその幾つかは、此岸より彼岸に到達する大規模な堰留め堰堤を伴つてゐたのである。されば若し假にこれらの堰堤の中の一つでも、完全に河水を堰留めたならば、それより下流の桂川は河原と化さなければならなかつた筈である。しかし實際は依然として、下流に於てかゝる多數の取入口に導入することが出來るだけの水量があつたのは、一に堰堤が石疊であり、それよりの漏水が、常に相當の分量に上つてゐた爲めであつた。而して桂川に於ては、これが昔からの慣習として尊重されて來たのであつた。されどもかくの如き漏水を引用する下流地方の引水權は極めて薄弱であつて、何かにつけて、上流地より脅かされることが屢々であつた。特に炎旱時に於ける河水の減少は、直ちに下流地方に甚大な打撃を與へることゝなつたので、如上の堰堤破壞といふやうな暴力沙汰が惹起するのは寧ろ當然であつた。このやうな事情に於ては、少しでも上流に取入口を開設することが、河水導入の上に絕對に有利であつた。さればこの川の沿岸の諸庄にては、絕へずこの問題を巡つて、爭論が繰返され、しかもそれが激烈な點に於て、將又それが度々長期間にわたつて行はれた點に於て、殆ど他に類例を求むることが出來ない位であつたのである(註三)。それはとも角として、このやうな漏水は、堰堤構築の技術的不完全に起因したのではなく、むしろ築造にあたつて、最初から恩惠的に計劃され、豫定されてゐたことが理解されるのである。

同樣の事情は大和國宍師川用水に於ても明かにされる。この用水では、箸中庄が、「ワキモト井手」と稱する堰堤を築いて、河水を堰止め自庄に引漑してゐた。然るに文明十九年に至り、その堰堤の修理を行はんとして、箸中庄は下流の岩田庄との間に爭論を構へることゝなつた。この時の岩田庄側の主張の要點は、

此井手ヲ沙シテ上之、其下垂ヲ岩田ニ長日入之處、箸中ヨリ土石ヲ以テ此井手ヲ上問、下垂一向無之、此條背先規、(註四)

と云ふことにあつた。卽ちこの爭論の中心題目は、從來箸中庄は、宍師川を滲透度の高い砂を以て堰止め、それによつて必然的に生ずる漏水を岩田庄が用水として利用する慣習であつた處、今度の堰堤修理に於て、箸中庄は慣習を無視して、滲透度の低い土石を使用した爲めに、漏水が皆無となり、岩田庄は用水不足に陷つたといふにあつた。結局この爭論は、箸中庄が從前通り、修理資材に砂を使用することによつて落着したのである。永正十一年の播磨小宅庄と鵤庄の用水爭論に於て、小宅庄が鵤庄の非法を鳴らした諸條項の一に、「芝ヲ打、粉土ヲ以テヌリフサキ、水ヲ被取候、」(註五)とあるのは、詳細は不明であるが、鵤庄が特に芝を堤に植へ、その上に粉土を塗つて、小宅庄への漏水を拒否したことが問題化したものと想像される。以上の考察に據り、中世河川沿岸地方にて、上流の莊園が河川を堰止めるに際し、堰堤には特に漏水が生ずるやうな材料を使用し、下流の莊園はその漏水を集めて灌漑するのが一般であり、それは或地方に於ては、施設に依る分水の一方法として、廣く一般に承認されてゐた事實を確め得たのである。

以上は一庄の引水權が他に比して著しく强大である場合に於ける分水の一方法であつて、河川灌漑の場合に用いられたのである。しかし、普通の方法としては、用水源より共通の用水路を同一幅員の數條に分割し、用水を享受地の權利に比例して分配するとか、時には用水源より直接に數條の用水路を掘つて各田地に給水するとかなど、是の水が流下する桶門のやうな、なんらかの施設を行ひ、權利の差により、引水量を決定する方法がとられたことが多かつたやうである。正平二十年、紀伊國若一王子社領の「カミノ池」の、用水の分配規約が定められたが、それによれば、

サイレムハウ二スチ、二郎タユウ一スチ、ムマノ三郎一スチ、マコ二郎一スチ、ムマノ四郎一スチ、ヒコ五郎一スチ、(註六)

と池水を七筋に分割して、西蓮房以下六人の田地に給與されることになつてゐた。この「筋」が何を意味するか遽かに斷じ難いが、恐らく或種の施設的分配法によつて、等分された一定量の用水を指したものであらう。又永祿八年頃の製作と想像される岩井川配水地圖(註七)に從へば、この川の用水は、川幅が十等分され、それを堰堤等の施設によつて、その十分二をそれ〳〵神殿・波多森新兩庄に、十分一を四十八町・越田尻兩庄に、十分三を京南庄に、十分一を三橋庄に流入される規定であつて(あとの十分一は不明)、かの番水はこれを基準として行はれたらしいことが理解

されるのである。かくの如く用水の分割は、用水源である河川又は用水路の幅員の分割に依つて行はれた場合があつたのである。天治二年の東寺領伊勢國大國庄專當藤原時光の訴狀(註八)には、同庄に於て公田と庄田との境に、幅三尺の用水溝があり、この兩田はその用水を中分し、一尺五寸宛の幅を以て互に引水してゐたと見えてゐる。その分割の技術的方面の事情は詳かではないが、とも角も兩者が同等の權利のもとに、川の幅員を半分宛とすることにより、用水そのもの丶折半を行つたことは確かである。又大永二年、近江國上八木村にて定められた「道川定帳」には、「をと井」用水の分配を左の如く規定した。

一井口ゟ下八木村分迄、川幅三間半也、
但下八木・十ッ九ハ壹間ッヽ也、上八木ハ九尺也、是ハ井親之いわれ也、(註九)

卽ち上八木村は、上述の神殿・三橋兩庄の水主に比すべき「井親」なる特殊の引水權を有した故に、「をと井」用水三間半の川幅中、九尺の幅の水を支配し、殘る二間を、下八木・十ッ九兩村にて、一間宛分配したのである。更に少し降つて近世初期の例ではあるが、(事實は後述の如く中世からの遺制であるが)同じ近江國に於て姉川より導かれた鄕里井川用水にては、その支流の用水路である堀部・春近・大豆・中井・岡井の五川が、それぞれ二割四分・一割八分・一割八分・二割・二割の幅員を以て分割されてゐたのである(註一〇)。

然らばかやうな用水の分割は、如何なる施設によつて爲されたかゞ問題となる。鄕里井川用水にては、用水路の「俣口ノ水ヲ見合、四分六分ノ法ヲ以割合ス」るといふ方法が用ひられた(註一一)。卽ち分割は溝の分岐點に於て行はれたのである。さらばかゝる場合の施設としては如何なる裝置が施されたのであらうか。先づ第一に考へられるのは、分水點に於ける分水口の大さの決定であらう。鎌倉時代に、大和國西大寺と秋篠寺とが、赤皮田池の用水を爭論したことがあつた。この池には當時爭論繪圖があり、それによれば南樋・北樋の二箇の樋卽ち水門が設けられ、これより池水を流下せしむる仕組になつてゐて、この樋の支配が爭論の重點をなしてゐたのである。秋篠寺側の主張では、「此池者、四分三ハ秋篠寺進退、今四分一ハ西大寺進退之由、見于大治宣旨、而當時爲西大寺、一向被打塞此樋之由」と云ひ、又「北樋元秋篠一圓進止、今西大寺打塞之、」更に「南樋元兩寺通用、今西大寺一向押領、」と稱してゐる(註一二)。この爭の結果は明かではないが、秋篠寺の言分に隨へば、同寺は北樋の全部及び南樋の半分を領することによつて、結局全池水の四分三を、その領田に導入する筈であつた。さすればこの兩樋は全く等量の池水を流下せしむるやうに施設され、從つて樋口の寸法は同じく作られてゐた譯である。次に時代は降るが、大和國藥師寺領內の勝馬田池の例を示さう。

天正十四年の規定によれば、

一勝馬田御池分水戸分口破損ニ付相改畢。五條・六條・七條三ヶ郷戸口合四尺二寸、九條・

観音寺二ヶ郷戸口合二尺六寸。(註一三)

とあつて、勝馬田池の水は、五條・六條　七條の三郷へは、四尺二寸の「戸分口」即ち分水口にて、また九條・觀音寺兩郷へは、二尺六寸の分水口にて給水が行はれてゐたのである。而してこの度の規定は、破損した分水口の修理を機會として改訂されたといふのであるから、かゝる戸分口に依る分水は、決してこの時初めて採用されたのではなく、少くともそれ以前、恐らく中世から實施されてゐたと見て、大過あるまいと考へられる。それは兎もあれ、この池の分水口は、その後に觀音寺郷が、藥師寺の莊嚴役の勤仕を緩怠したとの理由から、引水權を喪失するといふ事件が起つた爲めに、慶長十一年に至り、この池水は他の四郷の間に再び割替へなければならぬ必要が生じ、その割合は次の如く改められた。

一今度観音寺村ゟ莊嚴依不相勤、御池之分水取上ケ、殘四ヶ郷へ割付遣者也　水口戸分亂候

ニヨリテ、此度相改遣了、仍如件、

六條村　　壹尺七寸

七條村　壹尺七寸但六條領加水共、
五條村　壹尺八□(八)寸右同斷、
　三ヶ郷戸ワケ五尺貳寸
九條村　貳尺六寸但七條領加水共、(註一四)

このやうにして觀音寺郷の分は、その儘九條郷に與へられたのである。然らばかゝる「戸分口」の寸法は、一體如何なる基準に據つたのであらうか。これより三年以前、卽ち慶長八年に、大和に檢地が施行され、各郷の面積が明瞭になつたので、翌九年、藥師寺では、この池の分水が問題となり、「御池之水、應メ高ニ改之」との評議が行はれた事實よりすれば、前記の分水口の寸法の改定は、引水地の高によつて決定されたのではあるまいかと想像される。かくの如き分水口の寸法に從つて用水が分割された例は、また上野國鑁阿寺領戸守郷內尾美野八林用水に於ても認められる。享德二年卯月十日の同郷代官の訴狀には、「又戸守郷用水之根本之事者、水於通候樋之口、前々立者四寸・横者八寸候、」(註一五)とあり、この用水にては、竪四寸、横八寸の樋を以て、分割されて來たことは明瞭である。次に大和國布留川の場合を示すことゝする。明應八年、この用水の分配に就いて、勾田・田村兩庄對諏訪・三島兩庄の爭論が起つた。諏訪庄側では、この用水を五分し、その一分を勾田・田村兩庄へ、殘りの四分を諏訪・三島兩庄に引漑すべしと主張し、これに對して勾田庄側は、これを七分し、その二を勾田・田村兩庄へ、五分を諏訪・三島兩庄へ導入すべしと抗訴した。この問題に關して、興福寺が調査した處によると、「但古老番匠申分ハ、勾田・田村分、水口八寸在之、一尺餘口ハ、ス方・三島分之由申、先以大綱此分歟、」（註一六）とあり、仍つて布留川に於ても、分水口は引水地の權利の大小に隨つて、一定の寸法に極められてゐたことが了解される。同樣の例は、また越前國河口庄十郷用水についても見られる。卽ち天文六年、守護朝倉氏は、この用水に就いて、

一十郷用水若宮筒木廣六尺壹寸、此上水之深三尺貳寸壹分之事

一東長田樋之廣壹尺八寸、長壹尺壹寸三分內ノリ、此樋江水五寸三分、先年之以定杭如此、

萬一此水至不樋築者、可訴訟之由、東長田江被仰付之事（註一七）

と規定したのである。卽ち十郷用水より分水する若宮筒木と稱する樋は、幅六尺一寸で、それに三尺二寸一分の水深を以て通水し、また東長田樋は、幅一尺八寸、內法一尺一寸三分、深五寸三分の施設で用水が配水されることとなつてゐた。

用水路又は樋の幅の寸法を規定することは、用水の分量を決定する一應の目安にはなる。しか

し嚴密に考へると、それだけでは未だ不十分たるを免れない。一層の正確を期する爲めには、幅と相並んで、通水の深さを決定しなければならない。前述の尾美野八林用水に於て、樋口の寸法を、竪四寸と定めたのも、越前十郷用水の若宮筒木の水深を三尺二寸一分と極めたのも、その意味からであつた。同じ十郷用水の東長田樋に於ても、五寸三分といふ水深に關する規定があり、而してその基準となつたのは、先年から打たれてゐた杭——恐らく澪木——であつた。このやうな澪木による水深の決定は、決して珍らしくはなかつた。而して用水の分配に際して、この裝置が利用された例を屢々發見するのである。近世初期の例であるが、近江國姉川にては、河水の分配に、かゝる標木が使用され、それは「分木」と稱せられた。その設置に就いては、「出雲井落し幷番水之格式」(註一八) なる記錄に詳記してある。それに從へば姉川用水の古川溝より、横井川用水溝に分水するに、水深の標準として、兩溝の分岐點より、約百三十間下流の横井川中に、分木を立て、これによつて、横井川に流下する用水量を一定ならしめた。そして互に不正がないやうに分木を竪に二つ割とし、平生は兩用水路關係の村々が夫々半分宛を所藏し、分水を行ふ時に、各半分宛を持寄つて、規定の場所に樹てゝ、水深決定の基準とする慣習があつたのである。又この分木の立方に就いても、一定の方式があつて、用水路の左右兩岸に杭を打ち、石を据へ、水底・水面に竹を横たへ、その間に分木卽ち丸竹を垂直に立て、その丸竹に水深の印を付けておくことになつてゐた。しかしこの用水にて、かゝる分木が使用されたのは、近世になつてからの事ではなかつた。既に天文二十二年、横井川用水を引用する相撲庭村と、他村との間に爭論が起つた時、分木を立てる場所が問題となつたのであるから(註一九)、この用水に於ける分木の使用は、中世から行はれてゐたと考へて差閊ないであらう。又德川時代の初期、近江坂田郡八幡村と宮川村との用水爭論も亦、かゝる分木に就いてゞあつたが、その分木も、少くとも淺井氏の時代からのものであつた(註二〇)。同じ近江國蒲生郡橋本村と駕輿丁村との間に、元祿十六年、用水爭論が起り、かうした分木のことが問題となつてゐるが(註二一)、これもその起源も亦恐らく中世まで溯り得るであらう。次に矢張り近江國に於て、中世にかゝる分木が使用された例を示すことゝしやう。近衞家領柿御園と市原庄との用水爭論に關して、柿御園側の文書には、左の如き記載がある。

市原返事雖爲如此。大方御沙汰落居之間、同九日登井口、和南山松一本切之、誘分木、卽市原井口スコシ上レツケ(マヽ)ツ所上程ニ、懸分木畢、同日六打程、自市原寄來、不可用由。立使者於和南云々。後日出京之時、此子細目安申奉行畢。(註二二)

この爭論の年代及び顚末は明瞭を闕くが、とに角中世に於て市原庄農民等が、大擧して市原井口に押寄せ、井口の少し上に、柿御園の農民等が、分水の爲めに設置した分木を無視して分水せんとしたことがわかる。次に上述の明應八年四月の大和國布留川の用水爭論では、勾田庄の百姓等の上申に據れば、

布留川ヲ勾田・田村庄一方、ス（諏）方庄・三島庄一方、四ヶ庄ヨリ井手ヲ上テ、川ヲ給者也、此井手木ヲハ、ス方領主一乘院殿、桃尾山ノ木ヲ、被仰付被下之云々、此士木ニキサヲ仕候テ、水ヲ支配候、（註二三）

とあつて、此用水にては、分水口の寸法を規定すると同時に、「井手木」と稱する分木が使用され、それに「キサ」卽ち刻目をつけて分水の水深に對する標準としてゐたことが窺はれるのである。近世初期の例ではあるが、和泉國岸和田池の場合を眺めやう。この池は天正三年に築造された用水池であつて、領主松浦光が、この年二月九日、定書を以て、分配其他に對する規約を制定してゐる。その一箇條に、

一河原田水之事、岸和田之田地同前、以計木彼田養程可入置、其外少も不可漏事（註二四）

とあつて、「河原田といふ田地への分水は、「計木」と稱する施設を用ひたのである。而してこの計木

は、恐らく上記の分木と同一のものであつたであらう。最後に紀伊に於ける例を見ることゝしやう。高野山領名手庄と、粉河寺領丹生屋村との水無河の用水に關する爭論に當つて、丹生屋村側の訴に依ると、建長四年、六波羅探題は、紀伊國の守護代に命じて、爭論を裁決せしめたので、「仍守護代莅彼論所、專究淵底、任綸旨幷御敎書之旨、令立臥分水之料畢」と云ふことになつた。然るにかゝる分水法による解決は、名手庄側の意に滿たなかつたと見えて、「然而名手庄沙汰人百姓等猶不用之、以數十人之勢、所立臥之料、散々令切破損畢、」(註二五)といふ騷動が惹起したのである。卽ち以上に隨へば、六波羅の命令を受けた守護代は、兩者の紛爭を、「料」の設置によつて裁決せんとしたのである。元來「料」は水を酌む器、換言すれば杓子の意であつて、決して用水分配の器具ではない。思ふにこの場合は、斗・木の二字を結合して一字と爲したものゝ如く、斗は計であり、料は計木であつて、上記岸和田池に於ける計木と同樣に、分木の一種であつたであらうと想像される。

以上の考究に據り、中世に於て、番水法と相並んで、施設による分配法として、特殊な構造を有する堰堤、特別な分水口、或はまた分木等が採用され、而してそれらの上に、何れも灌漑地の引水權が直接に反映し、以て分水の機能を適當に發揮してゐたことが理解されたのである。

註

一　雜令
二　東寺文書一
三　第六章參照。
四　大乘院寺社雜事記文明十九年六月二日・七日條
五　古代取集記錄
六　若一王子神社文書（高野山文書九）
七　保井芳太郎氏所藏
八　東寺百合文書カ一――十一
九　鄕中道川定帳（東淺井郡志四）
一〇　上坂文書・上坂家譜
一一　同上兩書
一二　諍論ニ付從秋篠寺西大寺江所進圖（東京帝國大學文學部所藏）
一三　藥師寺舊記三
一四　同書三
一五　鑁阿寺文書四
一六　大乘院寺社雜事記明應八年四月晦日條
一七　大通文書
一八　上坂文書
一九　同文書
二〇　長濱八幡神社文書
二一　伊達家文書十
二二　廣橋家所傳文書雜纂（東洋文庫所藏）

二三　大乗院寺社雑事記明應八年四月晦日條
二四　松浦文書類七之八
二五　高野山文書四

第六章　用水爭論

中世に於ては、莊園制の發展が著しく、全國は莊園に依つて覆はれるに至り、而も莊地は互に入組み合ひ、犬牙錯綜した狀態にあつた。莊園は私的土地經營の一形態である。故に莊園に於ては孤立的性格が極めて強く、種々の問題に就いて排他的な傾向が顯著であつた。かくの如き孤立排他性は莊園相互間のあらゆる關係に直接に反映し、就中灌漑に於ける權利關係を、頗る複雜なものとした。土地關係の錯雜、莊園の排他性による新用水源獲得の不活潑は、幾多の莊園に用水の共同利用を强制する結果を招致した。このやうな用水の共同利用は、舊來の慣習を基礎とし、各庄の用水に對する大小强弱の權利に隨ひ、それらの均衡の上に、何等かの適當な協定規約を立て、一應は分水を行つてゐたのである。

然るに元來用水と云ふものは甚しく浮動性に富んでゐる。卽ち特に河川に於ては、一度旱天が續くと、用水量は遽かに激減する爲めに、分水協定の根柢は破壞され、規約は忽ち反古となることは珍しくはなかつた。

莊園の經濟は大體から言つて、農業を主體とする自然的且つ封鎖的經濟であつたから、莊園領主は、所領の農業生產、特に米に經濟的基礎を依存せしめてゐたし、また莊民としても、貢租の主要部分を占めた米の生產に、全生命を托さなければならなかつた。されば水稻栽培の必須條件である用水の獲得こそは、領主・莊民雙方にとつて、最も重大な問題であつた。以上の如き種々の事情から、中世に於ては、用水の爭奪が、實に屢々繰返され、しかもそれが頗る激烈な形をとり、時としては流血の慘を見るやうなことも決して稀ではなかつたのである。そこで、次に先づ中世に頻發した用水爭論の中で、代表的と思はるものを、二三說明することゝしやう。

(一)山城國薪園・大住庄の用水爭論

薪園は石淸水八幡宮領の莊園であり、大住庄は南都興福寺の所領であつた。而して雙方共山城綴喜郡にあつて、木津河の河水を引用して、灌漑用水に充てゝゐたのである。しかるに嘉禎元年五月、この兩莊園は用水の不足から、激しい確執を生ずることになつた。そこで朝廷に於ては、廿三日宣旨を降し、六波羅探題に命じて、實地檢證を遂げ、その上で適當なる調停を行はしむることとしたのであるが、興福寺はその調停が下るのを待たず、六月三日、薪園の住民等が、大住庄の農民を殺害したことを理由として、突如衆徒僧兵を派遣し、薪園に亂入して、農民の住屋六十餘宇を燒拂ひ、その上八幡宮の神人二人を殺したのである。この報に接した六波羅は、急遽武士を差向けて、これを鎭定しやうとした。しかし武士等が現場に到着した時は、衆徒等は既に南都に引揚げてしまつた後であつた。そこで武士等はやむなく衆徒等と共に亂暴を働いた大住庄の暴民の主謀者を捕へて歸洛したのである。この事件に激怒した石淸水八幡宮は、興福寺の非を鳴らし、それに對する嚴罰を要求し、八幡大薩菩の神意であると號して、神輿を宿院に移し、これを奉じて上洛し、朝廷に强訴せんとの氣勢を示した。これに狼狽した朝廷は、廷臣を差遣して、鎭撫に努めしめたが、何等の効果はなかつた。また時の攝政藤原道家は、八幡の神前に告文を捧げて、此度の爭論に就いては、毛頭偏頗な氣持がない旨を誓つたが、これも八幡宮側の憤激を鎭めることは出來なかつた。そこで朝廷に於ては、最後の切札として、伊賀國大内庄を八幡宮に寄進して、慰撫せんとしたが、八幡宮は、朝廷より大住庄に命じて、燒拂つた薪園の農民の住宅を舊通りに復興せしむること、大住庄を興福寺より取上げて、これを八幡宮の所領と爲すこと、竝に朝廷より八幡宮へ一國を寄進すること等の數項の要求を提起して聽入れやうともしなかつた。

朝廷では已むなく因幡國を寄進することにしたので、八幡宮側も始めて納得し、閏六月廿八日に至りようやく神輿を歸座せしめ、爰に強訴はとりやめになつたのである。

この爭論は、石淸水八幡宮が、所領の用水爭論を巧みに利用することによつて、朝廷に迫り、遂に因幡國寄進の利益を獲得することに成功したのであつて、かなり政治的色彩が濃厚な問題であつた。されども興福寺が衆徒僧兵を派遣して、相手の莊園の農家を燒拂ふと云ふ非常手段を敢て行ひ、又石淸水八幡宮が、これに對して嗷訴せんとしたりしたこの事件の契機が、所領莊園の用水の爭奪にあつたことは、特に注意さるべきである。卽ちかくの如く莊園領主自らが、莊園間の葛藤に乘出して、農民を率ゐて積極的に鬪爭することを敢て辭しなかつたことは、所領莊園の農業生産確保の上に絕對必要條件である用水の獲得に就いての領主の意慾が、如何に旺盛であつたかを示して餘りあるものと謂ふことが出來るであらう。

註　明月記・吾妻鏡・石淸水文書・賴資卿記・百練抄等（委細は、大日本史料第五編之十、嘉禎元年五月二十三日・六月三日・閏六月十九日・同二十三日・同二十五日・同二十七日條等に見えてゐる。）

(二)高野山領紀伊國名手庄・粉河寺領同國丹生屋村の用水爭論

名手庄及び丹生屋村は、紀伊國那賀郡にあり、共に紀川（吉野川）の北岸に位し、紀川の支流名手川（當時の呼稱によれば水無川）を隔てゝ、東に名手庄、西に丹生屋村が相對してゐた。而して兩地とも、名手川の河水を汲入れて灌漑を行つてゐたので、この川が何れの支配に屬するかゞ問題となつて用水爭論が發生し、又川が兩地の境に流れてゐた爲めに、この用水の爭奪は、また境堺爭論の一面も具有することゝなつたのである。

名手・丹生屋間の用水爭論は、史料の示す限りでは、先づ仁治二年に勃發した。即ちこの年六月廿七日の名手庄側の報告によると、丹生屋村の領主粉河寺の僧徒數十人が武裝して、丹生屋の百姓を數多引率し、名手庄內に侵入して、名手川に施設した名手庄の一井・二井の取入口を破壞し、樋を破り、溝を掘かへし、名手庄をして、灌漑不能ならしむる暴擧を敢てした。それのみならず彼等は破壞の場所に頑張つてゐて、名手庄側の破損個所修理を妨害したので、名手庄側の農民等は之を襲擊して大亂鬪を演ずると云ふ事件を惹起したのである。以上は名手庄側の言分であるから、そのまゝ直ちに信憑するのは勿論危險であるが、とも角も兩者の間に、水無川の引水問題を巡つて、激しい爭鬪が行はれたことは事實であつた。かくの如くにして用水並にその歸趨を決定する鍵となる境堺の問題に就いて、訴訟が提起されることゝなつたのである。先づ丹生屋村側は、六波羅に訴狀を提出して、名手庄の違亂を告發し、名手庄側即ち高野山は、陳狀を以てこれに抗辯した。丹生屋村側の訴狀には、色々と細い條項を含んでゐるが、その概要は大略左の如くであつた。

一正暦年間に定められた丹生屋村の四至牓示に從へば、その東の堺は水無川であつた。然るにその後川筋が變化し、川は西方に川床を移した爲めに、今では當村の地域內を流下して居り、從つて河の東側に丹生屋村領の田地が存在してゐる。それにも拘らず、名手庄側は、この川を以て自領內と號して、獨占的に引水せんと企てゐるのは非法である事

一名手庄は水無川の用水を獨占せんが爲めに、川の西にある椎尾山までも所領內と稱し、庄官等を遣して、暴力を以て椎尾山の畑の麥を刈取つてしまつた。名手庄が椎尾山を自領內と主張する根據は、此山が水無川の水源の東にあると云ふ點にあるが、この山には東西兩谷があり、水無川の水源はその中東谷より發してゐるのであるから、椎尾山は當然河西の地であり、丹生屋村領內にあるのは明白な事實である事

これに對する名手庄側の陳辯は、概略次の通りであつた。

一昔の川筋を問題として境堺を云々するのは無意味である。現在の川の位置に準據して立論するのが當然である。嘉承年間の太政官符に記された名手庄の四至には、「限西水無河西

岸」とある以上、水無川は名手庄の領域内に包含されるのは勿論である。これに反して丹生屋村の東境は、水無川の西岸に至つてゐるに過ぎないから、この川の引水權は、全部名手庄が掌握するのは理の當然である事

一椎尾山は嘉承二年、朝廷より大塔佛聖燈油料として、高野山に寄進せられた名手庄の一部であつて、大塔香役も勤仕した爲めに、一に香御園と呼ばれて來た次第である。然るに丹生屋村は、水無川の水源が此山の東谷にありと號してゐるが、事實は左に非ずして、水源は椎尾山の西側の谷に發してゐる以上、此山の所屬は自ら明かである。されば名手庄民がこの山の麥畑を刈取るのは當然の權利であつて、些かも不法ではない事

このやうにして兩者は互に相讓らず、三問三答の審理を以てしても訴訟は終結しなかつた。そこで六波羅は、双方の代表者を法廷に召喚して對決せしむる事にした。寛元二年六月廿五日より七月十七日に至る間、前後七回にわたつて法廷は開かれ、高野山側の上乘院長者前大僧正良恵の代理人、高野山の使僧、名手庄官等と、粉川寺側の本所聖護院僧正の代理人、粉川寺の使僧、丹生屋村地頭代等は、これに出頭して互に黒白を爭つたのである。而してこの時の對決でも理非は決しなかつたものと見え、翌寛元三年に至り又對決を重ねたのである。かくして四年になつて、

六波羅は始めてこれに裁決を與へたのである。この時の裁決の內容は史料が現存しないので、殘念ながら詳にし得ないが、雙方を滿足せしむるに足るものではなかつたらしく、依然爭論は終熄しなかつた。このやうに紛亂した爭論は、遂に朝廷の裁決を仰がなければならぬことゝなつた。卽ち朝廷に於ては、記錄所の勘申に基いて審理を進め、建長二年十二月二日、官宣旨を下し、水無川の所屬問題に關しては、

就之謂之、依四至之諍論、有數箇之訴訟、先水無河事、丹生屋所帶正曆官符、東限水無河云々、名手庄所帶嘉承宣旨、西限水無河云々、此堺已無相違、其論何煩糺斷哉、而粉河者、正曆官使之道稱在東岸、雖訴可領彼河之由、見彼官符案、無官使下向之詞、高野者、以嘉承宣旨案、注西岸字、雖論可領同河之旨、正文披閱之處、無件兩字、給恰無可領知之證、可爲公領之河歟、然者粉河者守正曆之官符、高野者任嘉承之宣旨、各停非分之異論、可守所帶之綸旨也、三堰幷淸水等事、年來無訴訟之色、今度爲諍論之始歟、雖有兩度之對問、頗無一均之實證歟、山林河澤之實者、有公私可共之法歟、互停惣領之新儀、可從通用之前蹤也、

と裁斷し、丹生屋村が正曆年間の官符に、官使下向の道が、川の東にあると記載してあると稱し、これを證據として、水無川の引水を主張するが、その官符案を調査するに、官使下向の記載

は全く見當らないし、また名手庄が、水無川を自庄の內なりと主張する根柢である嘉承年間の官宣旨に記されてゐる四至「限西水無河西岸」の文字も、原本を檢査した處、肝心の「西岸」の二字を闕いてゐると、雙方の詐謀を曝露し、從つて兩地の西岸、東岸は、何れも川岸までゞあつて、水無河は卽ち「公領之河」であるとし、その利用は共同に行はるべきことを說いてゐるのである。

かくの如くにして、水無川は、丹生屋・名手兩地の間に、平均に用水を供給することによつて、爭論は一先づ解消したかと思はれたが、名手庄側は、これに滿足し得なかつたと見へ、建長四年三月には、丹生屋村の山に亂入して暴行を働き、翌四月には、武器を持つた數百人の名手庄民は、また丹生屋村に闖入して、丹生屋村の農民を殺傷し、剩へ住屋を燒拂ふといふ大事件を惹起した。又正嘉元年八月の丹生屋村地頭品河淸尙訴狀に依れば、この時、前記の官宣旨の判決の旨に任せ、六波羅の命に依り、守護代が立會で、水無河に臥せた河水中分の枓卽ち分木と思はれる施設を、名手庄の沙汰人百姓等は數十人して、破壞してしまつたと云ふ。このやうな事件に依り、訴訟は再び繰返されることゝなつた。かゝる暴行はもとより名手庄側の不利を招くことになるのは明かであつたので、丹生屋村との對決以前に、高野山側は下司・公文等の在庄責任者の改補を行つて、その不利な條件を輕減しやうと計劃した。されども六波羅の赦す處とならず、犯人の捕縛召進を命ぜられたのである。其後この爭論は如何に展開したかは、これを示す史料を闕くので詳かではないが、この時も決して圓滿なる解決は行はれた模様は認められなかつた。果してその後正平十八年に至り、この爭論は三度爭はれることゝなつた。即ち此年夏、丹生屋・名手兩地は、また〳〵水無川用水を奪合ひ、高野山は、僧徒を名手庄に發向せしめんとする氣配を示したので、幕府は、使節を現地に派遣し、實地檢證を遂げ、事件を解決せしめ、「兩方如元可落居」き旨の御敎書を與へたのである。一方朝廷に於ても、これと同一趣旨の綸旨を下されたのである。されども爭論はこれで終結した譯ではなく、その後に於ても紛爭は繼續したのである。即ちこのことは、翌々年――正平廿年に、丹生屋村側は、三月・四月の二回にわたり、目安を以て、高野山が丹生屋村の告訴に對して、一言の辯陳を行はないのは、名手庄側に申立つべき正當な理由を闕く爲めである。されば當方に勝訴の勅裁を蒙りたいと朝廷に上申してゐる事實によつても推察される。以後暫くこの爭論に關する消息は絕へるが、永享六年に至り、これはまた〳〵蒸返され、粉河寺雜掌は、

粉河寺雜掌謹言上

右紀伊國丹生屋村坂田堰並上堰用水事、今度名手庄、背建長年中之綸旨幷六波羅殿御下知狀・代々文證、二卷備右任雅意、一同可令押領之張行之條、不可說次第也。所詮任所帶之公驗、被停止名手庄之競望、蒙御成敗、全領掌、備佛供灯油等、可奉致御祈禱之精誠者也、仍粗言上如件、

永享六年三月　日

との訴狀を以て、名手庄側が、先規に背き、丹生屋村の坂田堰・上堰の兩灌漑施設を押領せんとする非法を申立てゝゐるのである。丹生屋村及び名手庄の水無川用水に對する爭論の史料は、これで終つてゐるので、其後如何なる解決が行はれたかは知る由はないが、この爭論は、他面境堺の爭論を伴ひ、現地の莊園のみならず、その背後にある領主高野山・粉河寺は勿論、更に本所と思はれる聖護院・上乘院等までが、これに參加したことは頗る注目に價するであらう。又爭論が鎌倉時代中葉の仁治年間より、室町時代の初期である永享年間に至る約二百年に垂んとする長年月を、斷續的ではあつたが、同じ形で爭はれて來たといふ事は、用水爭論の特質の一面を遺憾なく現はしてゐると云へるであらう。

註　この條の史料はすべて高野山文書一・四及び粉河寺文書（高野山文書卷九所收）にある文書に據つた。

㈢山城上久世・下久世兩庄を中心とする用水爭論

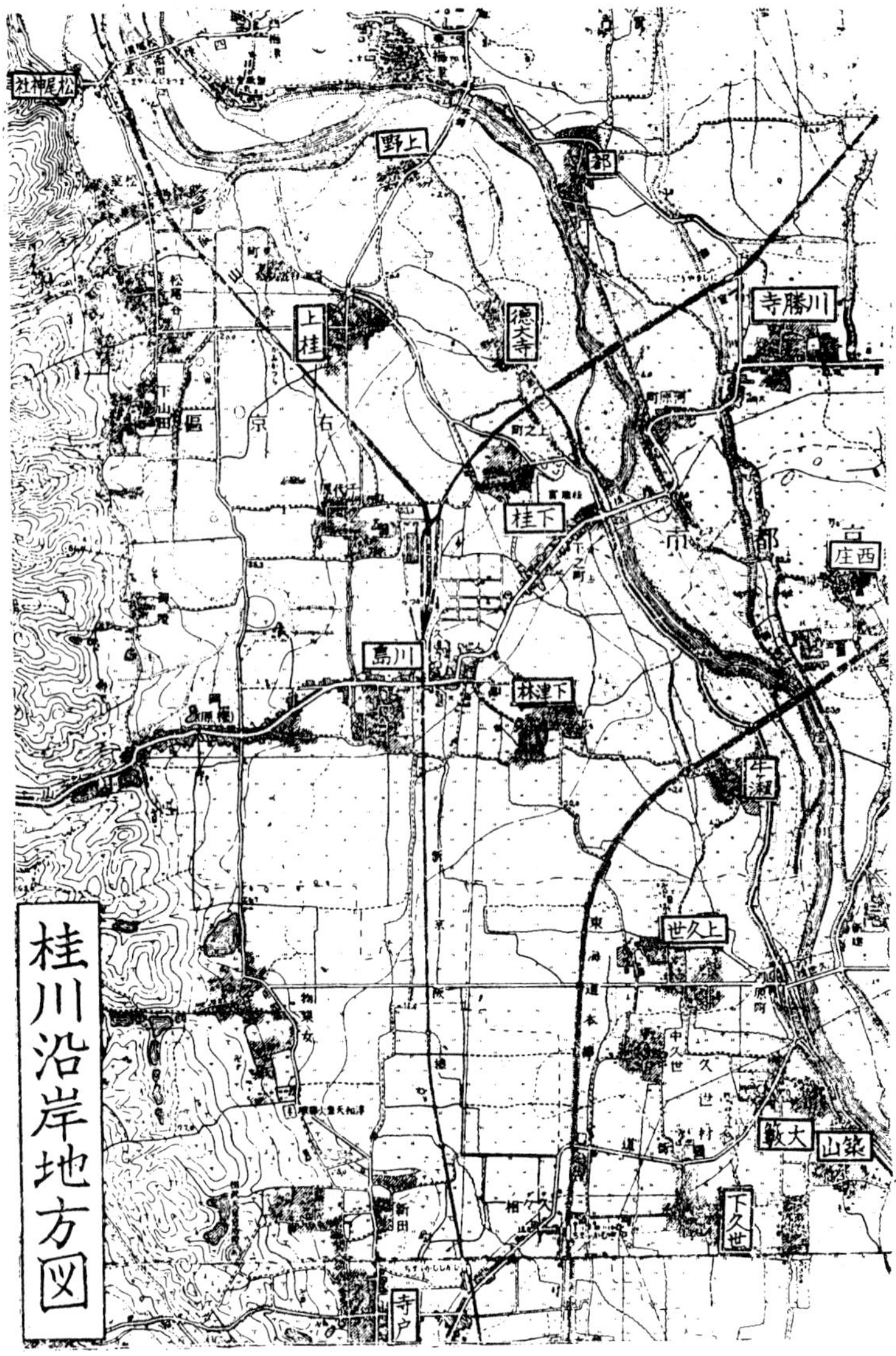

桂川沿岸地方図

東寺八幡宮領久世上下庄をめぐる用水爭論の問題を考察するに先立つて、この兩庄及びその附近の莊園に就いて、又此等諸庄の灌漑關係の地理的な事情に就いて、一應瞥見しておかなければならない。

京都西郊乙訓郡地方一帶は、早くより水田が開發せられて居り、その大動脈をなしてゐたのは、平野を南北に貫流する桂川(大井川)であつた。この地方は莊園制下に於ては、狹少面積の莊園が密集して存在し、而して其等は何れも領主を異にしたものが多かつたのである。即ち桂川の東岸には、石清水八幡宮領八條西庄を始めとし、郡・川勝寺等幾つかの莊園があり、また西岸には、上久世・下久世・上野・下桂・革島・下津林・牛ヶ瀨・大藪・築山・寺戸・德大寺等の所謂西岡諸庄が散在してゐたのである。此等西岡諸庄の領有關係は、頗る錯雜してゐたのであつて、當時の史料の示す處に從へば左の如くである。

(端裏書)
「西岡諸本所」

上久世　東寺
寺戸　御むろ様
かわしま　三條殿樣

さいおんし殿様
やましな殿様
しもとはやし　松尾
ほそかは
あわしう
せん阿ミ
かつら　このへ殿様
とくたいし　妙法院
うしかせ　たいり様御領
せうおんし
おうやふ　久我殿様
ますい方
下久世　東寺
徳大寺殿様
おうきまち　からす丸（註一）

右の外に上野庄等があつたが、久世上下庄と同様に東寺の所領であつた。これら西岡諸庄、卽ち德大寺・上桂・下桂・革島・下津林・寺戸・牛ヶ瀨・上久世・下久世・大藪・築山の諸庄は、十一箇鄕と總稱され、又此中德大寺より寺戸に至る六庄は上六箇鄕、牛ヶ瀨より築山までの五庄は、下五箇鄕と呼ばれたこともあつた。而して此等の諸庄は、共同の灌漑施設に依り、用水を桂川より仰いでゐたのである。次にこの灌漑施設を說明しなければならないのであるが、由來かゝる施設は、永久不變のものではない。何故ならば河川の場合に於ては、何れの河川も同じであるが、特にこの桂川は、氾濫することが屢々であつて、それが爲めに用水施設が破壞埋塞するのみならず、沿岸の地形に著しい變化を生ずることも稀ではなかつた。隨つて施設の再造或は位置の變更等も亦已むを得ない處であつて、これが此河の用水爭論の原因となつたことが多いのであつた。かくの如く時代によつて變化する施設の全般を、說明することは頗る困難であるから、以下に於て取扱ふ爭論に直接關係する、室町時代中期以後に於ける施設の概要を觀察することゝしやう。上述の十一箇鄕の最も重要な用水施設は、十一箇鄕溝（一名今井溝）であつた。この用水路は、松尾神社の東方にあたる御前淵或は松尾馬場先と稱する地點で、桂川の水流を分水し、この水を十一箇鄕に供給するものであつた。而してこの用水路は、幾つかの支流を有してゐたのであるが、それは姑く措き、下流に於いて二分し、一は上記の上六箇庄を、一は殘りの下五箇庄に用水を導入することになつてゐた。そしてその用水路は夫々上六箇鄕溝・下五箇鄕溝と名付られてゐたのである(註二)。

扨以上の幹線水路を基礎として、これに關連して分岐した用水路について諸莊園間に起つた幾つかの爭論を、久世上下兩庄を中心として考察しやう。この爭論は、應永年間より文龜年間に至る間、殆ど連續的に起つたのであつて、これを大別すると、第一に上久世庄と下方諸庄、第二に久世上下庄等十一庄と松尾神社、第三に久世上下庄以下所謂下五箇鄕と石淸水八幡宮領八條西庄、第四に五箇鄕と上野庄との用水爭論とに分割することが出來る。

(1) 上久世庄と下方諸庄との用水爭論

この爭論は、應永廿六年七月日の東寺訴狀(註三)に現れてゐるものである。この訴狀竝にそれに添へられた地圖に隨へば、其頃西岡諸庄は、上野庄の地籍內にても、桂川より用水を引水してゐた。卽ち梅津前五ヶ庄大井手と稱する堰堤を設け、桂川の水流を堰止め、用水路を以てこれを上野庄內に引込んでゐた。この用水路は下流に於て二岐に分れ、一は上方五箇庄今井(後述の今井溝と同じか否か不明)と號し、下桂・富田・革島・上久世・寺戸の五庄に通水し、他は下方諸庄に用水を給與してゐた。但しその溝名は詳かではない。しかし兩用水路の分水の權利は平等ではなかつた。上方五箇庄今井の引水權が、頗る强かつたと見えて、その分岐點に於て、下方諸庄への用水路を、上方井關（一名横井）と稱する堰堤を以て堰止め、用水の大部分を、今井溝に流下せしめてゐたのである。尤もこの堰堤は特に石を以て疊む慣習になつてゐたので、石間の漏水は比較的多量であつたから、下方諸庄はそれでどうやら灌漑の間に合はせてゐたらしい。かくの如き不均等な分配も、通常では左程の不都合はなかつたが、一度旱魃が見舞ふと、漏水は極度に減少するから、忽ちこの堰堤を繞つて爭論が勃發するのは當然である。應永廿五年、かゝる事情から用水不足に陷つた下方諸庄の名主百姓等は、幕府の許可を得たと稱して、上方井關を破壞し、用水を放流せしむるの暴擧を敢てしたのである。かくして用水を奪取された上久世庄は、「大略不作」となり、引いては領主である東寺鎭守八幡宮の諸用途に事闕くやうになつたので、東寺は捨てゝおけず、下方諸庄の亂暴の停止を幕府に訴へたのである（註四）。この訴訟に關する史料は、右の東寺訴狀一通のみであつたので、其後の經過を知ることが出來ぬのは殘念である。

(2) 久世上下庄等十一箇庄と松尾神社との用水爭論

前條に於て說明した如く、東寺八幡宮領久世上下庄は、以前から他の諸庄と合同して、桂川の河水を分水する爲めに。上野庄地內、正確に云へば松尾社神前田地（松尾馬場先或は後述の御前淵と云ふ地點と同じである。）に取入口を築造してゐたのである。然るに長祿年間に至り、久世上下庄以下の十一箇庄は、松尾神社と爭論を開始したのである。卽ち長祿二年三月、先づ松尾神社は左の如き訴狀を幕府に提出し、十一箇庄側の非違を鳴らしたのである。

松尾社官等謹言上

右當社神前田地內新溝事、近年近鄕輩、任雅意依掘破、去年被成御奉書、爲守護埋之處、彼寺背御下知、則掘破畢、其後連々雖歎申、未達上聞之處、今度就爲西芳寺御成路次、社家皆自身罷出、致成敗埋之處、件鄕人等今月四日率大勢、重掘破之間、言語道斷次第也、太罪科不輕哉、如今者、向後御成之御通路、可爲如何者乎、一社迷惑此事也、將來十五日當社神幸御輿迎也、是亦神輿違亂也、自然神人諸役者、奉捨神輿於路頭時者、公私不可然哉、所詮本溝之在所在之、連々申入畢、嚴密蒙御成敗、全神領彌爲遂神事無爲節、連署之狀如件、

長祿二年三月　日

三宮禰宜相久判

櫟谷祝重房同

月讀祝重康同

櫟谷禰宜相友同
月讀禰宜重富同
權祝相敦同
權神主相胤同
正祝相忠同
正禰宜相長同
神主相行同
御師相言同(註五)

右の訴狀に據れば、十一箇庄は本溝がありながら、新規に用水路を松尾神社神前田地内に開鑿したので、松尾神社は去年幕府に訴出て、十一箇庄の非法を禁止する奉書を請ひ、山城守護の手で、これを埋塞した。然るに上下久世庄の領主である東寺は、奉書の旨に違背し、勝手にその用水路を掘上げたのである。そこで松尾神社側では、この用水路は、今度將軍が西芳寺に參詣する道筋に當るので(註六)、又埋めてしまつた處、三月四日に至るや、十一箇庄側は大擧して押寄せて又々これを掘開いたのである。かくの如き狀態では、この用水路は、將軍の西芳寺參詣は勿論のこと、近く三月十五日の松尾神社祭禮の輿迎の神事遂行の邪魔になると述べ、飽迄も用水路の埋塞を主張したのである。これに對して、十一箇庄側は、翌四月に次の如き支狀を幕府に提出して、これに抗議した。

(端裏書)
「就松尾訴訟十一ヶ鄉申狀案長祿二四月日」

取桂河用水拾壹箇鄉雜掌等謹支言上

松尾社司等掠申子細無謂條々、

一去年被成御奉書、爲守護埋溝云々、此段以外之申狀也、去年西芳寺御成之時者、兼日依被相觸、諸鄉地下人罷出、作道塞溝畢、今度者依姧訴之造意、社家蜜(密)々致掃除歟、是非鄉々緩怠者哉、所詮於御成道者、爲諸鄉懸橋者、更不可有其煩者也、就中用水堀付者、普廣院殿御代、隣鄉淸水古川以下掘取土沙大藪等畢、不求證例於外者也、

一當社神輿違亂云々、此條抑何事哉、神幸路者、自社家申溝下隔拾町餘、爭有煩哉、其上多年神幸之處、今更濫訴之結構、無勿躰者也、以是非據之企、宜有御還迹者也、

一本溝在所在之云々、是又根本取來今井溝畢、中比雖取石堂口、水便依相替、拾六年以來、立歸本溝畢、何號新儀乎、若及御不審者、可有御糺明者也、然者早任理運、蒙御成敗、拾

壹ヶ郷爲專無爲之耕作、粗謹支言上如件、
長祿二年四月　日(註七)

卽ち十一箇庄側の陳辯は大略次のやうなものであつた。去年將軍の西芳寺參詣に際しては、兼ねてから通告があつたから、十一箇庄は、自發的に地下人等を出動せしめ、道路を作り、一時用水路を埋めた。然るに今年は松尾社側で、道普請をしたと云ふが、それは秘かに十一箇庄側を陷れんがための企であつて、十一箇庄側の落度ではない。結局この用水路上に橋を架したならば、一向交通の支障にはならぬ筈である。又松尾社では、神輿通行の邪魔になると云つてゐるが、その通路は、用水路よりも十町餘り隔つてゐるから、神輿の神幸の支障にはならぬ。將又松尾神社は、十一箇庄に本溝があるのに、新規の溝を使用すると非難するが、元來この用水路が本溝である。尤も以前石堂口より引水したこともあつたが、水便の變化の爲め、十六年以前よりこれを廢止し、また本の用水路を使用してゐるので、決して新しい溝ではないと抗辯したのである。なほこの外に、十一箇庄側は、

一本溝在所在之云々、是又不可說申狀也、於用水守水便之間　非口之事者、難一定者也、然者早任理運、蒙御成敗、拾壹ヶ郷爲專無爲之耕作、粗謹支言上如件、

長祿貳年四月　日（註八）

との支狀を以て、用水と云ふものは、水便に左右されるのであるから、取入口の位置は、必ずしも一定不變と云ふ譯にはゆかない。されば今回の如き取入口の移動は、當然承認さるべきで、決して非合法的措置ではないことを强調したのである。この爭論は未解決のまゝ翌年に持越された。而して三月に至り、幕府は雙方に奉書を與へ、目下爭論進行中につき、その間は用水路は以前通り開通させておくべきことを命令し（註九）、翌四年二月になつて、やつと

城州西岡拾壹ヶ鄕給主等申桂川用水溝事、去年就西芳寺御成、雖被埋之、爲作毛依有其煩、於向後之出御之當月、可相懸橋於彼溝云々、早任申請之旨、每度可致用意、至水路者、如元掘通之、可被全耕作之由候也、仍執達如件、

長祿四

二月廿九日

常忍判

之種判

當所給主御中（註一〇）

と云ふ奉書を以て、十一箇庄の主張を容認し、西芳寺參詣道路に當る箇所に、十一箇庄として架橋することを條件として、用水路の開通を許し、又松尾神社へも同樣の旨を通達したのである

（註一一）。かくしてこの訴訟は、一應落着したかの觀があつたが、此年十一月となるや、幕府は上久世庄公文寒川新左衞門尉に召文を遣し、松尾神社の訴狀が到來したに依り、直ちに證據書類を携へて出府すべきことを命じて來たことにより推察すれば（註一二）、松尾神社は、前々年の幕府の裁決に隨はなかつた爲めに、上下久世兩庄側は、再び訴訟を提起し、故に幕府に於ては再審理を開始したものと思はれる。かくの如く松尾神社との爭論が再燃して來た折も折、十一箇庄側にとつては、誠に不利な問題が勃發したのである。それは十一箇庄鄕內部の新しい用水爭論の惹起の問題である。卽ち十一箇庄が上鄕五箇鄕（恐らく後出の上久世・下久世・牛ヶ瀨・大藪・三鈷寺の五庄のことであらう。）と下鄕との二つに分裂し、この年二月、上鄕の諸本所の雜掌が、下鄕がその地に新儀の用水路を開鑿した爲めに、上鄕は旱害を受けなければならぬ點を指摘し、その停止方を幕府に申請するといふ事件であつた（註一三）。このやうに內部より結束が破れた十一箇庄は、二つの庄園群に分裂し、下鄕は松尾神社との抗爭より離脫し、上鄕五箇庄のみがこれに當らなをればならぬ不利な立場になつた。これが爲めに松尾神社との爭論は、勢ひ遷延せざるを得ない狀態となつたのである。かくして上五箇庄は遂に敗訴して、寬正二年に至り、松尾神社神田前よりの分水は禁止の憂目を見ることゝなつた。この邊の事情は、上五箇庄の用水と極めて密接な

る依存關係にある用水施設を有した上野庄が、

先年松尾いらんのとき、公方様へ申、五かの庄へも御奉書をなされ、すでに去年まで、そのさをひなく候うゑは、五かの庄くわんたいなく候、又まいねん神事いらんをいたす間、當年はじめて、井料を五かよりいたすへきよし候へとも、なをもつてみそをふさき候間、五かの庄、かみのゝ庄いつれもあれ候へく候、もとのことく御まへのふちをとをし候やうに、御奉書を御申候へく候、さやうになく候はゝ、かみのはかならすくあれ候へく候、此ほかはよのれうけんあるへからす候。(註一四)

と嘆訴してゐるのに徵しても明かである。卽ち上述の如くこの用水路は、松尾神社の神輿の通行路にあたる關係から、五箇庄側より今年から井料を松尾神社に納入する契約が成立したにも拘らず、神社は高壓的に用水路を閉塞してしまつた譯である。かくして十一箇庄と云ふ大莊園群の內部的な團結崩壞によつて弱體化した上郷五箇庄は、やむなくこの地方の豪族である革島勘解由左衛門尉の斡旋により、寛正三年三月、松尾神社と頗る不利な條件のもとに妥協せざるを得ぬこと〻なつた。その條件を示せば左の如くである。

一溝口築堤、五ヶ郷用水程立戶板、大水時者、則可立彼戶候、堤等破損之時者、毎度可加修

理事

一御成以下勅使内侍於御通路者、可懸橋申候、破壊之時者、毎度可加修理事

一神田流失分事、年貢米柒石充、以社家器物、毎年拾月中、無懈怠爲五ヶ郷可致其沙汰事

一口入人革島勘解由左衞門請文、別帋在之、

一此外對社家、不可致神敵之儀事(註一五)

卽ち松尾神社神田前に用水取入口の設置を、神社より承認してもらふ代償として、取入口には堤防を築き、五箇庄に適當量の用水が流入するやうに戸板を立て、洪水の際はその戸板を締切り、以て神社の領內に溢水の抑入るのを防止し、且つ堤防の修理は、五箇庄側の責任とすること、西芳寺參詣道路にあたる用水路上には、橋を架設し、且つその修理は、五箇庄の負擔たるべきこと、松尾神社の神田流失分として、五箇庄より毎年十月中に、神社の枡にて年貢米七石を、(井料といふ名儀にて)神社に納入すること、斡旋者革島の請文も神社に納むべきこと、この外何事によらず、神社に對して、五箇庄より一切不都合な行爲を行はぬことの諸條件の履行を約し、若し右の中一箇條と雖も、これに違背した場合には、直ちに神社より用水取入口を塞ぎ、通水を停止さるゝも已むを得ない旨を誓約したのである。

松尾神社對五箇庄の用水爭論は、爰に全く終熄したかと思はれたのであるが、事實は決してさうではなかつた。この後應仁の社會秩序混亂の時代を經て、また三度び蒸返されることゝなつた。前記の妥協成立以後約三十年を隔つる文明十一年六月、幕府は、左の奉書を以て、五箇庄側の非違を取締つたのである。

（端裏書）
「就井口之儀、松尾ェ（マヽ）被成奉書 文明十一 己亥六七」

松尾社雜掌申當社境內用水通路事、去寛正二年被經御沙汰、任康曆二年久世・寺戸・河嶋・富田・下桂五鄕請文、於石塔口、可通彼用水旨、御成敗之處、今度一亂中、立還堀新溝之條、其咎不輕、所詮度々證文分明之上者、如元石塔口可通溝、若猶有違亂之族者、可被處罪科之由、被仰出候也、仍執達如件、

文明十一
六月七日　　元連 在判
　　　　　　貞秀 在判

當鄕之名主沙汰人中（註一六）

右の奉書に據れば、松尾神社は既に康曆二年の久世・寺戸・河島・富田・下桂五箇庄の請文の旨に任せ、寛正二年幕府の裁決により、石堂口より引水すべきことにきまつてゐたに拘らず、五

箇庄側は、應仁亂の混亂に乘じて、非法にも新規に溝を掘つたと申立て、これを幕府に訴へたので、幕府は五箇庄の非違を禁止し、從前通り石堂口よりの引水を嚴命したのである。松尾神社は寛正二年の幕府の禁止令をのみを問題にして、翌三年の五箇庄との妥協を全然無視して、五箇庄の神田前からの引水權を認めぬ態度をとつたのである。而して幕府もこれに從つて五箇庄が石堂口以外の取入口より引水するのは非法であると斷定したのである。かゝる判決に對して、五箇庄が屈服し得なかつたとは當然である。神田前からの引水は、上揭の如く、極めて大きな讓歩によつて、辛じて留保し得た大事な權利であつたから、松尾神社の云ふ如く、新溝を掘ると云ふことが、假令違法であつたとしても、この重要な取入口の使用を禁止されるのを座視することは出來なかつた。この爭論は獨り五箇庄のみの問題ではなかつたので、以前分裂した他の六庄も俄かに五箇庄と再び團結して、二月に至り、反對に松尾神社の取入口不當埋塞を幕府に告訴し(註一七)、遂に幕府をして、

山城國西岡十一鄉給主等申桂川用水溝事、去年爲松尾社家雖被埋之、爲作毛就有其煩歎申之間、任度々御成敗奉書之旨、至水路者、如元堀通之、鄉々可全耕作之由、被仰出候也、仍執達如件、

文明十二
三月十日　　　　　　　　　　　　　　　　　貞秀判
　　　　　　　　　　　　　　　　　　　　　數秀判

西岡十一郷給主御中（註一八）

との奉書を出さしめ、復々松尾神社の違亂を停止し、舊の如く神田前の用水路、即ち今井溝を確保することに成功したのである。かくの如くにして、久世上下庄以下十一箇庄或は五箇庄と松尾神社との多年にわたる用水相論は、大體結末を告げたのである。

この爭論は普通の用水爭論と、些かその趣を異にし、神社側では用水其ものを獲得せんとしたのではなく、專ら用水路開鑿にともなふ交通上の支障を問題としてゐるのに對して、莊園側の論點は、その生命線とも稱すべき十一箇鄉用水路（今井溝）の安全確保にあつたことは、特に注目に價する處である。

(3) 久世上下兩庄以下五箇庄と山城八條西庄との用水爭論

上久世・下久世・牛ケ瀨・大薮・三鈷寺領（築山カ）の五庄は、上に述べた松尾神社との長期間にわたる用水爭論が、未だ落着しないうちに、更にまた石淸水八幡宮領山城八條西庄との間に、激烈なる用水の爭奪を開始しなければならなかつた。西庄（以下八條西庄を、當時の略稱に從つてかくの如く呼稱すことゝする。）は、京都八條通の西への延長線が、桂川畔に達するあたり一帶の地を占めてゐた莊園であつて、桂橋の袂より少しく下流に當る地であつた。西庄は、桂川を横切る堰堤を以て河水を堰止め、これを自庄内に導入して、灌漑に充てゝゐた。西庄の對岸にあつた五箇庄に於ても、當時同様に桂川を堰止めて、河水を用水に使用してゐたので、用水に關する兩者の利害關係は、必然的に背馳し、桂川を挿んで互に上流へ上流へと用水取入口・堰堤を設置して行かうとする努力に依り、爭論は惹起し、激化されたのである。

この爭論の發生は、史料の說明する範圍で云ふならば、前記の如く五箇庄が松尾神社と用水爭論を行つてゐた文明十年であつた。卽ち今井溝について松尾社と係爭中であつた上久世・下久世兩庄竝に石原庄は、西庄の取入口より上流に、新しい取入口を開いたので、西庄の取入口は、その機能を喪失したらしく、西庄は幕府に訴へて、久世上下庄等の新規の非法を禁止せしめた。然るにそれにも拘らず久世上下兩庄は、翌文明十一年に至り、またこの新取入口を再興したので（註一九）、幕府は重ねてこれに禁遏を加へたのである（註二〇）。かくして問題は一時的には落着した。ところが明應年間になつて、久世上下庄等は、又々この取入口によつて導水を開始したので、西庄は忽ちその非を鳴らし、幕府に訴出たのである。そこで幕府はかの文明十一年の裁決を

基礎として、

善法寺雜掌申石淸水八幡宮領山城國八條西庄用水事、自往古相定在所社家進退之處、去文明十一年、構新井於社領之上、任雅意之條、被遂一段糺明、被成奉書訖、然今重而及違亂云々・事實者好而招其咎歟、言語道斷次第也、所詮向後可令停止其綺、若於度々背御下知、致緩怠者、可被處嚴科之由、被仰出也、仍執達如件、

明應三
七月廿三日

清房判
元行判

久世上下庄名主沙汰人中(註二一)

との奉書を以て、久世上下庄に新規の取入口の廢止を命令し、尋でまた久世上下庄の領主である東寺にも同樣の禁止令を下したのである(註二二)。この取入口は今井溝と相並んで久世上下庄以下諸庄にとつては、正に生命線であつて、そう簡單に拋棄することは出來なかつた。されば五箇庄は幕府の禁止令に背いても、それよりの分水を繼續せんと企圖し、翌明應四年七月、久世上下庄の公文は連署請文を東寺に提出し、この取入口（彼等の呼稱によれば地藏河原用水井口と云ふ。よつて以後この名稱を用ふる。）の正當なることを主張し、

雖何在所候、可通井水候、若爲公方樣被尋下事候者、罷出可糺申候、(註二三)

と、必要があれば、自分達が幕府の法廷に出頭して、陳辨しても差支ないと、東寺を鞭撻してゐるのである。東寺がこれに依つて、果して如何なる態度をとつたか明かではないが、何れにしても、明應三年七月廿三日の幕府の裁決は、東寺側を納得せしむるに足りなかつたことは明瞭で、遂に幕府は改めて再審理を進めざるを得なかつた。明應四年八月、上下久世庄等五箇庄は、左の如き訴狀を幕府に提出し、地藏河原井口の正當なることを主張したのである。

(端裏書)「第一番

五ヶ庄目安案明應四」

山城國西岡五ヶ庄上久世・下久世・大藪・牛瀨・三古寺、沙汰人等謹申

右子細者、桂庄地藏河原西頬用水井口事、自往古號地藏河原井、守水便、五ヶ庄進退仕處、西庄公文福地新左衞門光長、就公儀構新井於神領上之由掠申、度々給御下知、塞井口之條、言語道斷之次第也、依之五ヶ庄之旱損莫大也、殊更久世上下庄者、爲東寺鎭守八幡宮領、等持院殿樣御寄附以來、異于他御祈禱料所也、然而如此子細出來之時者、御願定而可及闕怠歟是一、殊自河東之神領、令河向之井口違亂事、前代未聞非理所行、何事如之哉是二、始而立

井口於神領上之由、以外之至也、從以往水便掘通事、無其隱是三、所詮被退無理之押妨、任當知行之旨、可通用水之由、蒙御下知者、可忝畏入者也、謹粗言上如件、

明應四年八月　日(註二四)

この訴狀の內容を要約するならば、五箇庄側は、先づその中心をなす久世上下庄が、如何に重要な莊園であるか——幕府にとつては始祖である足利尊氏が、この兩庄を祈禱料所として、東寺鎭守八幡宮に寄進したと云ふ歷史的事實——を强調し、更に次の二項に就いて、西庄の非違を訴へたのである。

一桂川東岸に存在する西庄が、西岸にある五箇庄の取入口を違亂するのは、越權の沙汰であること

一地藏河原用水の取入口は、今度新に西庄の取入口の上流に開鑿したものではなく、昔より水便に從つて設置した取入口であること

五箇庄側のかくの如き告訴に對して、西庄側は直ちに應酬し、翌九月に答狀を提出し、五箇庄側の非理を攻擊した(註二五)。その支狀の要點を示すと、大略次の通りである。

一西庄は灌漑の爲め、往昔より桂川に於て、上流は醍醐田井手より、下流は八條(西庄)神

領井手までの間を支配して來た處、長祿三年の大旱魃の際に、五箇庄は八條（西庄）神領井手を破壞したので、西庄は幕府に請ひ、その違亂を停止した事は隱れなき事實である。然るに五箇庄は、其後に於ても、度々同樣の亂暴を働いたが、其都度幕府の禁遏を蒙つてゐる。

一五箇庄は地藏河原用水は、自己の進退に屬すると主張してゐるが、地藏河原と云ふ地名の起原である地藏堂は、桂川の東岸の西庄用水取入口の傍にある。而して五箇庄と同じ西岸の下桂庄の文書にさへ、「地藏河原西庄用水」と記してゐることよりしても、この用水が西庄の支配を受くべきことは、自ら明らかである。

一元來用水取入の方法は、桂川の此岸より彼岸へ、一直線に横斷する堰堤を築くことになつてゐる以上、西庄が川向ふの用水施設を破壞すると云ふ五箇庄側の申立は、全く無意味である。

一五箇庄は、昔から松尾馬場先と呼ぶ土地より、今井溝と稱する用水路を開いて灌漑してゐた處、其後下桂庄の地下人に依賴して、八條西庄井手より下流の西岸である下桂庄地內に、今堂口と云ふ新取入口を開鑿した。然るにこの今堂口も最近三十年間も使用しないでゐて、専ら今井溝からのみ引水してゐながら、今度遽に西庄の取入口より上流にあたつて、新取入口を構築して引水するのは非法である。(第二圖參照)
五箇庄は、これに對して直ちに同じ九月の中に、二問狀を以て、左の諸點に就いて反駁を加へたのである(註二六)。

一西庄が證據としてゐる長祿・文明年間の幕府の奉書は、畢竟西庄が姦策を廻らして幕府より僞り給つたもので、從つてその奉書は無効である。地藏堂が西庄の地域内にあるからと云つて、用水も自庄の支配に屬すとする西庄の議論は成立しない。又東岸に取入口を有する莊園が、西岸の取入口に容喙することは非法である。

一用水取入の目的の爲めに、河水を一圓に堰止めると云ふ西庄の申立は非法である。然る時は、旱魃の際には、下流の水田は何れも旱害を甘受しなければならぬと云ふ不合理に陷ることになる。

一今井及び今堂口の兩取入口の外に、今又新取入口を設置する點を、西庄は攻擊するが、元來取入口は、水便に隨つて變更し得るものであつて、なにも一箇所とは極まつては居らぬ。西庄が桂川東岸の醍醐田井手より、八條(西庄)神領井手に至る間に於て、何處にても取入口を開設する權利を有すると同様に、五箇庄としても、西岸の上野井手より、五箇庄井手（今堂口）に至る間に於て、何處にても新取入口を開鑿することは差支ない筈である。（第一圖參照）

〔第一圖〕

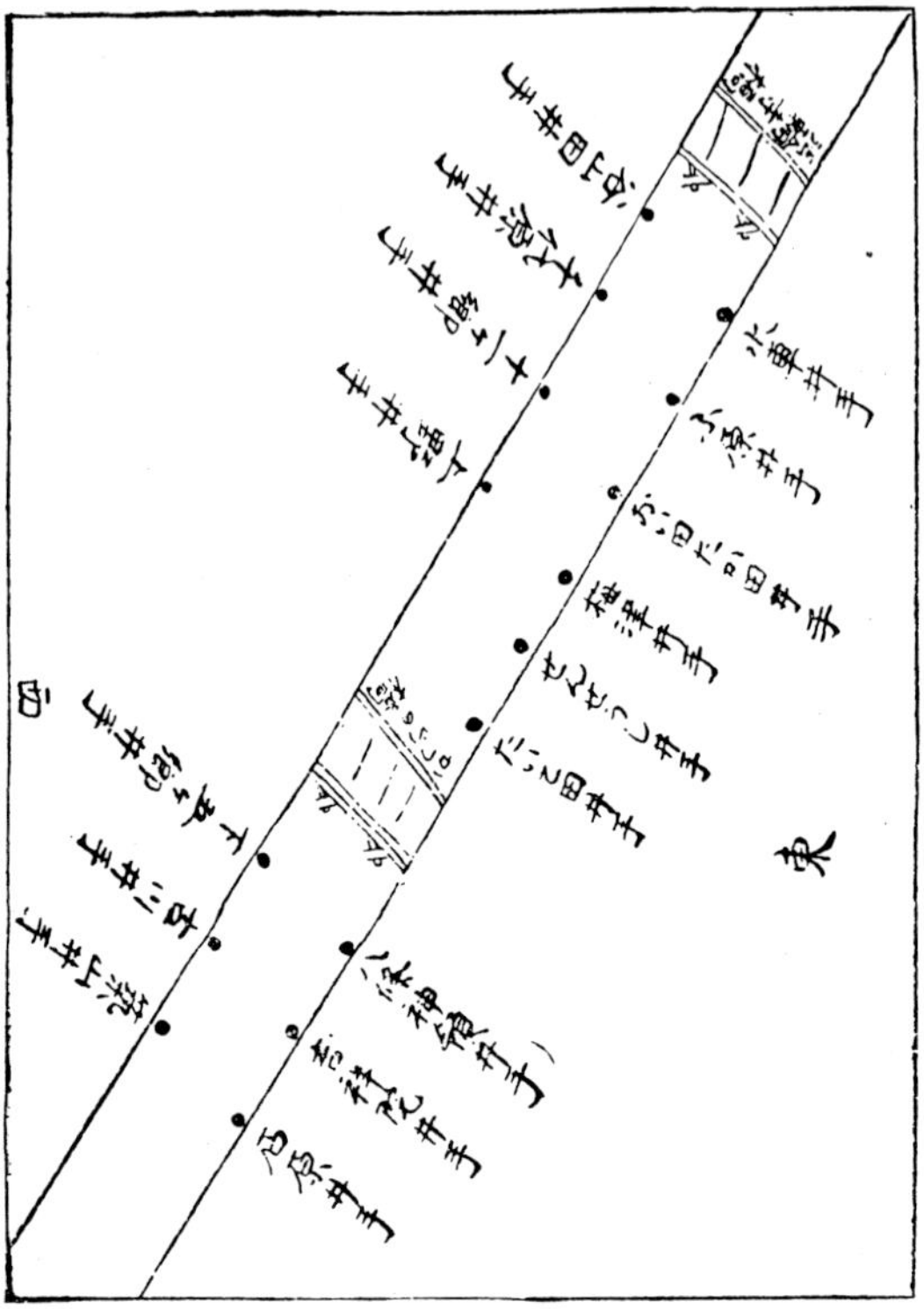

以上のやうな五箇庄側の主張を否定して、西庄は、翌十月に二答狀を以て、次の如く陳辯したのである(註二七)。

一五箇庄側の今度の訴訟は、要するに西庄の用水を强奪せんとする惡意から出發したものである。以前度々の旱魃に際し、五箇庄は用水不足で難儀した時、何時も東岸の梅津庄の用水を奪取しなかつたのに、今度に限り西庄の用水を押領しやうと企てるのは、畢

〔第二圖〕

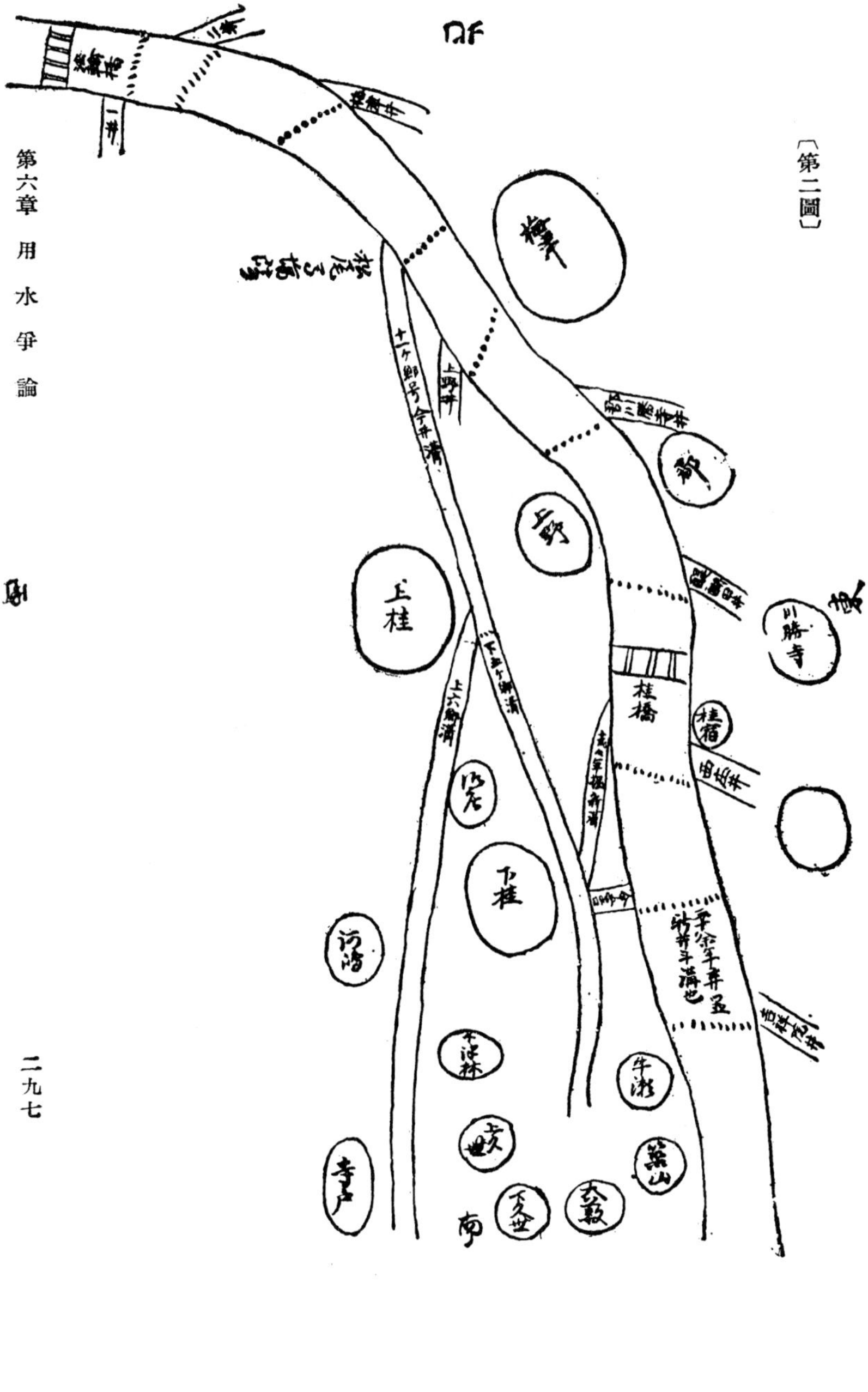

覚西庄が莊園として面積が狹少なるを輕蔑しての所行である。

一五箇庄は上野井手より、今堂口井手に至る隨所に、取入口を開く權利があると號するが、それは虛言である。何となれば、五箇庄は去々年德大寺庄內に新取入口を設けんとし、同庄の雜掌に懇願した處、本所である妙法院より拒絕された事實がある。

一五箇庄は、河流を一圓に堰止めることを非難するが、堰堤と云ふものは、必要があればこそ、上流へ〳〵と堰止めるものである。旱魃の時は、西庄の取入口より上流にある醍醐田井手が、河流一圓に堰止めても、西庄はこれに違亂を加へるやうなことはない。又その上流の郡・川勝寺井手が、同樣に河水を一圓に堰止めても、醍醐田井手より異議を插むやうなことはない。このやうに桂川には數多の用水取入口が存在するが、それらに對して、五箇庄は故障を申立てる權利はない。

一五箇庄側の主張は、今堂口と今井溝を混同してゐる。今堂口取入口の來歷は、五十年以前、五箇庄と地元の下桂庄の農民とが、勝手に契約を結んで開いたが、下桂庄の領主である近衞家ではこれを怒り、その農民を追拂ふと同時に、五箇庄への分水を禁止した。そこで五箇庄は近衞家に詫を入れ、井料を支拂ふとの條件のもとに、ようやく引水を許されたのである。しかし三十年以前よりこの取入口を使用せずして今日に至つてゐる。然るに今度の旱魃に當り、この今堂口取入口跡を捨置き、西庄の取入口の上流に新規の取入口を設け、西庄の用水を奪取せんとして、下桂庄内にて、合戰の準備をした爲めに、又近衛家の怒に觸れ、近衛家に於ては、昔の今堂口取入口を復活して使用するに非れば、五箇庄側の用水は、一切通水せしむべからざる旨を、下桂庄代官に嚴命した事實がある。

このやうにして、訴訟は進展し、愈々三問三答の最後の段階に入つた。五箇庄側は翌十一月に三度目の問狀を幕府に提出し、西庄の辯疏に對抗して、左の主張を上申したのである(註二八)。

一西庄側は、その地域の狹少を侮つて、五箇庄がかゝる非法を敢てすると稱するけれども、用水の問題は土地の大小に左右されるものではなく、專ら水便に據るのである。

一河流の一圓堰止は、西庄側は違法行爲ではないと、本事件と無關係の例を擧げて自己の正當を主張するが、それらは左程用水に困らぬ土地の例に過ぎない。今度の旱魃に依る五箇庄の用水難は、他に類例を見ない程激烈なものである。

一西庄は五箇庄の用水の沿革に就いて、種々の說をなしてゐるが、何れも遠い昔物語であつて、全く信用するに足りない。

かゝる五箇庄の三度の挑戰に對して、西庄の三答狀が提出されたことは確實であらうが、文書が殘らぬので、その內容を窺ふ由もないのは殘念である。

以上の如き經過を辿つて、所謂三問三答の幕府に於ける書面審理は完了したのである。しかしこれに對する幕府の判決は、容易に決定しなかつたやうである。五箇庄は、かく未解決のまゝ荏苒日を送るをもどかしがり、用水獲得に焦慮した。されば五箇庄の一である牛ヶ瀨庄の如きは、爭論を一擧に有利に解決せんと企圖し、この訴訟審理の掛の幕府奉行人を差しおき、別の奉行人につき、別途の奉書を賜つたと號して、西庄の取入口を破壞せんとする事件が起つた。そこで幕府は、翌明應五年四月、その違法を難詰し、訴訟は目下審理中であるから、その間は從前通りの形で灌漑を繼續すべきことを命令したのである(註二九)。されども幕府の裁決は前述の如き書面審理のみでは不十分であつたらしく、五月九日、雙方をして幕府の法廷に出頭し、對決せしむることにした。西庄からは公文福地光長と、石淸水善法寺の雜掌二人が出頭し、五箇庄側は、各庄の代表者五人及び東寺の雜掌二人が出頭した。而してこの五人の中、下久世庄公文久世弘成は、才幹あり辯舌爽かな處から、特に選ばれて對決の衝に當つたのである。此時幕府の役人として立合つたのは、五箇庄側奉行諏訪貞通、西庄側奉行飯尾行房、證人奉行飯尾春員、右筆奉行松田賴亮の四人であつた(註三〇)。かくして對決を終了し、六月六日に至り、幕府は清房の私邸に於て、雙方の代表者に左の如き奉書を手交したのである。

當寺領山城國久世上下庄以下五ヶ庄與石清水八幡宮領同國西八條西庄用水相論事、被對決之處、兩方申詞無異子細之條、難休者歟、爰於神領西庄者、慈照院殿以來、至當御代、雖帶度々奉書、無糺明之沙汰、然每度及鉾楯物忩之儀、自他依不可然、被折中之上者、西庄・五ヶ庄令和談之、以用水半分宛、可專耕作。若背御成敗者、可被付彼用水於一方之趣、可被加御下知五ヶ庄之由。被仰出候也、仍執達如件、

明應五
五月廿八日

貞通（花押）

清房（花押）

東寺雜掌(註三一)

これによれば、雙方の主張は夫々理由があつて際限がないし、また爭論は穩かではないから、互に示談して、用水は半分宛支配せよ。若し違犯する時は、用水全部を反對側に與へることゝすると云ふのである。この奉書を受取つた西庄の代表者は、「既社領成荒野之上者、追而可致訴訟」と、折半の判決に對する不滿を表明し、再び訴訟を提起すると主張したので、奉行飯尾清房は、

「已爲上意、以中分御成敗之處、兎角被申事不可然、至于愁訴者、五ケ鄕又以可爲同篇」（註三二）と、今度の折半の判決は將軍の命令であるから、苦情を云ふべきではない、又再び愁訴すると云ふが、五箇庄でも西庄と同樣に意に滿たぬ處があるであらうから、愁訴せぬやうにと宥めて、歸庄せしめたのである。

以上の爭論の經過を觀察するに、大體に於て、五箇庄側の主張は、西庄のそれに比較して、幾分無理があつたもの丶如くである。されば五箇庄に於ては、對決に期待する處頗る大であつて、特に久世弘成の如き辯論の雄を選拔してこれに當らしめたのであつた。その結果五箇庄としては寧ろ滿足すべき、又西庄にとつては些か物足らぬ折半と云ふ判決を得たのである。されば西庄は上述の如き不平を唱へたのに反して、東寺に於ては寧ろ喜悅して「今度用水對決之事、下久世公文弘成、被撰鄕中遂對決、申披子細之間、公方奉行人等、近頃之申詞之由、皆々令褒美之條、爲庄家爲寺家忠節也、」と、弘成の對決の座に於ける見事な辯論振は、臨席の幕府奉行人をして近來稀な應答であつたと賞讃せしめ、その結果訴訟を有利に導いたことは、東寺にとつても、莊園にとつても、實に忠節の至りであるとし、

感狀　久世奉行　判

桂地藏河原用水相論事、石清水八幡宮領與五ヶ庄、於沙汰所及對決之處、弘成當于其撰、依子細於申披、速屬郷中理運之條、神妙之至、且寺家之御本望、且未來之龜鏡、被感思召之旨依衆議執達如件、

公文所法眼判

六月一日

久世越中守殿(註三三)

との感狀を與へ、その功を賞したのである。

幕府の愼重な審理の結果、この長期にわたつた用水爭論に對して、愈々下された判決は、結局用水の折半であつた。このやうな微溫的な裁決は、殊に西庄に滿足を與へることは出來なかつた。されば翌六年、用水の需要の最も著しい夏が訪れると、この判決は忽ち無視され、爭論は又も再燃することゝなつた。卽ち一時は奉行の慰撫によつて承服はしたが、飽迄も自己の正當を主張して已まなかつた西庄は、再び爭論を蒸返し、如何なる方法によつたかは詳かではないが、三月廿七日付の幕府の新しい奉書を獲得して、地藏河原用水を全部引水したので、五箇庄側はかゝる西庄の措置は、明かに去年五月廿八日の折半の奉書の旨に違背することを訴へ、判決通り用水の折半の實行を幕府に願出たのである(註三四)。そこで幕府は西庄に與へた奉書を破棄し、五箇庄

の訴を認め、西庄の押領を禁止し、中分の實行を嚴命したのである(註三五)。其後明應八年に至るや、幕府はまたこの命令を反古となし、西庄側の用水不足による不作の歎願を聽許し、以前破棄した明應六年西庄に與へた奉書を有効と認め、西庄の用水一圓支配權を再確認したのである(註三六)。五箇庄側は、幕府のかゝる朝令暮改、反覆常ならざる態度には到底默止することが出來ず、八方手を盡して幕府要人に働きかけて、自己に有利な奉書を求めんと計ると同時に、西庄が一圓に引水してゐる河水を違亂妨害した爲めに、遂に文龜二年十月七日、山城守護より重ねて嚴重な禁遏を受けたのである(註三七)。されども五箇庄側は、これに屈せず、如何樣にしても爭論を有利に展開せしめんと死力をつくし、領主東寺に働きかけ、人を介して幕府の要路者に請託し(註三八)、又山城守護方へも運動した(註三九)。更に文龜三年三月には、五箇庄は幕府に訴狀を提出し、地藏河原用水は、既に明應四年の判決に依り、西庄と五箇庄と折半することになつたにも拘らず、西庄は不作を口實にし、用水一圓支配の許可を受けて、五箇庄の灌漑を違亂した爲め、五箇庄は悉く旱魃に陷つた情況を縷陳し、從前通りの折半を復活されんことを愁訴したのである(註四〇)。また翌四月には東寺も同樣の趣旨の嘆願書を幕府に差出したのである(註四一)。

かくの如き用水不足の狀態に置かれた五箇庄の農民等の難澁はその極に達したらしく、此年六月の田植時に當り、久世庄の公文は、東寺に左の如き書狀を寄せてゐるのである。

就今度地藏河原用水之儀、公儀種々雖御扱候、不事成候之間、其以後別之在所ニ、可立井口之由、鄕中致談合、其調法を今日迄仕候へ共、今之分者、甚々難儀候之間、不及力候、此上者當作毛少々雖根付仕候、無冥□候之間、定而用水可退轉候、其時者田地共可不作候之間、爲御心得致注進候、此旨可預御披露候、恐々謹言、

文龜三
六月朔日　　公文 道德（花押）

公文所殿人々御中（註四二）

卽ち五箇庄では、用水の訴訟問題が、思通りに進捗しないので、互に相談の結果、別の土地に新取入口を開設することゝして、その準備をして來たが、現在の狀勢に於ては、これも不可能である。兎も角も苗をすこしは植付をすましたが、この樣な情況では灌漑が出來ないので、不作は到底免れ得ないであらうと云ふのである。かくするうちに、五箇庄竝に東寺の當局に對する猛運動が、愈々効を奏して來たものゝ如く、此年六月十九日の上久世庄公文寒川家光の注進狀に、

仍地藏河原用水之事、此間石原雅樂助方より、色々致談合、無爲調法候て、一昨日溝之口を掘あけ。用水田間ぇ下候、（註四三）

とあるやうに、石原庄の豪族石原雅樂助の斡旋により、西庄との妥協は成立し、五箇庄は六月十七日に、又々用水を折半する爲めに、取入口の再開が許可されたのである。以上の如くにして、前後數十年の長きに亙つた激烈なる地藏河原用水に關する爭論は、爰に用水の折半と云ふ方法によつて、無事に終結を告げたのである。

(4)上久世以下五庄と上野庄との用水爭論

丹波の幽谷を拔けて、山城平野の西北隅に流出す桂川は、松尾神社の鳥居前、即ち松尾馬場先或は御前淵と云ふ地點に於て、遽かに東流し、暫くして更に殆ど直角に方向を變じて南下してゐる。上野庄はこの屈曲點の內側に存在した小莊園であつた。而して領主は上下久世兩庄と同じく東寺であつた。かくの如き地理的條件を具へてゐた上野庄は、灌漑の便に惠まれ、直接に桂川より引水してゐた關係から、上記の十一箇庄、或は五箇庄の用水組合的な組織の中に加入してゐなかつた。應永二十六年の此地方の灌漑地圖に依れば(註四四)、上野庄は御前淵に於て、十一ヶ鄕今井溝のすぐ下流に、上野庄井手と稱する堰堤を設け、桂川の河水を堰留め、上野井といふ上野庄專用の用水路を以て之を庄內に導入してゐたことがわかる。このやうに上野庄は桂川の河水利用の點に於ては、頗る優越した條件を有した莊園であつた。しかしながら他の一面からすれば、それだけに頻發した桂川の氾濫の危險に、さらされることも免れ得なかつたのである。庄域の北及び東の二邊が河岸であつたこの莊園は、桂川が一度增水すると、水田は忽ち泥土の覆ふ處となり、灌漑施設は、一朝にして押流されることは珍しくはなかつた。灌漑施設の破損は、莊園領主・農民雙方からいつて、一日も放置し難い問題であつたから、直ちにその修理を行はなくてはならぬ。然らばそれに要する修理費は誰の負擔であつたであらうか。東寺は上野庄に於ても、上下久世庄の場合と同樣に、名主の負擔を原則とし、その不足分を領主としての立場から、好意的に援助すればよいと考へてゐたのであつた。莊園の小地主であつた名主は、殆ど連年繰返される修理費の負擔に堪切れず、勢ひ支出を懈怠し、終には全額東寺の支辨を要請するといふ事態が起り、爰に灌漑施設復舊費の問題を巡つて、東寺と上野庄との間に、面倒な紛爭が繼續したのである。例へば永享四年、上野庄は、度重なる洪水によつて埋塞した灌漑施設を復興せしむる資力がなく、又東寺よりの復舊費の給與を得られないので、その儘放任しておいた處、全く灌灌不能に陷り、爲めに全庄の水田は畠地と化したと東寺に訴へ、多額の修理費の下行を强請した。東寺は、かくの如き上野庄の請求は理由なきものであり、假令今回の復舊に多大の費用を給與しても、また一度氾濫が勃發すれば折角修理した施設も、一擧に破壞し去るのは火を睹るより明かであるから、全庄畠地と化したといふならば、寧ろ畠地としての年貢を上納せしむるに如くはないとの決論に到達したので、上野庄の要求を峻拒したことは上述した如くである(註四五)。かやうに修理費の捻出が不可能となつた上野庄の採るべき途は、他庄の灌漑用水の一部を貰受ける以外にはなかつた。卽ち翌永享五年、上野庄は桂川から直接引水することを中止し、上久世庄以下五箇庄の用水路である五箇庄井よりの分水を企圖し、東寺より五箇庄井の井守である上久世庄の公文に上野庄への分水を命令されんことを懇請した。多額の灌漑施設修理費の支辨を嫌ひ、一旦は畠年貢の取立てを決意した東寺も、かゝる方法によつて、上野庄の水田が復活出來るのを、もつけの幸として、上久世庄以下を說得して、上野庄へ分水せしむることにしたのである(註四六)。このやうに分水の議は定まつたが、その實行は案外暇どり、愈々永享十年になつて、五箇庄井よりの分水は開始された。卽ち上野庄は、上久世以下の五庄に相當の禮物を贈與して、五箇庄溝の一部を切開いて、用水を自庄に導入したのである。然るに上野庄への分水地點の位置が惡かつたと見え、充分なる引水が出來なかつたので、上野庄は、翌十一年になつて、五箇庄側へ、分水地點の變更を申出した。五箇庄は去年分水を許可した以上、分水が困難であるならば已むを得ないからとて、これを承認し、五箇庄側の立會のもとに、上野庄は、去年の分水口より約半町許り上流に、新分水口を設置したのである。然るにその工事半ばに、五箇庄の一である牛ヶ瀬庄は、近隣の下桂・革島兩庄を誘ひ、遽かに上野庄への分水口の移動に就いて異議を申立てた爲めに、上野庄と牛ヶ瀬以下諸庄との間に、訴訟が勃發するに至つた。牛ヶ瀬庄の訴狀の要點は、

一上野庄が從來約諾せる地點より、一町餘も上流の地點に、勝手に新取入口を開鑿するのは非法である事

一上野庄は以前から利用してゐた古溝の復興を怠慢し、新取入口を以て五箇庄井より引水するのは不法である事

一上野庄は夜陰竊かに舟を以て石を積み、又戸板・芝草等を以て、五箇庄井を堰止め、用水を盜取つてゐるが、これは非法である事

と云ふにあつた。これに對する上野庄の辨疏は大略次の如くであつた。

一今度の上野庄の措置は、關係諸庄の承諾により、半町許り上流に新取入口を開いたもので、決して不法には非ざる事

一五箇庄側の沙汰人等の意見では、强いて古溝を掘るべしといふことはなかつたが、牛ヶ瀬庄等の主張を容れ、人夫を以て古溝を五箇庄用水路まで掘付けておいて、その上で新取入

口を開いた事

一牛ヶ瀬庄は、夜陰にまぎれて用水を盜むと云ふが、分水の協定が成立したのは、六月十一日で、それから分水した處で、今年の稻作には間にあわない。要するに今回の分水は、來年以後の稻作を目的とせるものであるから、なにも今年五箇庄井の水を盜取る必要は毛頭ないのである。それを用水を盜むと主張する牛ヶ瀬庄こそ不都合である事（註四七）

此爭論に就いては、他に史料を闕くので、その顚末は詳かでないが、連年の洪水による自庄の用水施設の破壞に困却し、他庄の用水路よりの分水を計劃した上野庄は、こゝに又新なる障碍に當面するに至つた。されどもこの分水權は、其後に於ても承認されてゐた。

永享五年より約三十年後の寬正二年に至り、上野庄の用水にとつて又重大な問題が起つた。此年上久世庄以下五箇庄は、松尾神社と用水爭論を構へ、御前淵より桂川を引水する五箇庄井の使用は、神社より禁止されることゝなつた（註四八）。五箇庄は已むなく今堂口と稱する新用水取入口を下桂庄內に開設することにしたのであるが（註四九）、これで最も重大な打擊を受けたのは、五箇庄井より分水してゐた上野庄であつた。五箇庄井の廢止は上野庄にとつてまさに死活の問題であつたので、上野庄は五箇庄井の復活を東寺に嘆願し、又東寺は上野庄に對し、「爲五ヶ庄今道（堂）口可掘由申間、然者上野庄者、如元悉可成畠之間、諸名主方へ、井水事可然様致了簡、庄家無爲之様、可沙汰由」を命じ、それと同時に松尾神社に對しても、人を介して種々談合を開始したのである(註五〇)。東寺は又幕府の奉行人淸和泉守貞秀に斡旋を依賴したので、貞秀は松尾神社の主張を聽いた處、同社は五箇庄側が二十數年間にわたり、暴力的に御前淵より引水した事情を申述べたので、貞秀は松尾神社の申分を認め、仲介を斷つて來るといふ始末で(註五一)、東寺側は形勢頗る非なるものがあつた。しかし東寺側の運動はようやく効を奏したらしく、松尾神社は五箇庄井の使用を、今年だけは許可することゝなり(註五二)、この問題は一時的ではあつたが、兎も角も小康を保つことが出來た。尋で翌四年に至り、上野庄の用水路と、五箇庄の用水路の交換の問題が起つた(註五三)。このことに關する史料が十分でないので、その詳細を知ることは殘念ながら不可能である。其後寛正五年、上野庄はまた〳〵氾濫に依る灌漑施設の破壞から用水不足に惱み、更に十一箇庄(此時五箇庄は上六箇庄と連繫が成立して十一箇庄となつた。)へ用水の給與を依賴せざるを得なくなつた。五箇庄側はこの要求に應じ、石堂口より上野庄に分水することゝしたのであるが、その契約に領主である東寺が保證を與へられん事を主張したので、東寺は上野庄の爲めに左の如き請文を記して十一箇庄側に與へ、爰にこの問題は解決したのである。

定申就石堂口溝借申請文條々事

一彼在所之內。雖借申、於鄉中溝口、聊其煩出來者、雖爲何時、被取返可申事

一借申溝口仁井裏(理)可伏事

一鄉中井手急水之時、石或芝不可拔事

右借申子細者、上野溝口、自根本十一ヶ鄉雖在溝口之下ニ、依淵成不叶水便間、石堂口之內借申者也、萬一此溝佗事依申、鄉中用水事欠幷背此條々申候者、被早取返申也、仍爲後證請文如件、

寛正五年三月廿七日　　公文所法眼

十一ヶ鄉諸沙汰人御中(註五四)

即ち上野庄は、十一箇庄の石堂口より分水するに就いて、十一箇庄の引水の邪魔になるやうな行爲をする時は、分水は停止されてもしかた無いこと、又十一箇庄が急時の必要から導水してゐる時に、取入口の石・芝を拔くべからざる事の諸條件を嚴守せざる時は、分水權を取消されるのみならず、單に十一箇庄側が用水不足になつた時に於ても、上野庄への分水は中止されると云ふ契約であつたのである。かくして上野庄は元來五箇庄とは、無關係に桂川より用水を取入れてゐ

たのであるが、度重なる洪水に依つて、灌漑施設は破壞されたので、遂に五箇庄と契約してその用水の分與を蒙ることゝなつたのである。兩者の關係は、其後如何なる徑路を歩んだかは明かではないが、慶長二年四月、上野庄が五箇村の取入口を奪取せんとして、爭論を惹起してゐる事(註五五)より推せば、その關係は依然として、不可分のものがあつたであらうと考へられる。

註

一 東寺百合文書を十七下——十八
同文書ひ五十——六十にも「桂川地藏河原用水取五ケ鄕內諸本所の事」と云ふ文書があつて、上久世・下久世・牛瀨・築山・三鈷寺の本所關係を詳細に記したものがある。

二 此等の說明は、東寺古文零聚七所收の明應四年の作製と推定される地圖〔第二圖〕に據つたものである。

三 應永廿六年七月井水差圖(東寺文書一)

四 東寺文書一應永廿六年七月東寺申狀

五 東寺百合文書を十六

六 將軍の西芳寺參詣は花見の目的で、每年二月下旬から三月にかけて行はれるのが恆例であつた。長祿二年の參詣は、二月晦日であつた。(蔭涼軒日錄長祿二年二月晦日條參照)

七 東寺百合文書を十六

八 同上

九 同文書を一——五・十一——十三

一〇 同文書を十一——十三

一一 同上

一二 同文書を六——七

一三　同文書を十六
一四　同文書り三十五―四十六
一五　同文書を十四―十五
一六　松尾神社文書二・東寺百合文書を六―七
一七　東寺百合文書を十一―十三
一八　同上
松尾神社文書四にも、同社宛のこれと殆ど同文の幕府奉書案がある。
一九　此時の再興は、此年六月、上記の如く松尾神社と爭論して五箇庄は敗訴し、幕府より今井溝の使用を禁された爲めに行はれたものと考へられる。
二〇　東寺百合文書を八―十
二一　同文書ト四十六―六十・同文書を八―十
二二　同文書ニ一―二十五
二三　同文書ひ二十四―三十三
二四　同文書カ五十一―五十八
此訴狀に見える五箇庄は、築山の代りに三鈷寺が登場してゐる。この寺は乙訓郡大原野にある天台宗の古刹である。同寺文書享德元年十一月廿五日付當知行山城寺領目錄に據れば、所領は寺戸・鶏冠井・久世山・久我・久世石原方・牛瀨・桂東庄・上野等各地に散在してゐた。かゝる關係から五箇庄の一として、この爭論に參加したものと思はれる。
二五　同文書ヲ二十―三十二
二六　同文書カ十二―十九
二七　同文書カ一―十一・同文書ひ十二―二十三
二八　同文書ヲ十四―十九・同文書ひ十二―二十三

二九　同文書フ一―十六
三〇　鎭守八幡宮供僧評定引付（東寺百合文書ね）明應五年五月十一日條
三一　同書（同文書ね）明應五年六月七日條・東寺百合文書を一―五・八―十・同文書ト四十六―六十
三二　鎭守八幡宮供僧評定引付（東寺百合文書ね）明應五年六月七日條
三三　同書（同文書ね）明應五年六月十日條
三四　東寺百合文書ヲ十四―十九
三五　同文書を六―七・同文書を八―十
三六　同文書ニ一―二十五
三七　同文書を六―七
三八　同文書ひ十二―二十三・同文書を六―七
三九　同文書を一―五
四〇　同文書ひ一―十一
四一　同文書ヲ十四―十九
四二　同文書を八―十
四三　同文書ヲ一―十三
四四　東寺文書一
四五　第四章第三節參照。
四六　廿一口方評定引付（東寺文書三）永享五年四月二日條
四七　東寺百合文書や三―五
四八　上記「久世上下庄等十一箇庄と松尾神社との用水爭論」條參照。
四九　廿一口方評定引付（東寺文書四）寛正三年三月十九日條
五〇　同書同年三月晦日以下各條

東寺百合文書や一上所收五月一日付西芳寺出官梵芳書狀もこれに關係した文書である。
五一　廿一口方評定引付（東寺文書四）寛正三年四月廿九日條
五二　同書同年五月九日條
五三　廿一口方評定引付三寛正四年各條
五四　廿一口方評定引付（東寺文書四）寛正五年三月廿八日及び前後各條
此請文案は、東寺百合文書ツ四十七―五十一にも見えてゐる。
五五　鹿苑日錄二慶長二年四月二日條
第一圖　東寺百合文書ひ五十―六十、
明應四五年頃、五箇庄或は西庄の何れからか、證據の繪圖として、文書に副へて幕府に提出したものであらう。
第二圖　東寺古文零聚七
此圖は、その中に、「三十餘年棄置新井手溝也」と記してゐる點を、明應四年十月の西庄の二答狀の文言に照應さるべきであつて、恐らくこの二答狀に副へて、西庄より幕府に差出されたものであらう。又圖中「御庄」とあるのは、德大寺庄に相當すると思はれ處から、この地圖は、五箇庄が德大寺領內に新井手を開かんとして、同庄の本所妙法院から禁止された時、德大寺庄より妙法院に差出されたものとする推測も可能である。何れにもせよこの圖は、明應四年頃のもので、五箇庄の反對側に於て製作したことは明かであある。なほ圖中の空圓は西庄を示すものである。

以上は中世に頻發した夥しい用水爭論の中の極めて少數の例に過ぎないが、ともも角も、それに依つて莊園に於いて、用水が如何なる形で爭奪されたかといふことを、具體的に觀察して來たのである。

用水爭論の原因は樣々である。例へば井料の受授が爭論の焦點となつた場合も稀ではなく、また番水に於ける順序・時間等に就いて勃發した爭論も尠くはなかつた。此等に關しては、井料・番水の條に其々説明した處であるから、こゝに再說することは避け度い。爭論の原因の中で最も屢々見られたのは、新規の灌漑施設を建造することによる用水の奪取であつた。灌漑は常に自然的條件の制約を受けること頗る多大である。用水源が池沼である場合はそれ程でもなかつたが、河川より用水を引用する時には、用水は非常に不安定の狀態に置かれてゐると云はなければならない。河川が氾濫すると、取入口や用水路は押流され、泥土の底に埋つてしまふ。また旱魃に際しては、河流は枯渇し、水位は低下し、從つて取入口は導水困難に陷ることも珍しくはない。然るに灌漑は片時も等閑に附せられぬ問題であつたから、直ちに復舊工事が行はれなければならぬ。そこで埋塞した取入口や用水路を掘上げるとか、或は新しい位置に、新しい施設を築造する必要が生じて來るのである。單に舊施設を舊の形で復活するのみならば、問題は割合に簡單であるが、舊施設を新しい形に改造し、特に新しい施設を新しい地點に建造するとなると、甚だ面倒な事件が起り勝である。何故ならば灌漑施設の新設、特にその位置の變更は、灌漑に關する權利關係が、頗る錯雜を極めてゐた中世に於ては、その土地だけの問題ではなく、他地の灌漑に大かれ少かれ影響を與へる場合が多かつたからである。當時の爭論に「新井」を立てると云つてゐるものの大部分は、實はかやうな他に惡影響を及ぼすが如き灌漑施設の新設であつて、かゝる行爲は當時の社會通念から云つて、一般に非合法的行爲とされ、當然禁止さるべきものであつた。上述の久世上下庄を中心とする五箇庄と、八條西庄との爭論の論點も、實にこの問題にあつたのである。かやうな例は非常に多いが、その二三を示すならば、德治年間の近江國鯰江庄と柿御園・小脇鄕との用水爭論がそれであつた（註一）。即ちその原因は、「立新井事」であつた。正中二年十月の美濃國鵜飼西庄地頭と葦敷鄕代官との用水爭論は、「令建立新儀井、延慶以後打止往古用水」（註二）と云ふことが中心の題目であつた。また天文二年の遍照心院と山城朱雀以下諸地の農民との用水爭論も亦、農民等が堀川用水に、新取入口を開設したことから惹起した事件に他ならなかつた（註三）。

用水爭論は、當時の各種の爭論の中で、最も激烈な又解決し難いものゝ一であつた。灌漑は水稻栽培の生命であり、用水は水田の血液と稱しても過言ではない。されば爭論に際し、その裁決に當つた當局者は、頗る愼重を期し、原告・被告雙方を對決せしめ、繪圖以下の證據物件を徵し、或は檢使を派遣して實地檢證を行はしむる等、あらゆる手段を盡して適切なる判決を下さうと努力したが、雙方を納得せしむることは常に困難であつた。假令當局者が一度判決を與へた處で、上述した如く、用水それ自體が、變化し易い性質を多分に具へ、しかのみならず爭論の解決の方法如何は、直ちに莊園及びその領主の死活問題に影響するので、原告・被告の主張は、甚だ强硬を極め、勢ひ爭論は再燃し、三轉し、何時果てるともわからぬやうな長期に互ることも稀ではなかつたのである。かの久世上下庄以下西岡諸庄の用水爭論、或はまた紀伊名手庄と丹生屋村との用水爭論が、反覆常ならざる狀態で長年にわたつて繰返されたのは、何れもかやうな事情に依つたのである。かゝる永續性は用水爭論の最も大きな特徵の一であつて、このことは「水掛論」なる譬言によつて明示されてゐる處である。

また用水爭論には、屢々暴力行爲が伴ひ、時には血醒い事件すら惹起したことも亦、上述の理由から當然考へられる。興福寺衆徒等が薪園に亂入し、農民の住屋數十宇を燒拂ひ、これに對抗して石淸水八幡宮が神輿を奉じて嗷訴を企てたと云ふ天下を震駭せしめた大事件の原因となつた上記の山城薪園と大住庄との用水爭論は、その好適例の一であらう。また上に說明した名手庄と丹生屋村との爭論に於ても、粉河寺の衆徒等數十名は、武具を手にして丹生屋村の農民多勢を率ゐて、大擧名手庄內に闖入し、用水取入口を破壞した點に、かゝる傾向を明瞭に看取出來る。殊に中世末期頃になると、莊園内部に武士の勢力が伸張し、武士が用水の問題に容喙することが多くなり、かうした事件は愈々枚擧に遑ない位頻發したのである。例へば長祿四年五月、紀伊國根來寺と粉河の圓福寺とは、激烈な用水爭論を行ひ、これに介入した紀伊守護畠山義就は、重臣遊佐豐後守を始めとし、主な家臣だけでも數十人を失ひ、戰死者の總計は七百名に達したという(註四)。寬正五年には、相國寺鹿苑院領近江國安孫子と近隣の押立保の住民等は、用水の爭奪を契機として、猛烈なる鬪爭を行ひ(註五)、また文明十一年七月、近江國坂田郡に於ては、上坂・三田村兩庄間に用水の爭奪が起り、その合戰に戰死した者は、六百人を越したと云はれる(註六)。更に明應六年六月、河内國では、用水爭論から豪族遊佐・譽田兩氏の間に一大激戰が行はれた事實がある(註七)。

以上の考察に依り、中世に於て用水爭論が如何に頻繁に、如何に長期間に亙り、且つ如何に激烈に行はれたかが理解される處である。

最後に中世の用水爭論の費用の問題に少しく觸れて置かうと思ふ。長期にわたり激烈な訴訟には、尠からぬ經費が必要であつたことは申すまでもない。然らばこの經費は一體誰が負擔したのであらうか。東寺領に於ては、前述した如く、用水施設の修理經營に要する一切の費用卽ち井料は、元來その土地の名主の負擔と定められてゐたのであるが、用水爭論の經費も亦、これと同様に名主等の支辨すべきものであつた。されどもこれも井料の場合と同じく、一つの原則に過ぎず、實際は領主東寺の負擔となつたことが多かつた。例へば長祿三年十一月、久世上下庄以下五箇庄は、訴訟費用の一部を、東寺よりの援助に仰がんとし、上久世庄は侍分十五人及び地下人十餘人を東寺に送り、三日間にわたつて懇請した。東寺はかゝる費用の援助は、先例なしと一應は拒絶したが、上久世庄公文寒川氏の斡旋によつて、遂に樽代との名目で、米貳石を五箇庄側に支給し、以て訴訟費に充當せしむることゝしたのである(註八)。又文明十二年十月にも、上久世庄公文等は、東寺に訴訟費用の下行を强請したのに對し、東寺は例によつて、名主負擔の原則を堅持して、その支出を拒んだが、莊園側のあまりの執拗さに困り果て、結果七石の米を與へざるを得なかつたのである(註九)。次に訴訟の費用の領主と莊園との負擔の割合及び訴訟費用の内容を具體的に示す史料として、明應五年の東寺の訴訟經費算用狀を左に揭げることゝしやう。

(端裏書)
「□水沙汰入足郷中江遣文案 明應五 五廿七 散用」
(用)
就地藏河原用水沙汰用途事
明應四年四月四日
二貫文　　加賀方へ

三百文	ゝ日	同木村方へ
二百卅二文	閏二月十六日	御輿代粮以下
六百五十二文	同十九日	飯尾加賀へ御奉行以下御出時代粮以下
六百七十二文	同日	川原井口御覽時御扃立酒直
百十三文	同日	指圖料紙以下
五百文	同日	繪師御禮
五百八十九文	三月廿二日	繪師以下重而川原出時出之、
八百文	同日	柳二荷勢州へ參、
九百文	同日	折三合代
一貫文	同日	蜷川中務禮物
二百廿三文	同廿五日	年預御輿代粮以下
百卅一文	四月自七月九日マテ	雜掌在京入目二ヶ月分
百卅一文	四月廿八日	雜掌在京入目
一貫文		木村方會尺

同日
二百文　飯川方取次御方

同日
五百四十三文　兩御奉行御輿代粮以下

五月二日
一貫文　飯川新七郎方

同日
一貫文　飯尾加賀方へ

同日
五百四十三文　兩御奉行御出時代粮以下

同日
百十三文　飯川方中間參時酒直

同日
三貫文　御乳人江御禮物

同日
二百六十八文　御奉行衆御出代粮

三十八文　木村中間參時酒直、兩度

同前
百七文　雑掌在京入目

同十五日
二貫文　勢州へ御禮奉書催促時

同
六百文　柳二荷同方

同日
二百五十文　同肴代同方

同日
一貫文　蜷川中務方

同日
五百文　飯川方へ取次御方御禮
同日
二百七十文　御奉行勢州へ御出時代粮□
同十五日六日
八十四文　雑掌在京入目
貳貫文　就對決
御祈禱方下行物
二百文　飯川方中間小者酒直
已上廿三貫文內
明應四年八月三日
二貫四百文　郷中ヨリ出分
同五年三月十九日
二貫八百文　同方ヨリ出之、
同三月廿五日
七百文　牛瀬ヨリ出之、
同五月十七日
三貫文　郷中ヨリ出之、
已上八貫九百文引之、
殘十四貫百文　寺家之引違
此外折紙錢四十五貫文已前注遣之可出之、
一　若黨中間等酒直

代粮等可入之、

明應五々廿八日鄉中ェ遣之案、公文所ェモ一本アリ、（註一〇）

右の散用狀に據れば、上下久世兩庄以下五箇庄と八條西庄との用水爭論に際し、明應四五年の交に、上下久世兩庄の領主として、東寺が支出した訴訟費用は廿三貫文であつて、此中八貫九百文は、東寺領莊園及び牛瀨よりの支出を以て充當し、殘の十四貫文百文は東寺の直接支辨したものであつた。更にこれらの費用の內容を檢討すると、この訴訟の審理を擔當した幕府の奉行である飯尾行房・伊勢貞陸及び貞陸の執事である蜷川氏並に行房の被官人木村氏等に對する禮物・酒肴料等がその半を占め、其他訴訟の爲めの雜掌の宿泊料や、訴訟對決を有利に導かんがための祈禱の費用、或は實地檢證に奉行が現場に出張した時の用脚、更に證據物件としての地圖作製の費用等が計上されてゐるのである。以上に依つて、東寺がこの訴訟について如何なる方面に費用を散じたが、頗る明白に理解されるであらう。それのみならず、自己に有利な奉書を得る目的の爲めには、折紙（奉書）錢と云ふ名目のもとに、東寺は幕府に實に四十五貫文と云ふ巨額の錢を贈獻してゐることは注目に價する。元來此等の費用は、上述の如く東寺の支辨すべきではなく、莊園側の負擔すべき筈であつた。現に東寺は、

用水落居之奉書披露之處、方々江禮物六十餘貫文、早々爲五ヶ郷、可致沙汰之由、下久世庄公文仁可加下知云々、(註一一)

と云つてゐる。然るに現實に於ては、諸方への禮錢以下二十三貫文中、十四貫文餘は東寺の支出であり、また折紙錢四十五貫文は、恐らく全部東寺の支辨であつたと推察されるのである。こゝに於ても訴訟費用は、莊園側の負擔であると云つても、結局大部分は東寺の負擔となつたことは明かである。

これらの金額は、明應四年二月より翌五年五月に至る僅々十六箇月間の總計である。されば上下久世庄が下方諸庄と用水に就いて事を構へて、幕府の審理を仰いでから、八條西庄との爭論を終結するまでの數十年に於ける訴訟費用は、假令その間毎年上述の明應四・五年に於けるが如き多額の錢の支出は見られなかつたとしても、驚くべき巨額に達したであらうことは想像に難くない處である。またかくの如き訴訟費の支辨は、東寺のみの問題ではなく、當然相手方の松尾神社或は八條西庄の領主である石淸水八幡宮等に於ても同樣であつたであらう。而して原告・被告雙方は、諸費用特に幕府及び要路者に對する禮錢又は酒肴料の贈呈を競ひ、その結果勢ひ訴訟費の膨脹を招くことになつたことも看過出來ない事實であり、そしてそれが崩壞への道を進みつゝあつた荘園領主の財政的窮乏に對する一つの拍車となつたことも容易に想像される處である。

註一　興福寺三綱補任裏文書

二　大通寺文書二

三　熊谷家文書

四　大乘院寺社雜事記長祿四年五月廿五日條

五　蔭凉軒日錄寛正五年三月十七日條

六　晴富宿禰記文明十一年七月廿日條・雅久宿禰記文明十一年八月廿一日條等

七　明應六年記六月廿日條

八　鎭守八幡宮供僧評定引付（東寺百合文書ね）長祿三年十一月廿二日條

九　同書（同文書ね）文明十二年十月六日以下各條

一〇　東寺百合文書ひ三十四――四十三

一一　鎭守八幡宮供僧評定引付（東寺百合文書ね）明應五年六月十日條

第七章　中世的灌漑の崩壞

第一節　武士の灌漑支配

莊園制も南北朝時代から室町時代頃となると、愈々衰頽に赴いたのであるが、とりわけ應仁亂を一つの重大な轉機として、急速に崩壞への道を急ぐことゝなつた。そしてかうした崩壞過程の中に早くも中世的或は莊園的なものを否定しつゝ發芽し來つた近世的な萠芽は、遽に成長を遂げる形勢を明瞭にして來たのである。灌漑の問題は總ての時代を通じ、水田稲作の最大基本條件の一であるだけに、社會機構の遷變に重大な寄與をし、またその影響を直接に受けない筈はない。されば崩壞期莊園に於ける灌漑は、莊園制そのものと頗る密接な關係を保ちつゝ、漸次莊園的色彩を淸算しつゝ、近世的な灌漑への方向を進んだのである。本章の目的は其邊の事情を明かにすることにあるのである。

莊園的灌漑が崩壞してゆく諸樣相は、極めて部分的且つ分散的ではあつたが、既に本書の處々に於て、一應は取扱つて來た。それらを再びこゝに括言するならば、莊園制の發展は、各地に莊園が濫立する現象を齎し、その結果土地に關する總ゆる權利關係が錯雜し、就中灌漑の權利關係は、それが莊園經濟の基礎をなした米の生產の最大の條件であつたゞけに、一層複雜化せざるを得ない狀態であつた。而して莊園制下の水田に對する用水の相對的な不足狀態は、上記の灌漑の權利關係の複雜化と相俟つて、隨所に激しい用水爭論を展開せしめたのである。また莊園制崩壞の最も重要なる原因の一として、先づ第一に擧げられる在地勢力の發展が請負制の形態をとつたことが珍らしくなかつたことは、既に一般に說かれてゐるが、灌漑の問題に於ても、同樣の請負制の發達を思はせるものがあつたことは、西大寺領小泉池の例を以て說明して來たのである。更に頻發した用水爭論解決の爲めに、將又領內の灌漑施設の修理築造のために、領主は如何に夥しい費用の負擔を餘儀なくせられ、而してそれが、崩壞に瀕した中世末期の領主の財政に對して、拍車的役割を果したであらうとの推測を下して置いたのである。これらは、灌漑が中世的な支配・管理より近世的なそれに推移して行く上に、夫々重要な意義を有してゐたのは勿論であるが、それにも増して重要な問題として考ふべきは、武士的勢力の灌漑に關するあらゆる權利を、領主の手より强奪した事實、竝に莊園内部に發達し來つた農民等の自治的組織が、灌漑を支配するに至つた事實でなければならない。

先づ第一に武士、就中地頭の用水奪取であるが、それは早くも鎌倉時代に見られた。例へば近江國佐々木庄小脇鄕地頭佐々木賴綱は、德治年間、隣の興福寺領鯰江庄の用水を切落したし(註一)、また弘安元年十二月八日の淡路國鳥飼別宮雜掌・地頭和與狀に、

一地頭抑留一庄用水、令引自分名田事

右用水者、地頭更不可抑留之、所詮爲兩方之計、可致一庄平均之沙汰也矣、(註二)

との一條が含まれてゐることから、同地の地頭藤原富綱が、用水を自己の名田に獨占的に引漑するといふ非法を行つてゐたことが想像される。元德四年には、紀伊國池田庄豐田村地頭栗栖六郎入道と同庄中村地頭某とは、互に用水を奪合ひ、遂に訴訟となつたので、兩者は六波羅に於て對決すべきことを命ぜられた事實がある(註三)。更に建武二年四月十日の綸旨に據れば、下野國中村庄地頭小栗重貢は、同國長沼庄の用水を押領し、朝廷から禁遏を蒙つた事實がある(註四)。このやうな地頭の用水奪取の問題は、全國にわたつてその例に乏しくはなかつた。鎌倉幕府の武斷的政

治力を背景とし、且つ又自分でも强大な武力を擁した地頭等が、莊園內に自己の經濟的地盤を擴大するに、最も好都合な方法の一として、かくの如き用水の押領を敢て行つたのは當然と云はなければならぬ。而してかゝる現象が全國的に看取された點に、既に崩壞への第一步を踏出した鎌倉時代に於ける莊園領主の手より、莊園の灌漑支配權が離脫して行かうとする傾向が漸く顯著に認められたのである。

莊園制の崩壞は、室町時代となると加速度的に强まつた。莊園の用水に對する領主の支配・管理權の脆弱化、武士の灌漑掠領は愈々明瞭な形を示した。この間の事情を最も詳細に物語る例證として、興福寺領大和國能登・岩井兩河用水の場合を取上げるとしやう。この用水が領主興福寺の支配統制のもとに、長年にわたりかなり秩序正しい番水に依る分水を行つたことは既に詳述した處である。興福寺のこの用水に對する統制の由來は頗る古く、史料の上に現れてゐる處より推察しても、少くとも平安時代末期乃至は鎌倉時代初期まで溯り得る。從つてまた前記の六庄間に於ける分水の方法も亦、その當時以來のものと考へられる。しかしながらこの分水法は、最初から確固たる法的形態を具へてゐた譯ではなく、長い間の慣行が漸次固定した結果であつた。されば それは慣習法特有な根强さを有してゐたと同時に、その反面に成文法的な確實性を闕き、案外脆弱な一面もあつた。それに番水の順序が、各庄の用水慾求の申文の呈出に依つて決定されると云ふこの用水の特殊性が、その脆弱性を一層甚しくしたと云へやう。興福寺が廣大なる所領莊園を擁し、權勢を誇り得た時代には、衆徒國民の名の下に、寺に隷屬してゐた諸豪族は、何れも領內の年貢の徵集・警察・寺社の警衛等の仕事を掌り、又一朝有事の際は、忠實なる寺兵として、領主興福寺に奉公した。然るに一度興福寺の權威が衰へ、その拘束力が失墜するや、武力を有する彼等は、從來の立場をかなぐり捨て、寺領の內にその勢力を伸展し、寺命を奉せず、時としては寧ろ反噬的な態度を持するに至つたのである。かくして中世末期に於ては、彼等は完全に興福寺の支配を脫し、これと對立抗爭し、遂には寺領莊園の蠶食すら敢て行ふに至つた。そして彼等の、莊園そのものゝ統制と表裏をなす寺領用水の統制に對する妨害、或は强奪はかくして開始されることゝなつたのである。

中世末期に於て、波多森新庄は、より强い引水權を有する四十八町庄を凌いだことは、前述した如くである。然らばかゝる用水引用權の上に於ける波多森新庄の擡頭は、何によるのであらうか。我々はその蔭に働いてゐる武力の存在を見逃すことは出來ない。波多森新庄は元來興福寺一乘院門跡が直務した土地である。しかるに永享の初年、寺僧の學舜房實憲がその給主となり、尋で兄の陽舜房光宣法師がこれを知行し、其後明舜房順宣の知行する處となつた(註五)。文明十年頃となると、豪族越智氏の代官岩田氏が給主となり(註六)、更に文明十二年には、同じく越智氏の代官堤氏がこれに代つた(註七)。かくして同年六月堤氏は三橋庄に引漑中の用水を、武力を以て波多森新庄に引水し(註八)、同十五年七月には、堤氏は又三橋庄に引用中の用水を奪取したのである。これに就いて、三橋庄の下司椿井氏は抗議したが無駄であつた。興福寺は、「凡云三橋庄下司、云新庄下司、今度横領之職共也、」(註九)と嘆くのみで、手の下しやうもなかつた。更に文明十七年六月に至ると、堤氏の暴行は愈々烈しくなつた。卽ち四十八町庄の百姓等は、當然の權利として、波多森新庄に引漑中の用水を、興福寺の公人等の協力を得て切落したので、新庄側は激怒し、給主堤氏の部下は、百姓を率ゐて四十八町庄に亂入し、百姓及び公人等を追散らし、その上越田尻庄に押かけ、同庄內にあつた四十八町庄の百姓の住居に放火すると云ふ亂暴を働いたのである。そこで興福寺は急遽學侶の神水集會を催し、張本人堤氏の名字を五社七堂に籠めて呪咀せんとしたが、何故か取止めとなり、又波多森新庄に發向せんことを決議したが、新庄には古市氏の一族である長井氏の息子竝に古市氏の若黨である北山氏等が居住しゐるのに恐をなし、遂に敢て進發することも出來ない始末であつた。この騷動に就いて、時の興福寺寺務大乘院尋尊が、

然則新庄進發事、中々不及其沙汰而止了、連署神水根本成空了、是云新庄、云堤方、權門故也、無力寺門失面目了、(註一〇)

と慨嘆してゐるのは、よく事件の眞相を穿つてゐると稱すべきであらう。

この種の事件は波多森新庄に於てのみならず、他の各庄にても發生したのである。即ち康正三年八月、古市氏の被官鹿野薗氏は岩井川用水を、又見塔院辨公は能登川用水を暴力的に違亂した。彼等の口實とした處は、此等の用水は毎年八月一日以後は、最早興福寺の番水による統制下を離れ、所謂不吉水となるのであるから、取勝ちに私田に引漑しても差つかへないと云ふのであつた。そこで興福寺は、八月以後も不吉水とならなかつた先例を援用して、辛じて事なきを得たやうである(註一一)。尋で長祿二年六月に至るや、又三橋・四十八町兩庄の間に、面倒な問題が惹起した。卽ち三橋庄の第三回目の引水と四十八町庄の第二回目の引水の間に、紛議が發生したのである。この裁決に當つた興福寺は、先例と云ひ、道理と云ひ、當然水主莊園である三橋庄に灌漑せしむべきことを主張したに對して、豪族豊田賴英は之に反抗し、四十八町庄は近來不作續であり、其上同庄の百姓等は、越田尻庄に居住する賴英の被官人である事實を主張し、四十八町の要求を容れられんことを强請したのである。興福寺は結局豊田氏の武威に脅かされ、賴英の强請を承認し、彼は「奉公之仁」であるとからと云ふ理由を强ひて作り、自己の敗北の表面を取りつくろつたのである。而して三橋庄に對しては、今回の措置は、一時の方便であつて、決して將來の先例としないことを條件として慰撫して、漸く結末をつけ得たのである(註一二)。

以上は諸豪族の領主領內灌漑に就いての管理統制權侵害を、能登・岩井兩河用水に關して觀察して來たのであるが、かゝることは獨り此用水のみにとゞまらず、中世末期の莊園に於ては、かなり普遍的な現象であつたのである。かくの如く武士等の用水管理統制權侵害行爲は、更に積極化して暴力的掠奪となり、遂には武士等の灌漑に對する支配權の確立にまで展開して行つたのである。換言すれば莊園領主が掌握してゐた莊園に於ける灌漑に關する總ての權限は、莊園制の崩壞と步調を一にして、何時しか武士的勢力の支配に推移して行き、やがて近世の自治的な用水支配が發展して來る端緒が茲に開けたのである。

註 一 大宮文書上・興福寺三綱補任裏文書
二 石淸水文書一
三 栗栖文書
四 皆川文書
五 大乘院寺社雜事記文明十七年六月能登岩井兩河用水相論條々
六 多聞院日記文明十年六月廿六日條

七　大乘院寺社雜事記文明十二年五月廿八日條
八　同書文明十二年六月七日・八日條
九　同書文明十五年七八日條
一〇　同書文明十七年六月十一日・十二日・十三日・廿日・廿一日・廿三日・廿九日・七月一日・廿五日各條
一一　同書康正三年八月七日條
一二　同書長祿二年六月十一日條

第二節　農村の自治的灌漑支配の發展

荘園領主の灌漑支配權の喪失に就いて、上述の武士等の侵害・掠奪と相並んで考へられなければならぬ問題は、中世末期に發生した莊園乃至は村落相互間に結成された自治的結合が、自主的に灌漑を支配經營するに至つた事實である。先に用水の爭奪が如何に激烈に行はれたかを示す例證として、鎌倉時代に於ける石清水八幡宮領山城薪薗と興福寺領同國大住庄との用水爭論及び高野山領紀伊名手庄と粉河寺領同國丹生屋村との用水爭論、室町時代に於ける東寺八幡宮領山城上久世・下久世兩庄を中心とする所請西岡諸庄の用水爭論等を見て來たのであるが、いま此等を仔細に觀察する時、薪園對大住庄、名手庄對丹生屋村の爭論と、久世上下庄を中心とする爭論の間には、かなり著しい相違が存在することに氣附くであらう。即ち前者に於ては、領主石清水八幡宮・興福寺、或はまた高野山・粉河寺が、爭闘の陣頭に立つて、莊民を率ゐて、積極的な武功抗爭を行つてゐる。これに反して後者の場合は、爭論の主役は決して領主ではなく、同じ用水を分けあつてゐた領有關係を異にする幾つもの小莊園の聯合體であつて、領主としては、僅かに上久世・下久世兩庄の領主である東寺が爭論に參加してゐた以外は、殆どこれに關與したらしい形跡は認められなかつたのである。その東寺にしても、莫大な訴訟費を負擔したとは言へ、爭論に關しては左程の積極性はなく、寧ろ莊園側の鞭撻によつて、抗爭を續けたに過ぎなかつた觀があつたのである。即ち鎌倉時代の用水爭論では、領主自身が頗る積極的な態度をとつたのに對し、室町時代に於ては、領主側の態度は極めて消極的であり、莊園側が立役者として振舞つた形であり、しかもそれは用水を分配しあふと云ふ共同利害關係によつて結ばれた小莊園の聯合體であつたことが、特に注意を惹く點である。かくの如き用水爭論の形態の甚しい相違は、何に原因したかと云ふに、その最も重要な原因を一言にして盡せば、爭論の背景をなしてゐた莊園制の性格的な差異であつたと云へるであらう。即ち鎌倉時代にては、莊園に於ける領主的權威が確立して居り、莊民を指導し得る立場にあつたが、室町時代に入ると、莊園制は急速に崩壞への歩を早め・

領主の勢力は俄かに衰頽し、これに反して莊園內部に發芽してゐた農民の自治的結合による勢力が、次第に社會の表面に現はれて來るやうになつたと云ふ根本的な相違に由つたのである。

莊園に於ける莊民の自治的な傾向は、旣に鎌倉時代より、相當に濃厚に認められたのは事實である。しかしそれが普遍化し、明瞭化して來たのは、何と云つても南北朝時代から室町時代にかけての現象と云はなければならない。謂ひかへれば、農民等の自治的結合は、莊園制の崩壞に比例して發展して來たのである。かやうな自治的な組織の發展は、各方面から眺められるが、室町時代に於て、莊園に命令又は通告する文書の宛名の書樣に依つても窺知することが出來るであらう。此時代の莊園關係の文書を觀るに、「名主沙汰人中」に宛てたものが、非常に多いことに氣がつくであらう。このことは莊園內にて名主・沙汰人の如き農民中の有力者が、或種の纒りを有し、彼等が農民の代表者として、上よりの命令・通告を受領し、これを實行に移す力を具へてゐたことを物語るものと思はれる。かくの如き纒りを中核として、一庄・一村全體を含む農民の自治的組織が出來上り、その意志は農民の生活のあらゆる問題に就いて規範を示し、その組織は更に進展して、時には一種の議決機關にまで成長した例も乏しくなかつた。而してこの機關は農民の總意が直接的に反映し、農民等に對して頗る强大な拘束力を有したのは勿論、場合によつては領主にとつても輕視し難い勢力となつたことも屢々であつた。かうした農民の自治的組織は、一般に「惣」と云ふ語で表現される場合が多かつた。

名主・沙汰人等を中心として結成された農民等の自治的組織は、領主の權威の衰頽に逆比例して發展し、農村に於ける種々の問題を處理し、特に彼等の生活に最も重大なる意味を有する灌漑施設の建造・管理を行ふやうなものも現れて來た。我々は曩に、永仁年間、和泉國池田庄の農民等が、領主松尾寺より敷地の貸與を受け、これに用水池を築造した事實を見て來た。彼等は直接田地の耕作に從事した一般の農民ではなく、松尾寺との契狀に、「池田庄上方箕田村沙汰人・名主百姓等」と記されてゐる通り、箕田村と稱する農村を代表する有力者達であつた（註一）。而して其中の一人、卽ち僧頼辨は、村役人の一である刀禰であつた點は、特に注目に價すると思はれる。

かやうに名主・沙汰人と云ふやうな身分の農民等が、自分等の手で用水池を建造し、これを管理した例は同じ和泉國大番保に於ても見出される。貞和三年七月の和泉國大鳥庄地頭田代了賢の重訴狀の中に引用されてゐる大番雜掌祐尊の陳狀には、「蓮根池者、松近名下地也、今池者、重富名下地也、共以爲大番名建立池之間、祐尊可取沙汰之條勿論也、」と記され、蓮根・今兩池共、大番名の名田內に、大番名の者達が築造した池であるから、名主の身分を有する雜掌祐尊が支配するのは當然であると主張してゐる。右に據れば、此等の池は純粋に農民等の建造にかゝり、その支配も彼等の手中に握られてゐたことが理解される。そして池の管理は池司が擔當し、「池司職者、松近名主左近將監宗遠相傳」とある如く、名主が代々池司職に任づることになつてゐた。また池司は一人ではなく、「被結番池司職」とある如く、數人の名主等が結番に依つて、順次交替して管理の任に當る筈であつた(註二)。

次に紀伊國那賀郡粉河寺領東村に於ける例を觀察することゝしやう。永仁四年十二月廿七日、藤原竹恒は、田地三十五歩を、池の敷地として賣却したが、買手は「東村之人」であつた(註三)。又康永元年十二月、熊若女は私領一所を、同樣に池代卽ち池の敷地として、「東村悅谷池之勸頭田徒衆」に賣渡してゐる(註四)。勸頭田徒衆の性質は、詳かではないが、勸頭とは番頭に近い意味を有するかと思はれ、また田徒は田堵と同意義かと想像され、兎も角も名主級の人達であつたと考へられる。上記の康永元年の賣劵の記載に據れば、彼等は東村悅谷池を管理して居り、今度新に築池の必要から、熊若女の田地を購入したと推察される。この推測は、永享八年五月十八日の悅谷勸頭衆定書に、「池役ヲ永享八年四月十八日ニ勸頭衆被沙汰間、此田分於除申、」(註五)とあることに依つて、或程度まで裏書されるであらう。又永仁四年の藤原竹恒の賣劵に現れてゐる「東村之人」も、恐らくかくの如き名主的身分の農民等であつたと考へてよいであらう。以上の諸例に於て明かにせられた如く、既に鎌倉倉時代末期に於て、農民等の中には、領主とは無關係に自分達だけで用水池の建造を行ひ、自治的に之を管理統制する者が出現し、而して彼等は、名主・田堵の如き農民中の小地主的な有力者であつたことが判明したのである。

名主・沙汰人等を中心とする一庄・一村の農民等の自治的組織は、軈て數箇の莊園・村落の聯合にまで發展したのは當然の趨勢であつた。此等をかくの如く聯合せしめた紐帶としては、種々の事情が考へられなければならぬ。卽ち當時動もすると起り勝であつた領主の苛歛誅求、或はまた頻發した大小幾多の戰亂の災禍より、自己を保護せんが爲めの共同防衛には、かうした組織が絕對に必要であつた。又或る神社に對して、數地が共同祭祀を行ふやうな場合には、神事・祭禮を通じて、それらの間に或種の聯繫が生じ易い。かやうな自己防衛的・軍事的・信仰的紐帶もさることながら、それにも增して强靱なものは、經濟的共同利害に依る紐帶であつた。そして農業經濟、就中米を中心とする經濟が支配的であつた當時に於ては、灌漑の問題に依つて結合された諸莊・諸村の結合は、最も緊密なるものゝ一であつたのである。

莊園制の發展と共に、灌漑も亦頗る複雜となり、幾つかの莊園が、用水を共同に利用する必要が生じたことは、上に屢々述べた通りである。そしてかうした共同利用には、分水施設の共同經營、用水の適切な分配がまた必然的に要求されたのは言ふまでもない。かくして灌漑の問題は、同一水系に屬する幾つかの莊園・村落を堅く結付ける紐帶となつたのである。各庄が灌漑施設の共同經營を行つた例は尠くないが、その一例を擧げると左の如きものがある。

一井手ノ事、鳥見池ヲ一里計せキ上事ハ、田中庄・外河庄・新木庄三ヶ所ヨリノ沙汰也、(註六)

とあるやうに、大和國田中・外河・新木の三庄は、鳥見河に自分達だけで共同の井手を構築してゐたのである。又明德元年の攝津國三國堤の修理は、垂水庄・穗積庄・榎坂・野田秋永の如き領主關係を異にする四所が、分擔してこれに當つてゐるが(註七)、かゝる共同經營も用水を中心とする諸地の協力を基礎として、始めて可能であつたと考へられる。中世に於ける一般的な用水の分配法として、施設に依る分配、時間に依る分配の方法が廣く採用されたのであるが、これらの分配法も、先づ引水諸地の間に何等かの了解が必要であり、或種の聯繫が存在しなければ、採用され得なかつた筈であつた。就中時間に依る分配法、卽ち番水法の如きは、特に用水が不足勝ちの情況に於て行はれる傾向を有したゞけに、引水地間の聯合は一層緊密なることが要求されたのである。

かくの如き灌漑に依る聯繫は、近畿地方のやうに、莊園制が極めて早くから高度の發展を遂げ、耕地が所謂錯圃形態を有した場合が多い地方に於ては、特に顯著なものが認められる。例へば西岡諸庄と總稱された山城乙訓郡地方の小莊園群は、各庄は何れも一段・二段と云ふ零細なる耕地の集積より成り、しかもそれらの耕地は互に入交つた狀態に置かれてゐた。かやうな條件の下に於ては、一庄の田地のみを對象とする灌漑は到底不可能であつて、灌漑はどうしても各庄の共同にて行はれなくてはならなかつた譯である。その邊の事情を、最も端的に證明する史料として、西岡諸庄の中、上久世・革島・寺戸の三庄が、早くも曆應年間に今井溝の用水の共同利用に就き取結んだ契狀を左に示すことゝしやう。

契約

桂川要水今井事

右契約旨趣者、就此要水事、自然煩違亂等出來之時者、久世・河嶋・寺戸尤受此流水之上者、彼三ヶ鄕令一身同心、成合躰之思、面々無私曲可有其沙汰、若於背同心之儀鄕者、要水可打止之、此契約之旨僞申候者、

奉始上梵天帝尺四大天王、下三界所有天衆地類、惣者皇城鎭守諸大明神、別者鄕々鎭守大少(小)

神祇冥罰於可罷蒙之狀如件、

暦應□年七月九日

上久世季繼（花押）

河嶋安定（花押）

寺戸親智（花押）（註八）

右の契狀に據れば、今井溝によつて最も多量の用水を引漑してゐたのは、東寺鎭守八幡宮領上久世庄、仁和寺領寺戸庄及び三條・西園寺・山科三家領革島庄であつた。そしてこの三庄は一味同心して、互に不正なく引水し、若し違反が行はれるやうな時には、その庄への給水は停止さるべき旨を誓約しあつてゐるのである。

しかしかうした引水地間の聯繫が、最も鞏固に强化されたのは、その用水が他より脅威を受けたやうな場合であつて、そのやうな事情に於ては、その水系に屬する總ての諸庄は、聯合を愈々密接にして、他に對抗するのが常であつた。上久世庄以下の諸庄が、十一箇庄或は五箇庄と云ふ聯盟を作り、松尾神社又は八條西庄と、數十年に亘つて、桂川の河水を爭奪して來た顚末は、前に詳述した處であるが、かゝる爭論に際しての密接なる結束の實狀を窺はしめる好史料として、上久世庄以下五箇庄の間にとりきめられた契狀があるから、それを示すことゝする。

就地藏川原用水　五ヶ郷衆約諸事

一彼用水之事、去年既御糺明被盡淵底、被折中之處、當年福地新左衞門尉光長、掠申公儀之條、郷中衆頗及恥辱者歟、然者以一味同心之儀、可致其沙汰事

一就公私之儀、誕(談)合之趣、一切敵方江不可內通事

一此題目及大篇之御公事上者、沙汰用途等不奇(寄)多少、爲郷中各出、不可有難澁申事

明應第六四月廿一日

牛瀬 昌澂（花押）
三鈷寺 仙順（花押）
大藪 國治（花押）
公文 雅□（花押）
公文 家光（花押）（註九）

以上の契状を要約すると、上久世以下五箇庄は、八條西庄と桂川の地藏河原用水を爭つたが、西庄の公文福地の奸謀に依つて不利に陷つた。されば五箇庄は此際一層結束を强固にし、味方の協議事項を西庄側に內報することを嚴禁し、併せて今度の訴訟費用は、五箇庄が平均に負擔すべきことを契約したのである。こゝに注意すべきは此文書にしても、また上掲の曆應年間の上久世

庄以下三箇庄の契狀にしても、これに署名した人々は、在地の莊官又は土豪であつて、何れも名主を身分とする人達に他ならなかつた。そして彼等は、決して領主の命を奉じて行動したのではなく、夫々莊民の總意の代辯者として、莊園間の聯合に參加し、特に用水の問題に就いて、緊密な聯繫を結んでゐたのであつた。

このやうな莊園内部に於ける農民等の自治的組織の結成、更に進んでは莊園相互間に於ける聯合の發達は、それだけ領主の莊園支配の後退を意味し、領主の統制よりも、名主の如き農民等の代表者達に依つて指導された農村の自治的組織の統制が、農民を支配するに至つた點に、莊園制より近世的鄕村制への推移の姿の一端を窺はしめるものがある。換言すればかゝる自治的組織が、灌漑を一つの强靱な紐帶として結合され、强化されて行つたことは、灌漑の問題が、中世より近世への時代の轉換にとつて、社會的・經濟的に、如何に重大な役割を果したかを示して餘りあるものと云はなければならぬであらう。

註　一　松尾寺文書
　　二　田代文書四
　　三　若一王子神社文書（高野山文書九）
　　四　同文書

猶は此文書に收められた暦應四年二月僧仙基喜谷池敷放券に、「右件池敷地者、雖爲當知行内、依百姓等歎申、被永免除畢、」とあるのも、百姓等の用水池經營の一例と見てよいであらう。

五　同文書

六　三箇院家抄二

大乘院寺社雜事記文明二年六月十日條にも同樣の記事が見える。その外佐保川の水を貯へて灌漑してゐた新免田等の諸地が、堤の修理を關係諸地の合力によつて行つてゐたことが、同書文明二年六月十日の條に記されてゐる。

七　東寺百合文書み三十二――四十八

八　革島文書

九　東寺百合文書レ二十――三十一

第八章　近世的灌漑への展開

以上我々は、中世に於ける灌漑が、その基本的な土地支配體制である莊園制の特質及びその發展・崩壊と如何に密接な關係を以つて發達したかを、様々の角度から觀察して來たのである。そこで本章にては、その締括りの意味で、かゝる莊園に於ける灌漑が、近世に入つて如何なる發展を示すに至つたかと云ふ問題を、極めて概觀的に取上げてみたいと思ふのである。

既に室町時代の末に崩壊に瀕した莊園制は、戰國時代を經て、織田信長・豐臣秀吉の統一的政權の出現に依り、こゝに完全なる終焉を告げ、全國の土地は、新に近世的な大名領地制に編成替されることゝなつた。かうして出來上つた大名領地制は、徳川家康の創始にかゝる幕府の手で、愈々安定な地盤の上に置かれることになつた。と云ふと農村に就いても、或は莊園制より大名領地制への轉換に際して、中世には見られなかつた新しい性格の農村が、誕生したかに考へられるが、事實は決して左樣ではなかつたのである。何故ならば、莊園村落に於ては、旣に室町時代、或はそれ以前から、上述の農民の自治的組織の發展によつて代表されるが如き、近世的農村への轉身の兆候が力強く認められ、莊園制が倒壞し去つた瞬間には、もはやその近世化は殆ど完成の域に到達して居たからである。されば莊園制から新しい大名領地制への推移に當つても、農村は最早不用になつてゐた莊園制と云ふ外皮を簡單に脫捨てることにより、其儘の形で、直ちに大名領地制の中に攝取されることが出來たのである。つまりかうした早期に於ける農村の近世化は、旣に莊園制の中に於て、早くも近世の灌漑が進行すべき近世的方向を指示してゐたと云ふことが出來るのである。

莊園領主に代つて、農村の支配者としての位置を占めたのは、莊園制の中に育成された名主——地頭——守護を前身とする戰國諸侯であつた。彼等は元來莊園を母胎として生長を遂げたのであるが、終には莊園的體制を全く無視し、その所領を擴大し、分國と云はれる廣大な土地に强烈な支配權を確立し、これを足場として、互に激烈な戰鬪を行つたのである。そして彼等は他より獲得した土地・人民を、今まで保有してゐたそれに併せて、戰爭資源として益々充實せしめ、それを基礎として、更に新なる資源奪取の戰に出陣したのである。土地・人民の奪取とは一體何を意味するかと云ふに、畢竟それは農業生産そのものの獲得に他ならなかつた。かゝる立場から、諸侯は外に向つて戰ふと同時に、自領内に於ける農業生産の擴充に專念し、その爲めには種々の政策を實行したが、就中生産擴充の必須條件である灌漑・治水施設の整備に、少からず意を用ひたのは當然と云はなければならない。また他に向つて土地の奪取が考へられたと同じ意味で、諸侯の新田開發に依る新しい耕地の獲得が當時盛んに行はれた。そして新田開發には、先づ水の問題の解決が必要であり、故にかゝる方面からも、灌漑・治水の問題は、彼等の領主的關心を惹くに十分なる重要性を有してゐた譯である。

信長・秀吉に依り、互に角逐を續けて來た戰國諸侯は統一され、その麾下に服屬したのであるが、尋で德川家康の天下統一が完成するや、彼等は德川氏の幕府の下に、大名として全國の封地の統治に當ることゝなつた。かくして戰國時代からの長い間の戰爭は終熄したが、彼等の土地獲得の慾求は些も衰へず。却つて今迄戰爭へ割かれてゐた精力は、專らこの方面に集中される結果となり、從つて灌漑・治水の問題は、愈々重要さを加へて來た觀があつた。かくの如き情勢のもとに、嘗て莊園制に於ては、到底見られなかつたやうな大規模な灌漑・治水工事が續々と完成され、其他あらゆる面に於て灌漑・治水の飛躍的發展の時代が出現することゝなつたのである。

戰國時代から近世初期にかけての灌漑・治水の顯著な發展は、諸侯及び大名達のこの方面に對する熱烈なる慾求のみでは實現され得なかつた。それにはこれが容易に實現され得る幾多の條件が具備しなければならなかつたことは申すまでもない。その條件とは何であらうか。彼等の統治下に於ては、かゝる事業を遂行する上に、莊園制下にては存在しなかつた有利な事情があつた。卽ち莊園制では、土地・人民に對する支配關係が頗る錯雜し、莊園獨特の封鎖性が强く、これらが灌漑・治水に關する總ゆる事業を掣肘することが多かつたのに反し、戰國時代以後の領主の分國では、土地・人民の支配關係は單純化し、また統治の範圍も俄かに擴大し、茲に何等中世的な拘束なしに、新規の而も大規模な工事が急速に實行され得る可能性が濃厚になつて來たのである。また彼等の擁する武斷的政治力は、莊園領主とは比較にならぬ强さを有し、これが土地・人民を驅つて、この種の大事業を完遂せしむる有力な原因となつた事實も看過し得ないであらう。更に技術的な面を考へるならば、次の如き事情の存在に氣が附く。當時社會經濟的事情から、また戰略的關係から、彼等の平時・戰時に於ける生存據點であつた城塞は、山城より平城に轉化し、從つて各地に壯大なる城池の構築が盛んに行はれた。また一方中世に於て、既に相當著しい發達を見せた貨幣經濟は、戰國時代以後、益々發展の度を高め、領主の手により、諸種の鑛山が、全國的な現象として開發されるに至つた。かうした大規模な城池の構築、鑛山業の顯著な發達は、それ迄の土木技術の發展を基礎としたことは勿論であるが、また同時にその發展を更に一層促進せしめたことも想像に難くないであらう。而してかゝる土木技術は、領主等の經營にかゝる灌漑・治水事業遂行の上に、非常な貢獻をなしたであらうことは、疑ひを容れぬ處である。

諸侯の分國内に於ける灌漑・治水整備は、その例證は頗る多く、又かなり早くから見られる。例へば、古い處では沙彌洞然長帳に、

一郡中於何方茂、井手溝大破之時者、漨船・漨心樣御兩代共、被閣尋常之御隙、御下向候而、御奔走候、乍勿論、是も古今之道被思食候之哉、卑宮室力盡溝洫、使民以時、此兩條を御守之事、尤勝殊千萬候、(註一)

と記され、以つて相良爲續及びその子長每が所領肥後八代郡内の灌漑施設の修理造營に如何に熱心であつたかゞ推察される。又甲斐武田信玄の築造にかゝるかの信玄堤は(註二)、あまりにも有名である。元龜元年、上野新田金山城主由良成繁は、家臣荒山小左衞門をして、館林・足利の領主長尾顯長の家臣大谷新左衞門と合議して、新田堀・休泊堀の二用水を開鑿せしめ、後の待矢場用水の基礎を築いたと稱せられるが(註三)、これによつて灌漑の重要性が、諸侯を協力せしめる原因

となつた場合さへあることが理解される。豐臣秀吉は近江に於て、堤・井水の普請を全うして、耕作に努むべき旨を農民に命令してゐるし(註四)、また彼は淀川普請と云ふ大規模な治水事業を行つてゐる(註五)。土佐の長曾我部氏が、定書の中に灌漑施設の修理に就いて、特記してゐるのも我々の注意をひく處である(註六)。德川家康も亦、關東入國以來、此方面の事業に關心を向け、伊奈忠次・小泉吉次等の練達せる技術家をして、武藏の備前渠(註七)、相模の稻毛川崎用水(註八)、武藏の六鄕用水を始め(註九)、幾多の大灌漑工事を完成せしめた。これらの他、天正十三年、備前岡山城主宇喜田秀家の命に依つて開かれた八ヶ鄕用水(註一〇)、天正年間、豐後大友義統が由布川より分水した國井出用水(註一一)、加藤清正が肥後に於て築造した多くの用水施設(註一二)、慶長六年山形城主最上義光が開鑿した北楯大堰(註一三)、さてはまた信濃松代城主松平忠輝が、家臣花井主水をして開通せしめたと云ふ河中島用水等は(註一四)、何れもその代表的な例と爲すことが出來るであらう。

戰國諸侯以下の近世的領主の灌漑・治水に關する深甚なる關心は亦、用水の統制・管理の方面に向けられたのは當然と謂はなければならない。用水を統制すると云ふことは、領主の土地支配・生産擴充の爲めの最も大切な要件の一であつたとも考へられる。されば當時の領主としては、灌漑・治水工事の遂行と相竝んで用水を領民に公平に均霑せしむる爲めに、種々の努力を拂つたのである。早くも伊達氏がその法令塵芥集の中に、特に數箇條の用水に關する條文を設けたり(註一五)、今川氏がかな目錄の內に、井料に關する規定を行つたり(註一六)、相良氏が本田・新田間の用水分配の法規を設けたりしたのは(註一七)、何れもその表現の一と見られるであらう。また天文六年、朝倉氏が、越前國河口庄十郷用水に於ける分水樋の寸法を定めたのも(註一八)、その一例である。用水の分配に就いて、領主の統制を最も必要としたのは、少量の用水を、關係の諸地に如何に分配するかと云ふ場合であつた。上記の朝倉氏の分水樋の寸法に對する規定は、その意味のものであつた。少量の用水の分配は、番水法に據るのが適當であり、且つ又その例が多かつたことは、既に說いて來た處である。故に戰國時代領主の統制が、番水の上に、最も明瞭に示されたのは當然であつた。享祿二年、越前國月尾・別印兩郷の用水爭論に際し、朝倉氏は兩郷に番水に依る解決を命令し(註一九)、また天正二年、秀吉が近江國野村・三田村兩郷用水を、番水法によつて分配せしめてゐるのである(註二〇)。尋いで慶長頃、越前福井城主結城秀康は、領內鳴鹿河用水の分配に就いて、

金津田地日損候之由、申來候間、如每年十郷之庄屋へ申渡、留水候て、金津へ一日一夜下候

様、可申者也、(註二一)

と下知を下し、番水法の採用に依り、同じ領内の用水不足の地區の旱害を防止せんとしてゐる。それのみならず、領主自らが番水又は分水に關する規定を公布實行せしめたこともあつた。例へば、天正三年二月、松浦光は和泉國に於て領民に命じて、岸和田池と稱する用水池を築造せしめ、翌三月、この池の番頭十二人に、各一段宛の「池見舞給」を與へ、尋で四月に至り、

掟

一用水之分者、水入次第、其外爲作人不可水入事

附水入拾人之儀、諸役等可爲免許事

一惣田地、如何樣共、水を越入可申事

一每年惣普請入目、田作次第、段別ニ可出事

附公私共ニ可出置事

一小池共も、河水も、岸之池水可爲同前事

一水入給之事者、段別ニ作人可出事

右條々相定、自然於違犯之輩者、爲過怠一段付而參拾疋可出、萬一於難澁之族者、速可加

成敗者也、仍如件、

天正三年卯月吉日　　肥前守(註二二)

との掟書を定めたのである。また蜂須賀家政は、阿波に入國するや、天正十七年、觀音寺村以下九箇村の用水源である下羅井用水に、前掲の如き番水定書を發布し、其後阿波藩は、慶長十四年に、同じ趣旨の法令を、重ねて關係各村に下してゐる(註二三)。また豐後國驛館川の平田井堰用水の分配に關しては、慶長八年四月、領主細川忠興は、家老長岡立行の名前で、

一水引取之義、田數應多少引可申事、○中略

一水他番之時、番に不告水透取申間敷候、高郁者、番に不出候由、致心被申候、人に番をさせ引取候義曲事に候、相引に候へば、双方ゟ番可出之候、番不出候はゞ、番不出方之方(衍カ)の溝を、半分せき可申事、

等數項より成る番水掟書を井手主に與へてゐる(註二四)。

以上の諸例は、其數に於ては必ずしも多くはないが、兎も角もそれによりて、莊園領主に代り、新しい領主として登場した大名等が、分國内に於ける灌漑に就いて、强力な統制權を掌握した事實を理解することが出來るであらう。併してこゝに考へてみなければならぬのは、その統制

権が、如何なる内容を有したかといふ問題である。大名等が分國内に存在する幾多の用水の一々に就いて、自ら管理の任に當ることは、實際問題として、到底不可能であつたことは勿論である。また一方中世末期の莊園制の中に、莊園又は村落間の灌漑に關する自治的組織が、既に相當强固に結成されてゐたことは、上に見て來た通りであり、それが益々進捗した形で、當時に及んでゐたことも考へられる。灌漑は水田稻作を專業とする農民にとつて、あまりに切實な問題であつた。さればいかに領主の權威を以てしても、さう簡單にその分配其他の組織を變改し得られる筈もなかつたし、また變改を强行しなければならぬ理由もなかつた。領主が濫りにこれを破壞することは、却つて農村の自率的秩序を混亂せしめ、結局彼等にとつては最も打擊である生產減を招くことは火を睹るより明かであつたから、特別の支障のない限り、彼等は中世以來の分配以下の組織を認容し、その儘是を踏襲せしむることゝした場合が尠くなかつたと思はれる。かゝる分配組織と並行して考へられなければならぬ施設の問題にしても、これと全く同じ事情の下にあつたのは勿論である。そこで彼等は、前掲の下羅井用水に於ける蜂須賀氏、また平田井堰に於ける細川氏の場合の如く、用水分配の基礎として、最も重要な意味を有する規約等に、特に權威を持たせる必要が生じた時は、彼等の名によつて、これを公布する方法をとつたが、かうした以外は、領主自らは、間接に用水を管理、と云ふよりは寧ろその安全秩序を保證するのみで、直接の管理、殊に分水に關する事項は、長い間の慣習を根柢として、關係諸村の間に成長し來つた自治的組織に委ねた例が極めて多かつたやうである。又上記の岸和田池のやうに、領主が池の築造に直接干與し、從つて池水の分配に就いて大きな發言權を有し、新に分水規定を自己の名に於て設定した場合でも、矢張り直接の管理は農民の代表者である番頭に、また分配は「水入次第」とある如く水入と稱する人々の自由裁量に委せたのである。これを要するに、近世的領主の治下に於ては、領内に對する領主的統制は、莊園領主の場合より、遙かに强大であつたとは云へ、灌漑に關しては、それは飽くまでも間接的であり、實質的な管理權は、寧ろ農村の自治組織の手中にあつたと考へられるのである。而してかゝる領主の統制の間接性は、灌漑の特殊性、即ち灌漑の問題が農業生産にあまりに密接な關係を持ち、また農民の生活にとつて、あまりに切實な意義を有してゐることに原因すると云はなければならないのである。

中世に於ける用水は、殆ど全部そのまゝの、形で近世に引續がれ、その農村の自治組織に依る管理・經營も亦、存續が承認されたものが大部分であつたと思はれる。かうした事情は、近世になつてから新に構築された灌漑施設に於ても同樣であつて、かゝる農村の自治的管理・經營は、近世に於ける灌漑支配の一般的形態となつたのである。

近世農村の灌漑自治管理の例證は非常に多いが、次にその一例として稻荷神社領の用水池の場合を示すこととする。この池が築造されたのは、慶長八年のことで、工事は專ら農民等の手で行はれた。その時の工事規約は左の如くであつた。

今度池築申に付而定條々

一かゝり物之儀、當百姓として、相さはくへき事

一右之かゝり物に付而、ほんしよと申分之田地有之は、自餘ノ百姓一切作間敷候、若おして作候者、其百姓之儀は、子々孫々迄、在所のましはり仕間敷事

ならひにかりわけに成候て、田地あかゝり候共、よの百姓作申間敷事

一於此普請、若不罷出もの在之は、一日に付、米三升科料可懸相(相懸)事

一けんくわこうろん仕もの在之は、科料として、双方へ米五升つゝ可相懸事

一諸事談合之儀多分につくへき事

右之旨相背候はゝ、日本國大小之神儀(祇)、殊に稻荷大明神、藤森天王御罰を蒙り、來世は無間にしつみ、うかふ世有へからす候也。以上、

慶長八年二月九日

太郎左衛門（花押）（註二五）

○以下廿七名ノ連署ヲ省略セリ。

右の條々は、築造費の負擔及びそれに關する不正者の制裁、工事不參加幷に喧嘩口論に對する處罰、多數決に依る議事決定法に關する太郎左衛門以下廿八名の農民の自治的規約であつた。そしてこれが起請文の形式を採用することに依つて、その遵守が強制されてゐる事は、この規定の自治的性格を、一層强めてゐると見ることが出來るのである。かくして建設された池の管理・分水も亦、農民等の自治に待つたのは當然であつた。次に寛永六年に於ける此池の分水に關する規約を示すと、左の通りである。

一いけののみぬき申候事、惣中よりたんかうを申、ぬき可申候、

一はんのみつをぬすみ申ましきの事

一はんのみつ、よのかたへかゑ候て入候はゝ、あいはんのしゆへあんない可申事

右のむねあひそむき候はゝ、

につほんこくの大小の神儀（祇）、へつしていなり明神様、藤森天王様の御はつとま（を）かりかうむり、此世にてはかつたいとなり、らい世にてはむけんならくへしつみ、うかむ事あるまし

く候、仍きせうもん如件、

寛永六年六月二日

御社務様（花押）　　　物兵衛（花押）　　　彌七郎（花押）（註二六）

〇以下卅九名ノ連署ヲ省略セリ、

卽ちこの池水の利用につき、稲荷神社の神主及び四十一名の農民達は、池の樋は惣中の談合に依つて拔くこと、番水盗引の禁、番水の交換は、相番の了解を必要とすることに就いて、自發的にその履行を誓約してゐるのである。而してそこには彼等が平素厚い信仰を捧げてゐる稲荷以下諸神の神罰以外は、如何なる領主的强制をも認められない完全なる農民の自治的管理が行はれてゐたことが理解されるのである。中世末期に於ける莊園農民の灌漑支配が、かなり自治的色彩に富んでゐたことは前に述べた通りであつたが、此時代に於けるかゝる農民の更に廣汎なる自治的な管理こそは、江戸時代の灌漑の最も重要な特質をなすものと云つて差閊ないのである。

我々は前章に於て、莊園領主の灌漑支配權喪失の一形態として、武士の用水管理權の横領が、中世に廣く行はれた事實を眺めて來た。かくの如く用水の支配を掌中に收めた武士等の中には、莊園制の崩壞、近世的大名領地制の發達と云ふ社會的な大變革に際し、武運拙く鄕士の身分に顚落し、農村に蟄伏するの餘儀なき運命を辿つた者もあつた。そして彼等の中には、中世以來の慣習と、農民等の彼等に對する畏敬の餘燼の中に、依然用水管理の權利を保持し、近世に於ては諸藩の承認を受けて、近代に至るまで用水の支配に任じたものもあつたのである。その好適例として近江國鄕里川用水に於ける上坂氏を擧げることが出來る。上坂氏は近江坂田郡の名族であつて、今の西上坂村を根據とし、大いに權勢を振ひ、武威は近隣を壓してゐた。而して文明の頃、上坂治部大夫は、守護京極高淸の信任を受けてその侍大將となり、同族上坂伊賀守は家領鄕里庄を支配し、併せて鄕里川用水の管理を行ふこととなつた。然るに永正十三年に至り、同氏は沒落したが、西上坂の地を離れず、從つて用水の管理權も、細々ながら維持してゐたらしい。其後豐臣秀吉が長濱に在城するや、名族上坂氏の零落を惜み、伊賀守の嫡子八郎兵衞意信を召抱へやうとしたが、意信は己の代りに長男八右衞門正信を仕官せしめた。正信は秀吉の命に依り、大和大納言秀長の臣となり、大和郡山に赴き、郡山惣奉行の要職に就き、大いに忠勤を勵んだのであつた。然るに正信の郡山在任中、西上坂村にあつた父意信が死去したので、同族の上坂信濃が、一時その遺跡を預り用水管理の任に當つてゐたが、秀長の沒落後正信は暇を乞ひ歸鄕し、信濃より一切の權利の還付を受けた。かくして正信は鄕里井川用水の管理權を掌握し、その制度を整備確立し、爾來正信の子孫は歴代八右衞門と稱し、彦根藩の認可のもとに鄕士として用水を支配し、最近にまで至つてゐるのである(註二七)。

尾張國西春日井郡の豪族森氏も亦、同地方の用水である下鄕井水の管理に當ること年久しいものがあつた。永祿九年、織田信長は、

下鄕井水之事、如前々可築取之、於末代不可有相違者也、仍狀如件、

永祿九
四月　日　(信長)(花押)

森三郎左衞門尉

との判物を以て、その管理權を安堵したので、森氏は以後これを有力なる證據物件として、德川時代を通じて井守の任にあつたのである(註二八)。

莊園領主が、所領莊園の用水を統制せしむる目的を以て、特に器用なる人物を選び、これを井司として、莊園に派遣し、井司は領主の衰頽に乘じて自立し、遂には用水管理權を私するに至つた徑路は、曩に少しく觸れた處である。かくして獨立した井司が、上記の上坂氏の場合と同樣な經緯を以て、近世にまで命脈を保つて、用水を管理した例もあつた。越前國鳴鹿川用水の井奉行大連氏が卽ちこれである。家傳に從へば、同氏がこの用水を管理した來歷は極めて古く、先祖大

連國等と云ふ者が、寛弘八年、興福寺が、所領河口庄に春日大明神を勸請した時、神官として分靈に供奉して此地に下向した以來のことであると云ふ。かゝる傳說は姑く措き、大連氏が興福寺の莊官として鳴鹿川用水の管理を行つたのは、中世からであつたことは、略確實なものゝ如くである。かくして代々大連氏の管理は繼續し、朝倉・柴田兩氏の判物を所持して近世に至り、福井藩より鳴鹿堰所横落堤十鄕用水役の任命を受け、每年給恩切米二十石の扶持に預つてゐたのである（註二九）。

以上は上坂氏・森氏の場合と云ひ、また大連氏の場合と云ひ、豪族或は莊官に依る中世的な用水支配の形態が、そのまゝ近世に殘存した特殊な例であるが、近世に於ける彼等の管理權の實質は、何等中世的な强權をとゞめず、要するに一般の庄屋的な立場で、家柄に依り、慣習に從ひ、灌漑の支配を繼續して來たに過ぎなかつたのであつて、これも亦、本質的には近世に於ける農民等の自治的灌漑支配の一つの形態に他ならぬと考へてよいであらう。

江戸時代に於ける灌漑の問題に就いては、なほ論述すべきことが多々あるが、それらは本書の目的とする處ではないので、他日の機會に讓ることゝし、以上を以て蕪雜な筆を擱くことゝしやう。最後に一言附加へておかねばならぬのは、中世末期に於て、既にかなり明瞭な形態を示して來た灌漑に對する農民の自治的な管理・經營の傾向は、近世初期の大名の統治下に於て、愈々强化され、こゝに江戸時代全般を通じて見られたが如き灌漑に關する農民の廣汎なる自主的な支配が完全に確立され、而してそれは現在各地に健全なる發展を遂げ、社會的に、且つ又經濟的に重大なる使命を果しつゝある幾多の用水組合の發達の基礎となつた點に於て、中世に於ける灌漑の研究は、現代に於ても頗る重大な意義を有してゐると云ふことである。

註
一　相良家文書一
二　甲斐國志八
三　待矢場兩堰々史
四　滋賀縣史第三卷
五　吉川家文書二
六　日本經濟大典一
七　舊藩時代ノ耕地擴張改良事業ニ關スル調査
八　新編相模風土記稿六十一
九　武藏風土記稿三十九
一〇　舊藩時代ノ耕地擴張改良事業ニ關スル調査・明治以前日本土木史
一一　同上兩書
一二　同上兩書
一三　同上兩書・大堰由來記（大泉叢誌十七）

一四　同上兩書・松代町史上
一五　伊達家文書一
一六　今川記（史籍集覽十三）
一七　相良家文書一
一八　大連文書
一九　矢部文書（越前若狹古文書選）
二〇　三田村共有文書（東淺井郡志四）
二一　大連文書
二二　松浦文書類七之八
二三　阿波藩民政資料
二四　宇佐郡諸家古文書十
二五　稻荷神社文書（稻荷神社史料五輯）
二六　同文書
二七　上坂文書・上坂家譜
二八　森善助氏舊藏文書
二九　大連文書

中世灌漑史の研究　終

復刊のあとがき

この書物が、『畝傍史学叢書』の一冊として出版されたのは、第二次大戦の最中、昭和十八年の秋の頃である。それから既に四十年を経過している。当時わたくしは、東大史料編纂所に勤務しており、それ以前に発表した幾つかの論文を骨子として纒めたのが、本書である。いまこの書を手にしてみると、若い日の追憶がよみがえり、まことになつかしい作品である。しかし同時に、あらゆる点で不備がめだち、心中甚だ忸怩たるものがある。その意味で気恥しい書でもある。

この度、類書が少ないためか、現在研究者の間に若干の需要があるとの理由で、吉川弘文館から、叢書の他の巻と共に、復刊の要請があった。本来ならば、その後発見した新史料を補入し、また現在の研究水準にあわせて、新しい視角から書き直すべきものであると思う。しかし既に老境にあるわたくしにとって、それはかなりの困難である。そこで吉川弘文館の希望を容れて、訂正は極めて不適当な用語、気がついた誤植などの範囲にとどめた。また地図のうち不明瞭なものを正確なものに差し替えた。従って文体が古く、旧漢字・旧仮名遣いを使用している点は、旧態そのままである。読者の寛恕、判読を請う次第である。

昭和五十七年秋

著　者

著者略歴

明治三十九年長野県に生まれる。
昭和五年東京帝国大学文学部国史学科卒業。
東京大学文学部教授、同大学史料編纂所教授。
東洋大学文学部教授等を歴任。
現在、東京大学名誉教授、文学博士。

〔主要著書〕
中世量制史の研究(吉川弘文館)

中世灌漑史の研究

昭和十八年九月二十一日 初版発行
昭和五十八年三月二十日 復 刊

著 者 寶《ほう》月《げつ》圭《けい》吾《ご》
発行者 吉川圭三
発行所 株式会社 吉川弘文館
東京都文京区本郷七丁目二番八号
郵便番号一一三
電話〇三―八一三―九一五一番(代表)
振替口座東京〇―二四四番

印刷＝平文社・製本＝誠製本

中世灌漑史の研究（オンデマンド版）

Digital Publishing

2017年10月1日　発行

著　者　寶月圭吾《ほうげつけいご》

発行者　吉川道郎

発行所　株式会社 吉川弘文館
〒113-0033 東京都文京区本郷7丁目2番8号
TEL 03(3813)9151(代表)
URL http://www.yoshikawa-k.co.jp/

印刷・製本　株式会社 デジタルパブリッシングサービス
URL http://www.d-pub.co.jp/

寶月圭吾（1906～1987）
ISBN978-4-642-71182-1